Case Studies in School Counseling

초등
학교상담
사례집

개인상담을
중심으로

김혜숙
공윤정
이한종
황매향
공 저

학지사

### 💌 머리말

상담을 어떻게 하는 것이 좋을지 설명하는 이론서는 무수히 많이 있다. 이론서는 학생의 문제해결과 성장을 돕고자 노력하는 교사와 상담자들에게 매우 중요한 안내서임에 틀림없다. 저자들도 이론서를 통해서 상담을 공부하기 시작했고, 지금도 이론과 기법에 대한 공부를 계속하고 있다.

그런데 이론을 실제 상담에 적용하고자 시도하려면 매우 난감하고 어렵다. 경험이 부족한 초보상담자의 경우는 더욱 그렇다. 일부 이론서는 상담기법의 구체적인 예를 짧게나마 보여 주기도 하고, 사례보고 형식의 책들도 다수 나와 있기는 하다. 하지만 다양한 이론적 접근과 연결된 기법의 구체적 예를 보여 주는 사례집은 부족한 현실이다.

이 책을 접하는 독자들 중 다수는 상담 강의나 슈퍼비전 시간에 상담시연을 접해 본 적이 있을 것이다. 상담시연이 단순히 상담이 어떻게 이루어지는지 예를 보여 주는 것에 그치지 않고 설명과 함께 주어질 때 더 큰 도움이 되었던 경험도 있을 것이다. 저자들도 상담을 공부할 때 그러한 경험이 매우 큰 도움이 되었던 기억을 가지고 있고, 그러한 기억을 되살려서 대학원생들과 교사들을 지도할 때 상담시연과 설명을 함께 제공하였으며, 이에 대해 긍정적 피드백을 받아 왔다. 이제 20년 이상 상담을 해 본 경험과 학생들을 가르쳐 온 저자들의 경험을 일종의 모델로 제시하여 좀 더 넓은 층의 후배 상담자들에게 나누고자 이 책을 내게 되었다. 특히 학교상담은 성인상담과는 구별되는 특성이 많다는 점, 그리고 주로 교사가 먼저 학생상담의 필요성을 느껴서 상담이 시작되므로 비자발적 내담자가 많다는 점 등을 고려하여 책을 구성하였다.

이 책에 수록된 모든 사례는 초등학교에서 교사들이 흔히 접할 수 있거나 지도에 어려움을 느끼는 문제들을 바탕으로 구성된 가상의 사례들이며, 학년 및 성별도 골고루 분포되도록 하였다. 제1장부터 제5장까지는 ADHD, 또래 관계 문제, 거친 언행과 학습부진, 분노조절 어려움, 학교폭력 가해 등 외현화 문제에 초점을 두었으며, 제6장부터 제10장에서는 따돌림 피해, 외톨이, 자해, 스마트폰 과다사용, 외모 고민 등 내재화 문제에 포함될 수 있는 사례들을 제시하였다.

각 사례별로 한 사람의 주 저자가 내담자에 관한 정보, 상담목표와 주된 상담전략, 그리고 구체적 언어반응이 포함된 상담 과정을 설명과 함께 제시하였고, 그다음에는 다른 저자가 대안적 접근방안을 추가하였다. 현실치료, REBT, 행동수정, 사회적 기술훈련, 부모상담 및 가족상담, 학업상담, 해결중심상담, 인간중심상담, 인지상담, 게슈탈트 상담, 대인관계치료, 이야기치료 등 다양한 상담접근법을 주 접근이나 대안적 접근으로 제시하였다.

동일한 사례라도 상담자의 이론적 입장과 성향, 상황에 따라 다르게 접근할 수 있다는 것이 각 사례마다 대안을 제시한 이유이다. 일부 사례는 주 저자와는 다른 방식으로 접근한다면 어떻게 할 수 있을지를 대안으로 제시하였으며, 일부 사례는 저자의 접근방식을 보완할 방법을 대안으로 제시하는 등 각 사례의 특성과 주 접근방식에 따라 대안들을 융통성 있게 제시하였다. 이러한 제시방식을 통해 독자들은 상담이 이루어지는 모습을 구체적으로 보며 배울 수도 있고, 또 다른 방식으로 접근한다면 어떻게 할 수 있을까 스스로 생각을 확장하는 기반으로도 삼을 수 있을 것이라 기대한다.

이 책은 상담이론을 학습하는 과정에서 함께 활용하거나 이론 학습 이후에 상담접근법들의 구체적 적용방법을 보는 데 유용할 것이다. 특히 저자들이 참여하여 출간한『초보자를 위한 학교상담 가이드』(공저, 학지사, 2018)와 함께 활용할 것을 추천한다. 상담을 통해서 학생들을 돕고자 열심인 교사와 상담자들에게 이 책이 의미 있는 기여를 할 수 있기 바라며, 또 그럴 수 있을 것이라 기대해 본다.

『초보자를 위한 학교상담 가이드』를 집필할 때도 후배 학자이자 동료 상담자인 공저자들에게 많은 배움을 얻었고 감사한 마음이었는데, 이번에 또다시 공저자들과 함께 집필과 논의의 과정을 거치면서 큰 배움을 얻은 것에 더욱 감사하는 마음이다. 편집과 출판의 모든 과정을 도와주신 학지사 관계자 분들께 감사드린다.

2021년
대표 저자 김혜숙

차례

**스마트폰을 과다사용하는 아동** · 311

 **외모와 동생 때문에 고민이 많은 아동** · 337

# 제1장

# 잠시도 집중을 못하는 아동

초등학교 5학년 남학생인 철수는 수업태도가 좋지 않고 산만하다. 4학년 때 담임교사는 이 문제를 상담교사와 의논했고, 상담교사의 권유로 소아정신과를 찾아갔으며, ADHD를 진단받았다. 그때부터 지금까지 계속 ADHD 치료약을 복용 중이다. 약을 복용한 이후부터 수업시간 돌아다니는 행동은 감소했지만, 잠시도 집중을 못하고 자신의 신체 여기저기나 주변에 있는 물건을 만지작거리며 주의가 매우 산만하다. 과제를 제 시간에 마치지 못하는 경우가 많고, 모둠활동에서도 제 몫을 못해 친구들이 같은 모둠이 되는 걸 싫어한다. 철수는 자신은 공부를 못하는 사람이고, 산만해서 친구들도 싫어하는 사람이라고 말하면서 눈물을 글썽였다. 이렇게 철수는 ADHD 진단을 받아 약물치료를 받고 있지만 여전히 주의가 산만한 행동이 지속되어 학업과 또래관계에서 어려움을 겪고 있고, 향후 학습부진 문제도 심화될 가능성이 높아 주의산만 행동을 줄이고 학업에 몰두할 수 있도록 조력해야 할 상황이다.

이 장에서는 행동수정을 적용해 철수의 산만한 행동을 줄여 나가는 과정을 소개하고, 대안적 접근으로 이야기치료를 제시한다.

4학년 때부터 부적응을 보인 철수는 4학년 때 담임교사가 위클래스(Wee class)에 상담을 의뢰했다. 위클래스에서 외부 소아정신과에 의뢰되어 ADHD 진단을 받고 그때부터 지금까지 계속 약물치료를 받고 있다. 매일 아침 할머니가 약을 챙겨 먹이고 있는데, 산만한 행동이 많이 줄기는 했지만 여전히 몸의 여기저기를 만지는 등 주의집중에 문제가 있다. 4학년 2학기 때부터 위클래스에서 상담을 진행했으나 개선된 부분이 별로 없어 5학년 때도 계속 상담을 받아야 함을 알려 왔다. 이 사항을 철수도 이미 알고 있었는데, 위클래스 상담에 대한 강한 거부감을 표현했고, 대신 담임에게 상담받기를 원했다. 당시 담임교사는 전문상담교사 자격과정을 공부하는 중이었고, 슈퍼비전을 받으면서 상담을 진행하기로 했다. 상담에 대한 동의를 구하기 위해 보호자 상담을 요청했고, 아버지와 할머니가 함께 학교를 찾아 철수의 주의산만 문제를 다루기 위해 상담이 필요하다는 점에 동의했다.

## 1. 내담자 정보

### 1) 호소문제

철수는 ADHD 진단을 받을 만큼 과잉행동과 주의산만 문제를 가지고 있는데, 약물치료로 많이 개선되기는 했지만 여전히 학교와 가정에서 이로 인한 부적응 행동이 나타나고 있다. 가족은 주의집중 문제와 함께 집중을 하지 못하면서 발생한 학습부진 문제도 호소하고 있는데, 철수 자신과 학교에서 너 심각하게 호소하는 문제는 주의력 문제다.

## (1) 철수가 호소한 문제

- 4학년이 되면서 집중력이 없다는 얘기를 많이 들어서 괴로웠고, 3학년까지 담임 선생님 그런 얘기를 하지 않았는데, 이번에는 계속 지적을 많이 받아 학교 오기가 싫었다.

- 집중을 왜 못하는지 잘 모르겠고, 나도 모르게 그렇게 되기 때문에 이를 지적하는 선생님과 아버지, 친구들이 모두 싫다.

- 4학년 2학기부터 위클래스 상담을 받았고, ADHD 약도 먹고 있다. 5학년이 되어서도 계속 위클래스 상담실에 오라고 했는데 가기 싫다고 하여서 대신 담임 선생님과의 상담에 동의했다.

- 4학년 1학기까지는 모르는 것을 아버지가 가르쳐 주셨는데 2학기부터는 가르쳐 주지도 않고 공부를 안 한다고 야단만 친다. 스마트폰을 많이 한다고 맞기도 했고, 얼마 전에는 스마트폰을 압수당해 너무 속상하고, 아버지는 가장 짜증나는 사람이다.

## (2) 가족이 호소한 문제

- 상담 동의를 구하기 위해 부모상담을 요청했을 때 찾아 온 아버지와 할머니는 모두 철수의 집중력 부족과 주의산만을 호소했다. 또한 집에서 공부를 전혀 하지 않고 스마트폰만 하고 있고, 4학년 때부터는 성적도 좋지 않아 학습부진에 대해서도 걱정이 많다. 3학년 말부터 통학이 어려워 학원 차량으로 학교와 학원, 집을 오가는 보습학원을 보내고 있지만 그것만으로 충분하지 않을 것 같고, 집에서 알아서 공부하는 습관이 생겼으면 좋겠으니 도와주면 좋겠다.

- 할아버지와 통화할 일이 있었는데, 할아버지는 철수가 말을 할 때 완성형의 문장으로 말을 하지 않고 "~했는데."라는 식으로 말끝을 얼버무리는 습관이 있어 타인이 듣기에는 반말을 하는 것처럼 보이기에 이러한 습관은 꼭 고쳤으면 좋겠다는 바람을 표현했다. 그 이후 철수의 말을 주

의 깊게 들어 보니 할아버지의 말씀처럼 가끔 말끝을 흐려 반말을 하는 것처럼 들리기도 하였다.

## (3) 이전 교사 및 현재 담임교사가 파악한 문제

- 4학년 담임교사는 학기 초부터 행동이 산만한 철수에게 계속 주의를 주고 집중시키려고 노력했지만 그때뿐이고 행동이 잘 고쳐지지 않았다. 충동적인 행동 때문에 또래들도 철수에게 핀잔을 주는 경우가 있었고, 이때 철수가 화를 내어 갈등이 빚어진 적도 있었다. 2학기 때는 위클래스에 상담을 의뢰하여 철수가 ADHD 약물치료를 시작하는 계기를 만들어 주었다.

- 4학년 2학기부터 철수를 상담했던 위클래스 상담교사는 철수가 유독 여성 성인에 대해 저항을 많이 보여 상담이 제대로 진행되지 못했고, 담임교사가 남성인 것이 상담에 도움이 될 것 같다고 하면서 철수 사례를 담임교사가 맡는 것에 동의했다.

- 5학년 담임교사가 철수와 상담하기 전 관찰하고 발견한 문제는 산만한 행동과 또래관계 어려움이다. 손장난을 하거나 가만히 있지 못해 수업에 집중을 못하는 것이 눈에 띄었고, 또래들과 어울려 노는 모습을 거의 볼 수 없었다. 집이 멀리 떨어져 있어 등교는 아버지 차로 하교는 학원 차량으로 하는데, 함께 학원 차량을 타는 여학생 한 명 하고만 대화를 하고 지낸다.

## (4) 또래들이 지적한 문제

- 학급에서 친한 친구가 한 명도 없고 앞으로 친하게 지내고 싶은 친구도 없다. 유일한 친구인 함께 하교하는 여학생은 철수와 같이 얘기하면 답답하다고 했다.

- 수업시간을 비롯해 거의 모든 시간에 산만한 행동을 하며 불안정해 보

이기 때문에 또래들로부터 호감을 얻지 못한다. 특히, 철수와 짝이 되면 집중에 방해가 되기 때문에 싫다고 하고, 같이 모둠활동을 할 때도 과제를 제시간에 못 마치기 때문에 꺼린다.

## 2) 내담자의 인상 및 행동 특성

- 철수는 잠시도 바른 자세로 앉아 있지 못해 주의산만의 문제가 있음을 5학년이 시작되는 첫날 바로 알 수 있었다.
- 상담시간에도 대화 도중 책상 위에 있는 연필이나 공책을 만지작거려 다른 곳으로 치우게 하였더니 의자에 눕듯이 앉거나 자신의 신체를 끊임없이 만졌고 아주 가끔 다리를 꼬거나 다리를 떠는 모습을 보였다.
- 대화 초반에는 상담자와 장난을 하고 싶다는 듯 장난기 어린 미소를 종종 보이기도 하였으나 상담자가 특별히 반응하지 않고 계속 진지한 자세로 상담을 진행하니 그런 모습은 차츰 사라졌다. 습관적으로 상담자가 말하는 내용을 끝까지 다 듣지도 않고 대답하여 이 부분을 이야기했더니 조금씩 신경을 쓰는 모습을 보였다.
- 초반에는 "몰라요."처럼 단답형으로 무성의하게 대답하였으나 앞으로 몇 분간 진지하게 잘 대답하면 약속한 시각에 보내 주겠다고 하고부터 태도가 급변하여 진지한 자세로 상담에 임하였다. 이후 상담에서는 이러한 태도가 계속 지속되었다.

## 3) 가족관계 및 성장 배경

철수는 외동이다. 이혼한 부모가 별거를 시작한 유치원 때부터 아버지, 조부모와 살고 있고, 아버지는 출장이 잦아 집에 없는 시간이 많아 할머니가 주양육자의 역할을 하고 있다.

## (1) 가족 구성원 및 특성

- 할아버지(70세, 자영업): 작은 동네에서 오랫동안 철물점을 해 오고 있는데, 직접 출장 서비스도 병행해 지역사회에서 신망이 높다. 철수의 부모가 별거를 시작하면서 철수를 맡아 키우고 있다. 철수는 할아버지가 무엇이든 고칠 수 있는 기술자라고 자랑스럽게 생각한다.

- 할머니(65세, 생산직 근로자): 철수 부모의 별거가 시작된 유치원 때부터 철수를 키우고 있어 철수가 가장 친밀감을 느끼는 대상이다. 철수는 할머니가 평소 퉁명스럽거나 짜증 섞인 말투로 말하는 것을 본 적이 없고 항상 친절하게 말하는 것이 좋다고 말했다. 할머니도 일을 나가야 해서 철수가 혼자 집에 있어야 하는 경우가 많지만, 할머니와는 정이 깊다. 누구보다 철수의 교육에 관심이 많아 병원 진료나 학교 방문을 거의 담당하고 있고, 상담을 요청한 것도 할머니다.

- 아버지(40세, 사회복지사): 철수가 유치원생일 때부터 고향에 내려와 사회복지사로 일하고 있다. 다른 지역으로 출장을 나가 그곳에서 자고 오는 경우가 많아 일주일에 반 정도는 집에 없다. 이혼할 당시 철수의 어머니에게 다른 남자가 생겨 양육권을 쉽게 받았다. 철수의 교육에 관심이 많지만 실제 같이 보내는 시간이 적고, 스마트폰을 과다 사용하고 공부를 하지 않는다는 이유로 철수를 자주 혼낸다.

- 어머니(41세, 회사원): 한 달에 한 번 정도 철수를 서울 집으로 데려가 하루나 이틀 정도 함께 보내고 데려다준다. 철수에게 어머니는 스마트폰을 마음껏 쓰게 해 주고 장난감 등 선물을 사 주는 좋은 사람이다.

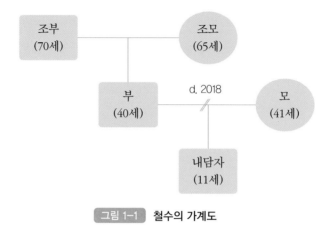

그림 1-1  철수의 가계도

## (2) 내담자의 발달사

외동인 철수는 어렸을 때부터 부부관계가 좋지 않은 가정에서 자랐다. 철수 어머니는 출산 후 산후우울증으로 어려움을 겪었고, 육아는 육아도우미에게 거의 맡기다시피 하다 보니 철수는 어머니와 친밀감을 충분히 형성하지 못했고, 아버지 또는 조부모와 애착을 형성했다. 이후로도 철수 어머니는 계속 건강상의 문제가 있어 친정에 가 있는 경우가 많았고, 이때마다 철수는 시골에 사는 조부모에 맡겨졌다. 부모는 결국 철수가 유치원에 들어가기 직전 별거를 하다가 철수가 초등학교에 들어갈 무렵 이혼했다. 이때부터 철수는 조부모와 함께 지내고 있고, 어머니를 한 달에 한 번 정도 만난다. 이전부터 어머니보다는 아버지 또는 조부모와 더 깊은 애착을 형성했기 때문인지, 철수는 이 당시 이사나 어머니와의 이별에 대한 기억이 거의 없다.

초등학교에 들어가면서 주의가 산만하다는 얘기를 듣긴 했지만 보통 남자 아이들은 그럴 수 있다는 말도 들어 대수롭지 않게 넘겼다. 조부모나 아버지는 철수가 조금 개구쟁이긴 했지만 '엄마도 없는데 기죽지 않고 쾌활해 다행'이라고만 생각했다. 4학년이 되면서 담임교사가 철수가 ADHD일 수 있으니 진단을 받아 보라고 했고, ADHD 진단을 받은 후부터 꾸준히 약을 복용하고 있다. 산만한 것은 많이 줄어 효과가 있는 것 같지만, 여전히 스마트폰 과다 사용이나 가만히 앉아 있지 못하는 것은 해결이 되지 않은 상태다.

## 4) 심리평가

이미 ADHD 진단을 받고 약물치료가 진행 중이므로 수업에 집중하는 문제에 초점을 두고 개입하기로 합의했고, 이에 따라 수업 장면에서 보이는 개인적 특성을 확인할 수 있는 학습유형검사와 전반적인 맥락을 확인할 수 있는 정서행동환경검사(EBEQ)를 실시했다. 두 검사결과에서 일관되게 학업과 관련된 개인 내적·외적 요인이 모두 취약함을 확인할 수 있었는데, 현재 보여 주는 기초학력 충족 수준의 학업성취가 앞으로는 더 낮아질 것이 예상된다.

### (1) 학습유형검사

학습동기와 자기통제성을 중심으로 학습유형을 분류해 주고 학습전략을 비롯한 학업에 필요한 행동(학습행동)을 얼마나 하는지를 알려 주는 학습유형검사 결과, 철수는 학습동기와 자기통제성이 모두 낮은 4유형(행동형)으로 확인되었고, 학습행동도 낮은 수준으로 나타났다. 행동형은 학습에 대한 목표나 가치를 두지 않고 행동에 있어서도 즉각적인 만족을 위해 충동적으로 행동하는 경향이 있다. 철수와 같이 학습행동(주의집중, 공부방법, 시험준비, 자

| 영역 | 원점수 | 25 | 50 | 75 | % |
|---|---|---|---|---|---|
| 학습동기 | 56(44) * | | | | |
| 자기통제성 | 52(47) | | | | |
| 학습행동 | 44(18) | | | | |

* (   )내 수치는 학습부진 초등학교 남학생들과 비교한 백분위를 나타냄

그림 1-2    철수의 학습유형검사 결과

원관리) 점수도 낮은 경우 학습과 관련된 준비도가 매우 부족한 상태라고 할 수 있다.

### (2) 정서행동환경검사

학습부진의 원인을 정서적·행동적·환경적 측면에서 종합적으로 파악해 주는 정서행동환경검사(EBEQ)에서 철수는 분노가 약간 높고, 행동조절이 중간 이하를 보였으며, 나머지 모든 영역(학습의지, 학습관리, 가정환경, 교우관계, 교사지지)에서 낮은 수준을 보였다.

이런 검사결과를 토대로 철수의 상황을 탐색해 본 결과, 낮은 교사지지와 교우관계의 문제는 4학년이 되면서 시작된 것으로 파악되고, 이에 대한 탐색과 개입이 필요할 것으로 보인다. 공부를 안 하고 스마트폰에만 빠져 있어 아버지와의 관계도 좋지 않은데, 아버지의 잔소리가 싫고 그 원인이 되는 공부에 대한 반감도 큰 상태인 것이 지지적이지 못한 가정환경, 낮은 학습의지,

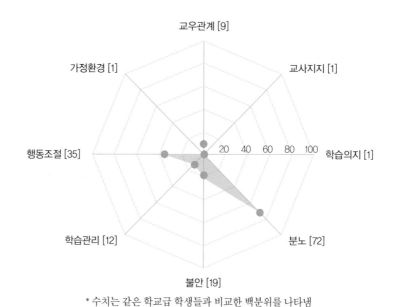

\* 수치는 같은 학교급 학생들과 비교한 백분위를 나타냄

그림 1-3  철수의 정서행동환경검사 결과

높은 분노와 관련된다. 또한 ADHD 증상으로 인해 과제에 집중하지 못하는 특성이 행동조절과 관련되고, 약물치료를 받고 있어 조금은 개선된 상태로 보인다. 뿐만 아니라 공부를 스스로 해 본 적이 없고 고학년이 되어 성적이 하락하면서 공부를 어떻게 해야 하는지, 어떤 부분에서 자신이 부족한지, 평가에 대해 어떤 준비를 해야 하는지 등도 잘 익히지 못했는데, 이러한 상태가 낮은 학습관리 수준으로 나타났다.

## 2. 사례개념화

### 1) 내담자의 주요 문제

- 철수 스스로도 지각하고 있고 주변에서도 지적하고 있듯이, 집중하지 못하고 산만한 행동이 가장 중요하게 다루어야 할 문제다. ADHD 치료제 복용 중으로 교실을 돌아다니는 등의 산만한 행동이 줄어들긴 했지만, 여전히 과제에 집중을 못하고 있다. 그리고 이 부분은 객관적으로도 확인되는데, 학습유형검사와 정서행동환경검사에서 모두 행동의 통제와 조절 문제가 또래보다 심각한 것으로 나타났다.
- 정서적으로 분노가 높은 편으로 정서행동환경검사에서 확인되었는데, 4학년 시기 또래들과의 다툼이나 아버지와의 갈등에서 이러한 문제가 확인되고 있다. 5학년에 올라와서는 주로 혼자 지내면서 또래와의 충돌은 없으나, 아버지가 스마트폰을 압수한 것에 대해 화가 많이 나 있는 상태다. 또한 4학년 담임교사와 위클래스 상담교사에 대한 분노 감정도 있다.
- 학업과 관련해 기초학력 미달은 아니지만 거의 미달에 가까워 학습부진 상태라고 할 수 있다. 할머니에게 칭찬을 받고 싶어 공부를 잘하고 싶다

고는 하지만, 학습동기와 학습의지, 학습전략 등 학습과 관련된 개인 특성 측면에서 모두 취약하다. 5학년인 현재는 숙제조차 거의 해 오지 않고 있고, 집에서도 공부를 전혀 하지 않고 있어 앞으로 학습부진이 더 심해질 가능성이 높다.

• 대인관계 측면에서도 어려움이 많은데, 정서행동환경검사에서도 가족환경, 교사지지, 교우관계가 매우 낮은 수준을 보여 주고 있다. 무엇보다 철수는 친한 친구가 없다는 점이 가장 큰 어려움이다. 상담을 시작할 때는 친한 친구가 없다는 것이 별 문제가 될 게 없다고 보고해 현재 철수 스스로 호소하는 문제는 아니지만, 향후 대인관계 적응을 위해 개입이 필요한 부분이다.

## 2) 문제 발생에 영향을 미친 요인

철수가 가진 많은 문제는 주의력 결핍과 과잉행동을 주 증상으로 하는 ADHD라는 질병에서 출발하는 것으로 보인다. 일반적으로 ADHD는 그 증상이 학령기에 접어들면서 뚜렷해져 유치원 또는 초등학교 저학년에 진단을 받는 경우가 많은데, 철수는 상당히 늦게 진단을 받았다. 약물치료의 효과가 눈에 띄게 나타나고 있는 것은 아니지만 과잉행동이 조금은 진정되어, 짧은 시간 주의집중에는 큰 문제가 없고 누군가 지켜 봐 주는 사람이 있으면 집중시간이 길어지기 때문에 약물치료는 긍정적인 효과를 보이는 것으로 파악된다.

신체 부위를 여기저기 계속 만지거나 손장난을 하는 등의 산만한 행동은 ADHD 증상일 뿐만 아니라 그런 행동을 조절하는 노력을 해 본 적이 없는 부분도 원인으로 기여하고 있다. 양육을 담당하는 조부모가 '엄마 없이 불쌍하게 크는 아이'라는 눈으로 바라보며 훈육보다는 많은 것을 허용하는 것에 초점을 둔 것, 그리고 저학년 때까지 학교생활에서도 크게 제재를 받지 않았던 것이 현재의 부주의하고 산만한 행동을 지속시키는 또 다른 원인으로 작용하고 있다.

학습부진의 문제 역시 자신도 통제하기 어려운 주의산만 행동과 공부가 강조되지 않는 분위기(아버지만 공부와 관련된 잔소리를 하는 사람) 속에서 자연스럽게 나타난 문제로 보인다. 3학년 때까지는 별문제가 없었던 것으로 볼 때, 고학년이 되면서 학습할 내용이 많아지고 예습, 복습, 과제 등을 충실히 하는 것이 요구되면서 공부가 어려워지기 시작했고, 도움을 요청할 곳이 없어 자연스럽게 학습에 흥미를 잃은 것으로 보인다.

철수의 대인관계 문제는 친구가 없다는 것인데 그 원인이 의사소통 기술 부족이다. 할아버지가 지적하듯이 말끝을 흐려 완성된 문장으로 말을 하지 못하거나, 상담교사가 지적하듯이 "몰라요."라는 답을 계속하거나, 유일한 친구가 말이 안 통해 답답하다는 것은 모두 철수가 자신의 이야기를 잘 표현하는 기술이 부족하기 때문이고, 그 원인은 의사소통 기술을 제대로 습득하지 못했기 때문인 것으로 파악된다.

## 3) 내담자의 자원 및 강점

- ADHD 약물치료를 받고 있어 어느 정도 과제에 집중할 수 있는 상태라는 점은 강점이다. 할머니가 매일 아침 빠뜨리지 않고 약 복용을 챙기고 있어 안정적인 약물치료 효과를 보이고 있다.
- 시간 약속을 매우 잘 지킨다. 수업시간 일정량의 공부를 하면 그에 상응해서 휴식 시간을 조금씩 주는 편이고, 자유시간에는 스마트폰 게임 혹은 유튜브를 볼 수 있게 허용한다. 보통 다른 학생들은 휴식 시간이 종료되었는지 모르는 경우가 많은데, 교사가 알려 주지 않더라도 철수는 휴식 종료 시각을 정확하게 인지하여 중지하는 편이다.
- 할머니를 기쁘게 해 드리고 싶은 마음을 표현할 만큼 할머니와 중요한 애착을 형성하고 있다는 점이 다른 대인관계에도 적용될 가능성이 있어

자원으로 작용할 것으로 예상된다. 또한 하교를 함께하는 여학생이 친구가 되어 줄 수 있고, 이후 또래관계 확장의 자원으로 활용할 수 있다.

## 3. 상담의 목표 및 전략: 행동수정

### 1) 상담목표

- 철수와의 상담은 여러 가지 문제행동이 동시에 나타나고 있고 그 원인도 다양하다는 점에서 상담목표 선정에 어려움이 큰 사례였다. 철수 자신과 주 양육자인 할머니와 아버지도 산만한 행동을 줄이는 것이 필요하다고 호소하고 있어, 주의산만한 행동을 줄이는 것을 상담의 일차적 목표로 설정하기로 합의했다.
- ADHD 진단을 받고 약물치료 중이라는 점에서 행동문제에 대한 개입이 시급하다고 판단해 수업시간 중 주의산만 행동을 줄여 보는 것을 구체적 목표로 삼았다. 수업시간 주의산만 행동 중에서도 '수업 중 물건 만지는 행동의 감소'를 목표로 설정했다.
- 수업시간 집중을 방해하는 대표적 행동인 수업 중 물건 만지는 행동이 감소되면, 후속해 다른 주의산만 행동도 줄어들 것으로 기대하였다.
- 또한 철수는 약물의 도움으로 과잉행동이 줄어들었지만 여전히 학습에 몰두하지 못하는 상태로, 학업을 방해하는 산만한 행동을 줄일 수 있다면 수업에 집중할 시간과 에너지가 확대되고 이후 학업에 대한 동기 증진 및 학업성취도 향상을 이끄는 기반을 마련할 수 있기를 기대하였다.
- 나아가 주의산만 행동이 줄어들면, 철수의 주의산만 행동을 지적하고 걱정하는 교사, 또래 및 가족과의 부정적 상호작용도 줄어들어 대인관계 측면에서도 도움이 될 것이라고 기대하였다.

## 2) 상담전략

철수와 합의한 집중하지 못하고 산만한 행동 줄이기라는 상담목표를 성취하기 위해 관찰 가능한 행동 자체의 변화에 초점을 둔 행동수정을 적용해 상담을 진행했다. 행동수정은 행동주의 학습이론에 기초하여 발전된 인간 행동 변화의 원리와 절차로 행동 자체를 문제로 보고 그 변화에 집중한다. 정서나 인지와 같은 문제가 되는 행동 이면의 다른 원인보다는 문제행동 자체를 부적응의 원인으로 보고, 관찰 가능한 행동의 변화에 초점을 둔다. 어떤 행동이 지나치게 많이 나타나고 있다면 그 행동의 감소를, 어떤 행동이 너무 적게 나타나고 있다면 그것의 증가를, 어떤 행동이 부적절한 상황에서 나타나고 있다면 적절한 상황에서 그 행동을 하는 것을, 그리고 어떤 상황에서 해야 할 행동을 할 줄 모른다면 그 행동을 새로 습득하는 것을 목표로 한다. 철수의 경우는 교실에서 보이는 산만한 행동의 감소를 목표로 행동수정을 적용하였다.

행동수정은 변화된 행동에 강화를 제공해 그 행동의 증가를 유도하는데, 철수의 경우 산만한 행동을 줄일 때마다 강화를 제공하는 방법을 적용했다. 지나치게 많이 하는 행동이 갑자기 줄어드는 것은 어렵기 때문에 조금이라도 줄어들 경우 강화를 주고, 점차 강화받을 수 있는 조건을 높여 가는 점진적 행동형성의 원리를 적용하였다.

일반적으로 행동수정은 '목표행동의 선정' '행동의 원인 파악' '행동수정 프로그램의 실시' '행동수정 프로그램의 평가'의 네 단계로 진행된다(Martin & Pear, 2003). 이러한 과정을 보다 세밀하게 나눠 보면, '행동수정 합의-문제행동 구체화-기초선 측정-행동계약서 작성(목표행동 설정 및 강화계획 수립) 행동수정 프로그램 실시-평가와 추수지도' 등의 단계를 설정할 수 있다. 철수와의 상담에서도 이 단계대로 진행했는데, 각 단계에 대한 자세한 내용은 『초등학교 교사를 위한 행동수정 길잡이』(황매향, 2016a)를 참고하였다.

## 4. 상담과정

철수와의 상담은 이전 학년 담임교사와 위클래스 상담교사의 의뢰로 시작되었고, 철수와 가족의 호소문제를 들어보면서 주의산만한 행동의 감소를 목표로 행동수정을 실시해 볼 것에 합의했다. 행동수정 계약서를 작성할 때까지를 초기, 행동수정을 실시한 시기를 중기, 평가와 추수점검을 종결기로 나누어 상담을 진행하였다.

철수와의 행동수정에서는 목표에 도달할 때마다 강화물을 받는 것이 아니라 점수를 쌓아 철수가 원하는 강화물과 교환하는 토큰강화를 적용했는데, 토큰과 실제 강화물 교환이 지체되어 동기가 낮아지는 것을 방지하기 위해 노력했다. 이를 위해 제공할 강화물 중 물건으로 제공해야 할 강화물을 행동수정 개시 전에 미리 준비해 줄 것을 철수 아버지에게 요청했다. 모든 강화물을 상담자가 미리 받아 시금장치가 되어 있는 곳에 보관했다가 조건을 충족했을 때마다 즉시 제공했다. 강화물 가운데 가족이 함께 해야 하는 활동의 경우, 조건 충족이 가까워질 때 미리 알려서 즉시 강화물이 제공될 수 있도록 하였다.

그리고 행동수정을 진행하는 동안 매일 만나 10분간 행동을 점검하고 10분간 짧게 상담을 진행하면서 목표의 적절성, 피로도, 동기 등을 점검해 목표에 도달할 수 있도록 조력했다. 목표가 잘 달성되고 있을 때는 지지를 제공하면서 스스로의 노력으로 귀인하여 성공경험을 내면화할 수 있도록 촉진했다. 또한 목표 달성에 어려움이 있거나 진전이 잘되지 않을 때는 선행자극을 통제하거나 환경을 재조정하는 등의 개입을 통해 목표 달성이 용이할 수 있도록 도왔다.

# 1) 상담 초기: 행동계약서 작성까지의 과정

## (1) 동기화

무엇보다 행동수정은 내담자의 적극적 참여가 중요하므로 여러 가지 동기화 전략을 적용했다. 먼저, 행동수정에 참여하는 것에 대한 철수의 정서적 반응을 다루어 적극적으로 참여할 수 있는 동기화를 촉진했다. 자신도 안 하고 싶은 행동을 계속 하고 있고, 스스로의 노력으로는 잘되지 않는다는 호소를 충분히 경청하는 것에서 출발했다.

상담자: 철수도 산만한 행동을 안 하고 싶다고 했는데, 지금까지 노력해 본 게 있을까?

철　수: 참으려고 하죠. 약도 먹고.

상담자: 약은 도움이 되니?

철　수: 옛날처럼 저도 모르게 막 돌아다니고 그런 건 없어진 거 같아요. 그런데 여전히 가만히 못 있어서 꾸중을 듣죠.

상담자: 참으려고 노력하는 건 어떤 거야?

철　수: 그냥 안 하려고요. 저도 꾸중 듣는 거 싫어서 안 하겠다고 마음을 먹는데 잘 안 돼요.

상담자: 마음을 먹지만 잘 안 되는구나.

철　수: 저는 좀 덜한다고 하는데 아무도 몰라주고. '어차피 야단맞을 거 힘들게 왜 참아야 해.'라는 생각이 들 때도 있고. 그런 날은 좀 더 심하게 장난도 치게 되고 그래요.

상담자: 그랬구나, 철수가 노력을 해도 몰라주는구나, 학교에서나 집에서.

철　수: 맞아요. (눈물을 글썽이며) 저는 왜 이렇게 태어났을까요?

상담자: 철수가 마음고생이 심하네. 그럼 선생님이랑 새로운 방법으

로 철수의 산만한 행동을 한번 줄여 볼까?

철　수: 가능할까요?

상담자: 당연하지. 행동은 습관이니까 그 습관을 조금 바꾸면 되는 거야.

　그리고 행동수정이라는 프로그램을 통해 도움을 받는 것이라는 점을 분명히 해 문제행동과 자신을 분리시켜 문제행동으로 인한 수치심을 경감시키고, 변화의 용기를 낸 것에 대해 지지했다. 또한 철수와의 합의를 통해 학급에 알려 다른 학생들의 도움을 받을 수 있게 하였다.

### (2) 문제행동에 대한 객관적 파악

　철수의 문제행동을 파악하기 위해 기초선 측정 단계를 거쳤다. 철수의 경우 교실을 돌아다니거나 갑자기 소리를 지르는 등의 심한 과잉행동은 약물의 효과로 진정되었지만 산만한 행동은 지속되고 있었는데, 수업 중 활동이 적은 교과일수록 더 심했다. 이 점을 고려해 가장 활동이 적은 수업인 '국어' 수업시간에 기초선을 측정해 보기로 했다. 기초선은 아무런 처치를 하지 않은 상태에서 문제행동(또는 목표행동)의 발생빈도나 발생률인데, 문제행동이 아무런 맥락 없이 나타나기보다 선행사건과 함께 발생하기 때문에 문제행동이 가장 심한 상황에서의 현 상태를 점검하는 것이 필요하다. 기초선 측정을 위해 마침 교생실습을 나와 있는 예비교사에게 철수의 주의산만 행동 기록을 부탁했다. 〈표 1-1〉의 ①~⑦의 목록(상담자 평소 관찰 토대)을 두고 빈도를 기록했는데, 목록에 없는 행동을 할 경우 추가 작성해 4일 동안 12가지 산만한 행동이 관찰되었다.

　기초선 측정 결과 상당히 많은 문제행동이 높은 빈도로 나타나고 있음을 확인할 수 있었다. 이 가운데 행동수정을 적용해 볼 문제행동을 선정하기 위해 철수와 이야기를 나누었는데, 평균 발생 빈도가 가장 높은 '주변 물건 만지작거리기'를 줄여 보기로 했다. 다음은 여러 가지 주의산만 행동 중 주변

**표 1-1 ● 철수의 문제행동 기초선 측정 결과**

| 문제행동 ＼ 일시 | 기초선 기간(4일) | | | |
|---|---|---|---|---|
| | 1일차 | 2일차 | 3일차 | 4일차 |
| ① 주변 물건 만지작거리기 | 48 | 65 | 77 | 36 |
| ② 다리 떨기 | 2 | 13 | 10 | 0 |
| ③ 의자에 눕듯이 앉기 | 10 | 7 | 17 | 20 |
| ④ 손을 책상 서랍 속에 넣기 | 0 | 0 | 0 | 0 |
| ⑤ 자신의 신체 냄새 맡기 | 2 | 0 | 1 | 1 |
| ⑥ 다리 꼬기 | 5 | 20 | 19 | 31 |
| ⑦ 자신의 신체 만지기 | 37 | 72 | 38 | 32 |
| ⑧ 수업에 집중하지 않고 다른 곳 보기 | 47 | 19 | 21 | 4 |
| ⑨ 팔에 턱 괴기 | 7 | 8 | 3 | 18 |
| ⑩ 입에 손가락 혹은 물건 넣기 | 24 | 8 | 4 | 12 |
| ⑪ 코 후비기 | 5 | 0 | 1 | 0 |
| ⑫ 소리 내기 | 1 | 6 | 2 | 1 |
| 합계 | 188 | 218 | 193 | 155 |

물건 만지작거리기를 줄여 보는 것이 좋겠다는 것에 합의 과정에서 철수와
나눈 이야기다.

> 상담자: (기초선 기록지를 보여 주며) 철수야 이거 한번 볼까?
>
> 철　수: 이게 뭐예요?
>
> 상담자: 우리가 행동수정이라는 프로그램으로 산만한 행동을 좀 줄여
> 보기로 했었지?
>
> 철　수: 네.
>
> 상담자: 그래서 철수가 산만한 행동을 어느 정도 하는지 교생선생님
> 이 기록을 한번 해 봤어. 국어 수업시간에 한 거야.

철 수: (기초선 기록지를 보며) 제가 정말 이렇게 많이 해요?

상담자: 그래, 기록을 보니까 또 다른 느낌이지.

철 수: 맞아요. 좀 부끄럽기도 하네요.

상담자: 이 중에서 하나만 정해서 줄여 보려고 해. 어떤 걸 해 보는 게 좋을까?

철 수: 다 해야 할 것 같아요.

상담자: 그렇게 하는 것보다 하나만 해 보는 게 더 효과적이라고 하거든. 이번에는 하나에만 집중해 보자.

철 수: (기초선 기록지를 다시 살펴보며) 그럼 제일 많이 하는 걸 안 하는 걸로 해 보고 싶어요.

상담자: 그럼 뭐가 될까?

철 수: 주변 물건 만지작거리는 것? 몸 만지기도 많이 하네요.

상담자: 그럼 주변 물건 만지기부터 좀 줄여 볼까?

철 수: 정말 그것만 해도 될까요?

상담자: 먼저 해 보고 또 의논해 보자.

철 수: 네. (걱정스럽게) 빨리 해야 할 것 같아요.

## (3) 행동수정 계획 수립

목표설정을 위해 실시한 기초선 측정 결과를 토대로 목표행동을 설정하고 강화계획을 수립해 행동수정 계획을 세웠다. 문제행동에 대한 기록은 수업시간 기록이 어려워 녹화물을 활용하기로 했다. 하루 중 '국어' 시간에만 실시하고, 국어시간을 녹화하고 그중 무작위로 10분간 철수와 상담자가 함께 보면서 빈도를 기록하기로 했다. 10분간의 '주변 물건 만지작거리기' 빈도에 따라 강화를 제공하고 10분 정도 상담을 진행하기로 했다.[1]

---

1) 교실에서 아동의 행동을 녹화하기 위해서는 여러 가지 준비가 필요하다. 철수의 경우는 거치대를

'주변 물건 만지작거리기'의 기초선 평균은 40분간 56.5회로 첫 목표는 10분간 15회 이하로 설정했는데, 철수가 더 줄일 수도 있다고 해 10회 이하, 5회 이하도 함께 첫 단계 목표로 설정했다. 두 번째 단계는 10회 이하, 5회 이하, 0회로, 세 번째 단계는 5회 이하, 3회 이하, 0회로, 네 번째 단계는 2회 이하, 0회로 설정하고, 각 단계의 이동은 철수와 합의해 가면서 진행하기로 했다.

바로 강화를 받기보다는 점수를 쌓아서 더 좋은 강화물을 받고 싶다는 철수의 의견을 반영해 토큰강화로 진행하기로 했는데, 칭찬 도장 조건과 강화물 교환 규칙은 행동계획서에 포함되어 있다. 칭찬 도장을 받는 날은 도장을 찍어 주면서 철수가 인터넷에서 고른 포켓몬스터 캐릭터 그림 하나를 컬러로 출력해 주는 것을 추가 강화물로 제공하기로 했다. 이렇게 작성한 '행동계약서'([그림 1-4] 참조)의 내용에 철수와 아버지, 교사가 서명하고 1부씩 나눠 가졌다.

## 2) 상담 중기: 행동수정 실시

행동수정 계획을 수립하고 그 내용을 행동계약서로 작성해 나눠 가진 다음 바로 행동수정에 들어갔다. 첫날은 목표를 달성하지 못했는데, 녹화된 영상을 보면서 자신이 수업시간에 이렇게 가만히 있지 못하고 이것저것을 만진다는 것을 실감해 상당히 놀라는 모습을 보였다. 기초선 결과를 보면서 "제가 정말 이렇게 많이 해요?"라고 했을 때보다 더 놀란 모습이었다. 이 부분에 대한 이야기를 더 나누었는데, 행동수정을 하기로 한 게 정말 잘한 결정이라고 스스로 말했다.

---

이봉해 교사의 스마트폰을 철수 책상에 고정하고 손동작만을 집중적으로 촬영하였다. 보다 큰 행동을 촬영할 경우 다른 학생들이 함께 녹화될 수 있는데, 이때는 촬영에 대한 동의를 받아야 하고 동영상 자료가 유출되지 않도록 유의해야 한다. 녹화가 어려울 경우, 시간표집법을 통해 문제행동을 기록하는 것이 일반적이다. 교사가 수업을 진행하면서 한 아동의 행동을 계속 관찰하기는 어렵기 때문에 한 번씩 아동을 보면서 그때마다 어떤 행동을 하고 있는지를 확인하고 기록할 수 있다.

# 행동계약서

## "집중 잘하는 철수가 될 거에요"

1. 기간: 2019. 9. 9.(월)~2019. 11. 1.(금)
2. 실천할 행동: 국어 수업시간에 주변 물건 만지작거리지 않기
3. 관찰 및 기록 방법
   1) 하루 중 국어 수업을 하는 10분 동안 녹화한다.
   2) 방과 후 녹화물을 보면서 교사와 아동이 함께 빈도를 기록한다.
4. 강화 계획

|  | 물건 만지작거리는 행동의 빈도 | 칭찬 도장 수 |
| --- | --- | --- |
| 1단계 | 15회 이하 | 1개 |
|  | 10회 이하 | 2개 |
|  | 5회 이하 | 3개 |
| 2단계 | 10회 이하 | 1개 |
|  | 5회 이하 | 2개 |
|  | 3회 이하 | 3개 |
|  | 0회 | 4개 |
| 3단계 | 5회 이하 | 1개 |
|  | 3회 이하 | 2개 |
|  | 0회 | 3개 |
| 4단계 | 2회 이하 | 2개 |
|  | 0회 | 3개 |

5. 강화물

| 칭찬 도장 수 | 교환할 강화물 |
| --- | --- |
| 도장을 받을 때마다 | 포켓몬스터 캐릭터 1장 컬러출력 |
| 누적 칭찬 도장 3개 | 포켓몬스터 누겔레온 피겨 |
| 누적 칭찬 도장 10개 | 포켓몬스터 뮤츠 피겨 |
| 누적 칭찬 도장 20개 | 포켓몬스터 자시안 피겨 |
| 누적 칭찬 도장 30개 | 포켓몬 미니 144피스 토탈 세트 |
| 누적 칭찬 도장 40개 | 가족 외식 |
| 누적 칭찬 도장 50개 | 스마트폰 돌려받기 |

위 내용에 동의하며 최선을 다해 실천할 것을 약속합니다.

2020. 9. 6.

계약자 학생: 김 철 수 (인)

아버지: 김 민 혁 (인)

담임교사: 박 형 석 (인)

**그림 1-4** 철수의 행동계약서

둘째 날부터 의욕을 보이며 목표달성을 쉽게 해 첫 번째 강화물을 그날 바로 받았다. 국어시간에만 확실히 다른 물건을 만지지 않으려고 노력했는데, 다른 수업시간에도 물건을 만지는 행동이 조금은 줄었다. 상담에서 성공을 축하하며 어떻게 목표에 도달할 수 있는지 질문했는데, '하지 말자'라는 말을 스스로에게 했다고 하면서 고쳐야 할 행동이니까 다른 수업시간에도 좀 적게 하려고 한다고 했다. 다음은 철수와 이야기를 나누면서 철수의 성공경험을 내면화하기 위해 상담자가 노력한 부분이다.

상담자: 철수야, 시작한 지 이틀 밖에 안 되었는데 오늘 바로 피겨를 받았네.

철　수: 어제 선생님께서 열심히 해 보자고 하셔서.

상담자: 선생님은 누구에게나 열심히 하자고 하지. 철수가 어제랑 다르게 오늘 해 본 게 있을까?

철　수: (잠시 침묵) 그냥 '하지 말자'라고 속으로 말했던 거 같아요.

상담자: '하지 말자'라고 마음속으로 말했어?

철　수: 잘 안 될 때 그렇게 하면 좀 되는 거 같아서.

상담자: 우리 철수가 엄청나게 좋은 기술을 가지고 있네.

철　수: (멋쩍어 하며) 그런가요?

상담자: 그럼. 철수한테 같이 박수 한번 쳐 주자.

철　수: (주저하며 함께 박수를 치고) 그냥 한 건데.

상담자: 다른 시간에도 물건 만지는 게 줄었던데.

철　수: 어차피 고쳐야 하는 행동이니까요.

상담자: 파이팅, 철수야. 그런 마음이 너무 중요하지.

철　수: 저도 좋은 학생이 되고 싶어요.

상담자: 그래 계속 노력하자.

두 번째 강화물을 교환한 다음 한 단계를 올리기로 합의했는데, 다시 물건을 만지는 행동이 증가되어 칭찬 도장을 못 받게 된 날이 생겼다. 그 이유에 대해 "잘 모르겠다."고 답했고 단계를 다시 내려갈 것을 제안했으나 거절했다. 너무 노력한 것에서 오는 피로도 때문이라고 판단한 상담자는 물건 만지는 행동을 줄이기 위해 현재 철수가 사용하고 있는 '하지 말자'라는 혼잣말 대신 새로운 것을 더 해 볼 수 있을지 찾아보자고 제안했다. 이 과정에서 자극 통제를 통한 행동 변화 촉진을 적용했는데, 먼저, 책상 위에 수업에 필요한 것 이외의 다른 물건을 줄여 보는 것에 합의하고, 쉬는 시간이 끝나기 1분 전에 상담자가 신호를 주면 책상을 미리 정리하기로 했다. 그리고 혹시 철수가 신호를 알아차리지 못하면 짝이 얘기를 해 주기로 했다. 또한 철수 스스로 수업에 조금 더 열중해 보겠다고 하여 어떻게 하면 될지 이야기를 나눴다. 철수가 '그냥 노력을 해 보겠다'고 하여, 숙제를 해 오면 수업내용에 집중하기 쉬울 수 있다는 제안을 했다. 이렇게 환경을 재배치해 선행자극을 통제하고 스스로 수업에 집중하려고 노력한 것이 효과를 발휘해 이후 순조롭게 목표를 달성해 나갔다. 다음은 이때 철수와 나눈 대화의 일부분이다.

상담자: 철수야, 오늘은 칭찬 도장을 받지 못했네.

철  수: 네.

상담자: 속상하겠다. 이유를 생각해 봤니?

철  수: 잘 모르겠어요.

상담자: 우리가 단계를 높여서 그런 거 아닐까? 다시 1단계로 돌아가는 건 어때?

철  수: 아니에요, 내일부터는 잘해 볼게요.

상담자: 철수가 '하지 말자'라고 혼잣말하면서 참는다고 했지?

철  수: 네. 그런데 어떨 때 그걸 잊어버려요.

상담자: 선생님이 한 가지 제안해 볼까?

철　수: 뭔데요?

상담자: 책상에 만지작거릴 게 적으면 덜 만지지 않을까?

철　수: 그럴 것 같아요.

상담자: 수업 시작 전에 책상 정리를 해 보자.

철　수: 어떻게 하는 건데요?

상담자: 다음 수업 시작 종 치기 1분 전에 선생님이 철수에게 신호를
　　　　줄게. 그럼 그때 책상 위를 보고 교과서, 공책, 필통, 그 시간
　　　　준비물만 남기고 나머지는 모두 서랍에 넣어 두는 거야.

철　수: 할 수 있어요. 혹시 선생님이 저한테 알려 주는 거 잊으시면
　　　　어떻게 해요?

상담자: 그럼 짝한테도 부탁해 둘까?

철　수: 좋을 거 같아요.

상담자: 그럼 한번 해 보자, 철수야!

철　수: 네, 그리고 책상 정리는 국어 시간만 하지 말고 다른 시간에
　　　　도 할게요. 그래야 제가 잘할 수 있을 것 같거든요.

상담자: 그럼 너무 좋지. 역시 철수, 파이팅!


　　세 번째 강화물로 교환하는 날 철수가 한 단계 올리고 싶다고 먼저 제안해
한 단계 올렸는데, 매일 칭찬 도장을 받았다. 숙제를 해 오는 날은 수업에 집
중하기 수월하다고 말하면서, 집에 가서 숙제하는 걸 자꾸 잊어버려 속상하
다고 했다. 숙제하는 것을 잊지 않을 수 있는 방안을 찾기 위해 이야기를 나
눴는데, 할머니께 저녁을 먹고 30분 후 숙제를 하라는 얘기를 해 달라고 부탁
해 보기로 했다. 이 부분이 효과를 발휘해 국어 숙제만이 아니라 다른 과목
숙제도 해 오는 성과가 있었다.

철　수: 선생님, 숙제를 해 오니까 수업할 때 딴짓을 덜하게 되는 거 같
　　　아요.

상담자: 그렇지? 우리 철수 정말 잘 해내고 있어서 참 고맙다.

철　수: 그런데 집에 가서 숙제하는 걸 잊어버리는 날이 있어요.

상담자: 이런, 어쩌다가.

철　수: 그냥 저녁 먹고 좀 쉬면서 TV를 보거나 게임을 해요. 제 스마
　　　트폰이 없어서 게임은 할아버지 걸로 하는데 저도 모르게 한참
　　　을 하나 봐요. 할아버지, 할머니한테 또 한소리를 듣게 되고.

상담자: 숙제를 하면 그럴 일도 없긴 하겠네. 그런데 잊어버리는구나.

철　수: 네.

상담자: 어떻게 하면 안 잊을까?

철　수: 잘 모르겠어요.

상담자: 할머니께도 부탁을 드려 보면 어떨까? 저녁 먹고 30분 정도
　　　지나서 숙제하라고 얘기해 달라고. 할머니께 잔소리 들으면
　　　싫을까?

철　수: 아니에요. 할머니는 기분 나쁘지 않게 얘기하시니까 부탁드
　　　려 볼게요.

　네 번째 강화물을 받고 난 다음부터는 10분 동안 한 번도 물건을 만지지 않
는 날도 생겼는데, 상담자가 담임으로서 철수를 수업시간에 관찰할 때도 전반
적으로 산만한 행동이 줄어든 것을 느낄 수 있었다. 아버지로부터 수리된 스
마트폰을 다시 받을 수 있다는 목표로 상당히 동기화가 된다는 얘기를 했고,
책상 정리가 되고 숙제를 해 오면서 산만한 행동 줄이기도 쉬워졌다고 했다.

## 3) 종결기: 평가와 추수점검

6주간으로 예정했던 행동수정은 5주 만에 최종 목표에 도달했고, 수업시간에 물건 만지는 행동을 하지 않는 것이 그렇게 어렵지 않다고 하여, 추수점검으로 넘어갔다. 2주간 실시된 추수점검 기간에도 철수의 변화된 행동이 유지되었는데, 물건 만지는 행동을 전혀 하지 않거나 10분에 한두 번 정도로 나타났다. 추수점검 마지막 날 물건 만지는 것을 하지 않으려고 크게 의식하지 않아도 이제 하지 않게 된다고 말했다. 그만큼 익숙해졌다고 판단하고 상담을 종결했다.

> 상담자: 오늘부터는 이제 보상받지 않고 철수 혼자 힘으로 해야 하는
> 날이었지?
> 철  수: 맞아요. 그런데 딱히 생각은 하지 않았어요.
> 상담자: 보상도 없는데 물건 만지는 걸 한 번밖에 하지 않았네.
> 철  수: 한 번도 하지 않아야 하는데.
> 상담자: 그래도 한 번이면 아주 조금한 거지. 어떻게 노력했는지 얘기
> 해 볼까?
> 철  수: 특별히 노력한 건 없어요. 이제 그냥 되는 거 같아요.
> 상담자: 그래?
> 철  수: 이제는 숙제한 거 발표하면서 신나서 딴짓할 겨를이 없었던
> 거 같아요.
> 상담자: 요즘은 숙제를 정말 꼬박꼬박 잘해 오더라.
> 철  수: 집에 가서 숙제부터 해요. 다 못한 거 저녁 먹고 바로 하고요,
> 빨리 해치우는 게 편하더라고요.
> 상담자: 요즘은 할머니한테 부탁 안 해도 되는 거야?
> 철  수: 어쩌다 한 번씩 할머니께서 얘기해 주시기는 하는데, 거의 제

가 먼저 알아서 하죠.

상담자: 와, 훌륭하다.

철  수: 선생님이랑 행동수정하면서 제가 많이 달라졌어요. 할머니
도 좋아하시고 아빠한테도 야단 안 맞아요. 그래서 기분도 좋
고, 이렇게 계속 잘하고 싶어요.

행동수정을 통해 이룬 성과를 살펴보면 다음과 같다.

첫째, 행동수정에서 목표로 했던 국어 수업시간 동안 '주변 물건 만지작거
리기 빈도 줄이기'가 성공적으로 수행되었다. 철수는 물건 만지는 것만 아니
라 여러 가지 산만한 행동을 하고 있었는데 이 부분도 상당히 개선되었다. 그
리고 수업시간 중 물건 만지는 행동은 국어 수업시간에만 줄어든 것이 아니
라 다른 수업시간에도 줄었다. 행동의 변화가 일상생활 속에 자리 잡아 가고
있음을 확인할 수 있었다. 이제는 크게 노력하지 않아도 산만한 행동을 하지
않고, 수업에 집중할 수 있게 된 것이 큰 성과인데, 자신의 모습을 녹화물로
보는 것, 책상 정리, 숙제 해 오기 등이 기여했다.

둘째, 철수가 열심히 노력하는 모습을 보면서 친구들도 철수에 대해 긍정
적인 태도를 가지게 되어 또래관계 개선에도 도움이 되었다. 예컨대, 철수의
짝들은 교사의 신호가 있기 이전부터 철수의 책상 정리를 도왔고, 주변 또래
들도 철수가 목표를 성취해 나가는 과정에 관심을 가지며 칭찬을 아끼지 않
았다. 그러면서 자연스럽게 쉬는 시간과 점심시간에 함께 노는 친구 무리가
생겼다. 집에 같이 가던 유일한 친구는 도서관에서 책을 읽으며 철수를 기다
려 주었는데, 이 친구와의 하굣길에서 상담에 대한 이야기를 하면서 더 힘을
얻기도 했다.

셋째, 숙제를 해 오고 수업에 대한 참여도와 집중도가 높아지면서 학습에
대한 동기도 생겼고, 다음 단계로 학습부진에 대한 상담을 하기로 합의한 점
도 성과다. 4학년 때부터 공부가 어려워지고 아버지와 교사로부터 꾸중을 많

이 들으면서 공부에 대한 반감과 무기력이 형성되었던 철수는 다시 공부를 할 수 있겠다는 희망을 얻었다고 했다. 또한 가정에서도 철수의 행동이 변화된 것에 대해 아버지가 안도감을 표현했다. 비록 할머니가 숙제를 하라고 얘기를 해야 숙제를 시작하지만, 매일 꾸준히 해내는 모습에 걱정을 덜었다고 했고, 아버지 자신이 조금 더 철수에게 칭찬을 많이 하겠다고 다짐했다.

## 5. 대안적 접근: 이야기치료

### 1) 철수 이야기

이야기치료의 관점에서 보면 삶 속의 경험들은 복합적이라서 우리는 그 경험들을 설명하고자 하는데, 그 설명(즉, 우리 자신에게 이야기하는 것)이 다시 우리 경험을 조직하고 형성해 나간다. 자신의 삶에 대해 부정적 이야기를 갖고 있는 내담자들은 과거 경험 중에서 부정적인 것들에 선택적인 주의를 기울이고 그와 상반되는 사건들에 대해서는 무시하는 경향이 있다는 것이다. 이야기치료에서는 내담자가 자신의 '문제'에 초점을 맞추는 자기파괴적인 생각을 넘어서 문제와 자신에 대한 대안적이고 확장적인 시각으로 이야기가 만들어질 수 있도록 돕고자 한다.

철수의 경우 ADHD가 가장 강력한 이야기가 되어 있다. 집중하지 못하고 산만한 행동들이 학교와 가정에서 오랫동안 반복적으로 지적되어 온 부정적 경험들이 철수 자신에게도 자신이 산만하다고 확인시킨 반면, 그에 상반되는 점들(교사가 놓치는 부분까지 파악할 수 있고 기억력이 좋은 점, 준비물을 잘 챙겨 오는 점, 3학년 때까지는 학습부진을 보이지 않은 점, 시간약속을 잘 지키는 점 등)은 철수 삶의 이야기에서 중요한 위치를 차지하지 못하고 무시되어 온 경향이 있다. ADHD 약을 복용한 후 교실을 돌아다니는 것과 같은 산만한 행동이 줄어들었다는 교사의 견해는 ADHD가 철수 삶의 이야기에서 여전히 강력한 위치를 차지하게 하고 있음을 보여 준다.

반면, ADHD 약 복용 후에도 수업에서 주의집중을 못하고 행동 통제 및 조절 문제가 여전히 심각하였으나 행동수정을 통하여 주의산만 행동이 상당히 빠른 속도로 감소할 수 있었음은 대안적 · 확장적 시각으로 이야기를 만들도록 도울 필요성을 부각한다. 예컨대, 자신의 산만한 행동들을 기초선에서 확인하고 놀라움을 표현한 후 '하지 말자'는 말을 스스로에게 함으로써 산만한 행동을 줄일 수 있었던 점은 행동 통제의 필요성을 철수가 스스로 인식하게 되자 실제로 통제력을 발휘할 수 있음을 보여 주는, 즉 철수 삶의 이야기에서 매우 획기적이고 중요한 경험이자 설명이다. 상담자가 철수의 자원과 강점으로 제시한 점들도 과거에는 철수 삶의 이야기에서 무시되어 왔지만, 새로운 대안적 이야기를 만들어 가는 데 매우 중요한 경험들로 부각될 만하다.

## 2) 외재화: 철수가 문제가 아니라 산만함(ADHD)이 문제

이야기치료를 한다면 상담자는 철수가 자신에 대해, 자신이 하루하루 어떻게 시간을 보내는지에 대해 충분히 이야기할 수 있는 시간을 줄 것이다. 아마 철수의 이야기는 자기가 얼마나 집중을 못하고 산만한지, 공부를 얼마나 못하고 싫어하는지, 또래들과 얼마나 잘 못 지내는지, 교사들에게 얼마나 혼나고 부정적 평가를 받았는지, 게임 때문에 아빠에게 얼마나 혼나고 스마트폰도 뺏겼는지 등 부정적 · 수동적인 이야기가 대부분일 것이다. 그렇게 철수가 이야기할 때 상담자는 철수가 얼마나 힘들었는지를 충분히 듣고 이해하는 반응을 보인다. 그렇게 하여 철수와 상담관계가 형성되었다고 여겨질 때 상담자는 철수와 문제를 분리하는, 즉 문제를 외재화하기 위한 질문과 그 문제가 철수에게 나쁜 해를 끼쳤음을 드러내기 위한 질문들을 하게 된다.

철　수: 4학년 때 선생님도, 위클래스 선생님도 저보고 산만하다고 그랬어요. 아빠도 자꾸 손장난하고 딴짓을 한다고 야단쳤어요.

상담자: 산만함 때문에 철수가 선생님들과 아빠에게 혼도 많이 나고 힘들었구나. 산만함 때문에 철수가 힘들었던 게 또 뭐가 있을까?

철　수: 어, 산만함 때문에 제가 힘들었던 거요? 이것저것 만지거나 제 몸을 건드리다 보면 수업에 집중이 잘 안 돼요. 사실 저도 공부 잘해서 할머니를 기쁘게 하고 싶은데…….

상담자: 그렇구나. 철수는 수업에 집중도 하고 공부도 잘해서 할머니를 기쁘게 해 드리고 싶은데 산만함이 철수를 많이 방해하는구나. 그동안 철수를 그렇게 방해해 왔던 산만함을 우리가 이름을 지어 보면 어떨까?

철　수: 어……. 이름을 지어요?

상담자: 응. 철수는 수업에 집중도 하고 싶고 공부도 잘해서 할머니도 기쁘게 하고 싶고 그랬는데 산만함 때문에 방해를 많이 받아 왔으니까 그 고약한 산만함의 정체를 잘 파악하게 이름을 지어 보자는 거지.

철　수: 네, 저를 자꾸 돌아다니고 싶게 하고 뭘 만지고 싶게 하고 방방 뜨게 만드니까 방방이 어때요?

상담자: 그래, 철수를 방방 뜨게 만들려고 하니 '방방이'로 하자고? 좋아. 그럼 우리 이제부터 '방방이'라 부르고, 방방이가 철수에게 어떻게 고약하게 하는지 함께 더 생각해 보자. 수업에 집중하기 어렵게 하고, 어른들에게 혼도 많이 나게 하고, 방방이 때문에 철수가 자신에 대해 어떤 마음이 들게 되는지도 선생님은 궁금해.

철　수: 기분이 나빠져요.

> 상담자: 방방이가 철수 기분을 나빠지게 하는구나. 방방이 때문에 기분이 나빠지면 어떤 생각들이 나니?
>
> 철 수: 그냥 생각하기 싫어져요. 어차피 해 봤자 잘 안 될 거 같고.
>
> 상담자: 자신감도 낮아지고 생각하기도 싫어지는구나. 방방이 때문에 철수가 여러 가지로 참 많이 힘들었어.

## 3) 고유한 결과 찾아내기

이야기치료의 관점에서 보면, 철수가 아니라 방방이(산만함, ADHD)가 문제이며, 철수는 방방이 때문에 힘들었던 사람이다. 철수가 방방이에게 넘어가서 산만한 행동을 보인 적이 많지만, 방방이에 맞서서 이겨냈던 때(즉, 철수가 자신의 삶에서 통제력을 발휘했던 때)가 조금이라도 있었을 것이므로 상담자는 질문을 통해서 이를 찾아내려고 한다.

> 철 수: 저는 정말 주변 물건도 많이 만지작거리고 몸 만지기도 많이 하는 줄 알아요. 수업시간에 집중도 못하고요.
>
> 상담자: 방방이에게 넘어가서 물건이나 몸을 만지기도 하고 수업에 집중 못했던 적이 많았다는 거지? 근데 방방이가 철수를 돌아다니게 하거나 물건이나 몸을 만지게 만들려고 해도 철수가 방방이에게 안 넘어가고 버틴 때가 있었을 텐데, 한번 기억해 볼까?
>
> 철 수: 그런 적이 있긴 있어요.
>
> 상담자: 그렇지! 그때에 대해서 자세히 얘기해 줄래? 어떤 상황이었고, 어떻게 철수가 방방이를 물리쳤는지 듣고 싶다.
>
> 철 수: 오늘 수학시간에요, 선생님이 문제 풀라고 했을 때 좀 어려웠거든요. 그러니까 방방이가 그냥 손장난하고 싶게 만들 뻔 했

는데, 선생님이랑 약속한 거 생각나서 '하지 말자' '방방이가
그래도 난 안 할 거야.' 하고 속으로 다짐했어요.

상담자: 우와, 그랬구나. 철수가 '하지 말자' '안 할 거야' 다짐하면서
방방이를 물리쳤구나. 대단해! 그런 경우를 또 얘기해 줄래?

철　수: 사실 선생님이랑 약속하기 전에도 할머니 기쁘시게 하려고
방방이가 하자는 대로 안 한 적도 있어요.

상담자: 와! 그랬구나. 어떻게 방방이를 물리칠 수 있었어?

철　수: 그냥 할머니 좋아하시는 얼굴 생각하면서 참았어요.

상담자: 그렇구나. 할머니 생각하면서 '기쁘게 해 드려야지.' 하고 생
각하거나, 선생님이랑 약속한 거 생각하면서 방방이를 물리
칠 수 있었구나.

## 4) 보다 포괄적인 새로운 이야기 창조하기

철수가 문제(ADHD, 방방이)에 넘어가지 않고 버팀으로써 산만한 행동을
하지 않을 수 있었던 때들이 확인되면서 문제에 대해 철수가 무능력하지 않
았고 어느 정도의 통제력이 있었다는 점을 인식하게 되면 철수의 이야기가
새롭게 창조될 수 있는 기반이 마련된다. 상담자는 그 기반을 토대로 철수가
자신에 대해 보다 희망적인 새 이야기를 만들고 유지할 수 있도록 돕는다.

상담자: 철수가 방방이에게 넘어가지 않고 버틸 수 있었던 때가 여러
번인 걸 생각해 보면 철수는 어떤 사람이라고 할 수 있을까?

철　수: 저도 마음만 먹으면 방방이를 이길 수 있는 사람인 거 같아요.

상담자: 그래, '나는 마음만 먹으면 방방이를 이길 수 있는 사람이다.'
이거지? 철수가 자신감 있고 당당한 사람으로 자신을 보는 것
같아서 선생님이 기쁘다. 앞으로 계속 방방이가 힘을 못 쓰게

> 만들기 위해서, 마음을 단단히 먹는 거 외에도 또 철수가 더
> 할 수 있는 게 뭘까?
>
> 철　수: 제가 방방이를 이겼을 때마다 선생님에게 이야기하는 거요?
>
> 상담자: 그것도 좋겠다. 철수가 언제 방방이를 이겼는지 기억했다가
> 선생님에게 이야기해 주는 것도 방방이를 이기는 방법이 된
> 다는 거지? 방방이를 이기는 방법을 철수가 잘 생각해 낼 수
> 있구나. 또 어떤 방법이 있을까? 예전에 방방이에게 잘 안 넘
> 어갔던 때를 또 기억해 보자.

철수가 '마음만 먹으면 방방이를 이길 수 있다.'는 새 이야기를 견고히 하
기 위해서 그 관점을 강화할 수 있는 증거를 과거와 현재 경험에서 다수 찾아
낸 후에는 이를 더 견고히 하고 발전시키기 위해서 주변 인물(청중)을 물색하
는 것도 도움이 된다.

> 상담자: 철수가 방방이를 이길 수 있었다는 이야기를 들으면 제일 덜
> 놀라면서 "맞아, 맞아, 철수는 방방이를 마음만 먹으면 이길 수
> 있지."라고 할 사람이 누굴까? 그 사람이 그렇게 놀라지 않을
> 수 있는 건 철수에 대해서 그 사람이 무엇을 알기 때문일까?
>
> 철　수: 할머니요! 학원에서 100점 받았을 때 할머니가 "우리 철수는
> 마음만 먹으면 이렇게 잘할 수 있어." 그랬어요.
>
> 상담자: 우와, 그랬구나. 철수가 기분 좋았겠다. 할머니가 철수에 대
> 해서 무엇을 아셔서 그렇게 말씀하신 걸까?
>
> 철　수: 그건 잘 모르겠는데……. 할머니는 제가 아빠에게 야단맞을
> 때 "크면 나아질 텐데, 너무 야단치지 마라." 그러세요.
>
> 상담자: 철수에게 많은 능력이 있다는 걸 할머니가 아시는 것 같구나.

정기적 상담이 끝난 후에도 교사인 상담자는 학교생활 속에서 철수가 방방이를 이기는 것처럼 보이는 때를 놓치지 않고 인정해 줌으로써 철수의 새 이야기가 계속 유지되고 커 나갈 수 있도록 지원할 수 있다. 만약 철수가 방방이를 물리치지 못하는, 즉 자신이 무능력하고 통제력이 없다는 옛 이야기로 돌아가는 것 같은 경우가 발생한다면, 방방이를 이길 수 있었던 다양한 경험과 그때 철수가 어떻게 통제력을 발휘했는지를 철수와 함께 다시 상기해 보고 방방이를 이기는 다양한 방법을 확장하며 새로운 이야기를 수정하거나 확대할 수 있도록 돕는다.

제2장

# 또래관계가 불편한 아동

초등학교 5학년 여학생인 현지는 친구의 부탁을 거절하기 어렵다고 하면서 친구관계에서의 어려움을 호소하였다. 부탁을 들어주지 않으면 친구가 놀아 주지 않을 것 같아서 싫은데도 부탁을 계속 들어주게 된다고 하였다. 현지는 친구들의 부탁을 들어주다가 가끔씩 욕을 하거나 짜증을 내기도 하였다. 담임교사도 자신을 무시하는 것 같아 싫을 때가 많고, 그럴 때는 속으로 욕을 하면서 견딘다고 하였다. 담임교사는 현지가 수업시간에도 집중을 못할 때가 많고, 친구들에게 큰 소리로 화를 낼 때가 있어 학급친구들이 불편해하고, 관계도 원만하지 않다고 상담에 의뢰하였다.

이 장에서는 인간중심상담과 인지상담을 적용하여 현지를 상담한 과정을 소개하였고, 대안적 접근으로 해결중심상담을 제시한다.

담임교사는 현지가 수업시간에도 집중을 못할 때가 많고, 친구관계에서 화를 내면서 욕을 하거나 짜증을 내는 행동 때문에 친구들이 현지를 불편해한다며 대학원에서 상담을 전공한 동료 교사에게 상담을 의뢰했는데, 현지와 보호자(아버지) 모두 상담에 동의하여 상담이 시작되었다.

## 1. 내담자 정보

### 1) 호소문제

상담에서 현지는 자기보다 강하거나 센 친구가 부탁하는 것을 거절하기 어렵다고 하면서 친구관계에서의 어려움을 호소하였다. 친구들이 부탁하는 것을 들어주지 않으면 친구가 놀아 주지 않을 것 같아서 싫은데도 부탁을 계속 들어주게 된다고 하였다. 친구들은 힘들다고 가방을 들어 달라고 하는 등 장난처럼 요구할 때가 있는데, 현지는 친구들이 하는 부탁을 들어주다가 가끔씩 욕을 하거나 짜증을 내기를 반복하였다. 담임교사도 자신을 무시하는 것 같아 싫을 때가 많고, 그럴 때는 속으로 욕을 하면서 견딘다고 하였다.

### 2) 내담자의 인상 및 행동 특성

상담자가 현지를 만났을 때, 현지는 보통 체격에 머리가 지저분할 때가 많은 등 위생적으로 깨끗해 보이지 않을 때가 많았다. 현지는 상담에서 비교적 자신의 얘기를 잘하는 편이지만, 자신의 의견이 받아들여지지 않으면(예: "오늘은 친구와 약속이 있어서 상담을 쉬고 싶다." 등) 상담자에게도 짜증을 내면서 원망하기도 하였다.

## 3) 가족관계 및 성장 배경

### (1) 가족 구성원 및 특성

현지는 아버지, 중학교 1학년 언니와 함께 생활하며, 근처에 사는 할머니가 거의 매일 와서 요리, 청소 등 생활을 돕고 있다.

- 어머니(36세, 전업주부): 베트남에서 와서 현지의 아버지와 결혼하고 딸 둘을 낳았지만, 시어머니와의 갈등 및 남편의 폭력으로 현지가 1학년 때 이혼하고 베트남으로 돌아간 후 연락이 끊어진 상태다. 현지는 엄마 생각을 하면 어렸을 때 엄마가 놀아 주던 기억도 있지만, 부모님이 자주 싸운 후 엄마가 울던 기억이 많이 나고, 예전에는 엄마가 보고 싶기도 했지만 최근에는 자주 보고 싶은 생각이 들지는 않는다고 하였다.
- 아버지(47세, 건설현장근무): 아버지는 전국을 다니면서 일을 하기 때문에 일주일에 한 번 집에 들어오는데, 집에서는 거의 잠만 자거나 컴퓨터 게임만 해서 현지의 학교생활에 대해서는 거의 알지 못한다. 현지는 필요한 것이 있다고 하면 아버지가 사 주기는 하지만, 자신의 친구들이나 학교생활에 대해서는 잘 모른다고 하였다. 아버지가 집에 오면 현지도 거의 방에서 나오지 않고 생활하는 편이다.
- 언니(14세, 학생): 중학교 1학년인 언니는 현지와 사이가 좋지 않고 서로 관심이 없으며, 언니가 집에 늦게 들어와서 거의 만나지 못하고 지낸다. 언니가 왜 집에 늦게 오는지는 잘 모른다고 하였다.
- 할머니(73세, 전업주부): 현지의 어머니가 베트남으로 돌아간 후, 거의 매일 현지의 집에 들러서 요리, 청소 등 생활을 도와주신다. 현지는 할머니

가 식사 준비를 해 주서서 고맙지만, 자꾸 엄마를 비난하는 말을 하고 자신에게도 잔소리를 해서 듣기 싫다고 하였다.

## 4) 심리평가

### (1) 심리검사(문장완성검사의 일부)

- 내가 가장 무서워하는 것은 (친구를 잃는 것이다).
- 내가 가장 행복할 때는 (친구와 친하게 지낼 때다).
- 나는 친구가 (많았으면 좋겠다).
- 다른 사람들은 나를 (어떻게 생각하는지 알고 싶다).

### (2) 심리평가

심리검사 결과와 담임교사의 관찰, 상담자가 상담을 통해 파악한 현지의 정서적 · 인지적 · 행동적 · 학업적 특성 및 강점과 자원을 구체적으로 보면 다음과 같다.

- 정서: 현지가 가장 자주 표현하는 감정은 짜증이다. 친구들의 인정을 바라면서, 친구들이 부탁하면 부탁을 하는 친구들에 대해 짜증과 화가 날 때가 많다. 친구가 자신을 싫어하게 되거나 친구를 잃게 될까 봐 두려움을 느끼며, 담임교사 등 성인들과의 관계에서도 불편하거나 싫은 느낌을 자주 말하였다.
- 인지: 요구를 거절하면 친구를 잃게 될 것 같은 재앙적 사고, 그리고 현지가 수업 중 교사에게 주목하지 않거나 교사의 질문에 대해서 적절하게 대답하지 않아 교사가 야단쳤을 때 이를 '자신을 무시한다'라고 의미를 확대하는 등 인지적 오류를 나타냈다. 자신이 친구에게 욕을 하고 화를 내는 것은 당연하게 생각하면서, 친구가 기대에 맞지 않게 행동했을 때

는 화를 많이 내는 이중 기준을 드러내기도 하였다.

- **행동**: 무리하다고 생각하는 친구들의 요청이나 부탁을 거절하지 못하며, 마음속으로 싫은 생각이 드는 아이들과도 어울려 다닌다. 화가 나면 반 아이들이 무서워할 정도로 화를 내고, 성인들과의 관계에서도 속으로 욕을 할 때가 있다. 외모가 위생상 지저분해 보인다.
- **언어 및 학업**: 현지는 한국에서 태어나고 자라 한국어로 의사소통하는 데는 능숙하지만, 학업에는 별로 관심이 없고 성적도 반에서 낮은 편이다. 한국어 외에 어머니의 모국어인 베트남어 사용이 가능하다고 하였다.
- **강점 및 자원**: 교사나 상담자에게 스스럼없이 다가와서 자신의 얘기를 하는 것은 현지의 대표적인 강점으로 보인다. 상담자에게 자신의 얘기를 하는 것을 좋아하며, 묻는 말에도 잘 대답하는 편이다. 학업성적은 좋은 편이 아니지만, 글쓰기와 사진 찍기를 좋아해 온라인에 올리고 사람들에게 좋은 평가를 받기도 한다.

## 2. 사례개념화

현지는 자신과 놀아 주고 자신을 보살펴 주면서 애착이 형성된 어머니와 어릴 때 헤어지면서, 성인으로부터 보살핌을 받거나 이해받은 경험이 부족한 것으로 보인다. 현재 아버지나 할머니와의 관계에서 모두 가깝게 느끼지 않고, 담임교사에 대해서도 본인을 배려하지 않는다고 느끼는 순간 짜증이 나서 속으로 욕을 한다고 하였다. 어머니는 함께 놀아 주고 자신을 보살펴 주던 존재였지만, 남편의 폭력과 시어머니와의 갈등을 경험하면서 한국에서의 적응에 어려움을 경험했을 것으로 추측된다. 어린 현지에게 어머니는 한편으로는 놀아 주고 보살펴 주는 사람이었지만, 한편으로는 힘들어하고 자주 우는 불안정한 모습으로, 현지가 필요할 때 편하게 의지하기는 어려웠을 것으로 보인다. 현지는 성장 과정에서 가까운 성인으로부터 관심과 보살핌, 자신의 요구에 대한 관심과 존중을 충분히 받지 못한 채 성장하였으며, 이는 1학년 때 어머니가 이혼 후 본국으로 돌아가면서 더 심화되었을 수 있다.

담임교사나 할머니 등 성인들이 일상적으로 하는 지시나 요구에도 이를 자신을 배려하지 않고 무시한다고 지각하면서 속으로 화를 내고 욕을 하면서 견디는 현지의 행동은, 현지의 이해받고 보살핌을 받고자 하는 욕구가 충족되지 않았을 때 누적된 분노가 과도하게 표현되는 것으로 해석할 수 있다. 현지는 관계에서 경험하는 다양한 감정을 구분하여 인식하지 못하면서, 불편한 주제가 나오거나 다른 사람들이 자신의 요구대로 해 주지 않으면 전체적으로 "짜증난다."고 표현하였다. 현지와의 상담에서는 현지가 짜증난다고 얘기하는 교사, 지역아동센터의 사회복지사와 등 성인들과의 관계에서 경험하는 일들을 다루면서 짜증 이면의 욕구와 복합적인 감정을 표현하고 스스로 이해해 나가도록 돕고, 또한 이를 상담자가 관심을 갖고 중요하게 대하는 상호작용을 통해 자신의 욕구를 인식해 나가도록 돕는 인간중심상담이 도움이 될 것으로 판단하였다.

한편, 인지상담에서는 환경과의 상호작용에서 경험하는 사건에 대한 해석에 인지적 오류가 있고, 이로 인해 부정적인 감정을 경험하고 문제행동을 하게 된다고 여긴다. 상담에서는 자동적 사고에 포함된 인지적 오류를 찾고 이를 변화시켜 화나 짜증과 같은 부정적 감정을 조절하고 문제행동을 변화시킬 수 있다고 가정한다. 현지의 사례에 인지상담의 개념을 적용해 보면 다음과 같다.

현지는 친구와의 관계에서 "친하게 지낼 때 가장 행복하다."라고 하지만, 친구를 잃을까 봐 늘 두려워하면서 이런 두려움 때문에 친구의 요구에 싫으면서도 억지로 들어주거나, 친구에게 늘 짜증이 나지만 이를 참다가 욕을 하거나 소리를 지르며 화를 폭발하는 방식을 반복하고 있었다. 친구를 잃을지도 모른다는 두려움으로 인해, 현실에서도 관계가 잘못될까 봐 친구들의 눈치를 보면서 자신을 솔직하게 드러내고 있지 못한 상황으로 판단된다. 현지는 관계에서의 핵심신념(가정: '나는 진정으로 사랑받지 못하는 아이야.')에서 파생된 중간신념(가정: '내가 원하는 걸 친구들이 들어주지 않으면, 나를 무시하는 거야.' '내가 친구들 요구를 들어주지 않으면 나를 떠날 거야.')을 가진 것으로 가정하였다. 이런 신념들은 친구의 요구를 거절하면 친구를 잃게 될 것 같은 재앙적 사고, 함께 다니는 친구들에게 자신이 서운함을 느꼈던 민주에 대해 털어놓았을 때 친구들이 적극적으로 자신의 편을 드는 대신에 문자로 'ㅠㅠ'와 같이 간단하게만 답한 것을 자신을 무시해서 그렇다고 생각하는 의미의 확대, 자신이 친구에게 욕하고 화를 내는 것은 개의치 않으면서 친구가 기대에 맞지 않게 행동했을 때는 '나를 무시한다.'고 생각하는 이중 기준의 사용 등의 다양한 인지적 오류로 일상에서 드러났다. 인지적 오류가 포함된 현지의 자동적 사고는 두려움, 짜증, 분노 등의 감정을 파생시키며, 욕을 하고 소리치는 등의 행동에 영향을 주는 것으로 볼 수 있다. 따라서 상담에서는 현지의 친구관계의 어려움을 줄이고 관계를 안정적으로 맺어 나가기 위해서 인지적 오류를 확인하고 변화시키는 인지적 접근을 함께 사용하였다. 인지적 오류의 교정 및 자신의 욕구와 감정을 표현하는 방식의 연습을 통해 친구관계에서 화가 축적되기 전에 의견을 제시하거나 감정을 표현할 수 있도록 돕는 연습을 함께 진행하였다. 행동개입과 관련해서 현지의 위생 상태가 좋지 않아 친구관계에 부정적인 영향을 미칠 것으로 판단하였고, 상담에서는 현지가 스스로 위생 관리를 할 수 있도록 돕는 행동전략도 포함하였다.

## 3. 상담의 목표 및 전략: 인간중심상담과 인지상담

### 1) 상담목표

현지는 친구관계에서 무시당하지 않고 인정받으면서 친하게 지내기를 원한다고 하였다. 현지가 원하는 친한 친구관계를 맺는 것을 상담목표로 하여, 사례개념화에 기반해 다음과 같은 하위목표를 설정하였다.

- 성인과의 관계 및 친구관계에서 자신의 경험(감정, 사고, 행동)을 인식하고 표현할 수 있다.
- 친구의 요구를 거절하면 친구가 나를 떠날 것 같은 두려움을 줄인다.
- 친구들의 요구가 부당하다고 생각되면 이를 거절할 수 있다.
- 옷차림 등 위생 상태를 개선하고, 스스로 관리할 수 있다.
- 화났을 때 욕설을 하거나 큰 소리를 지르지 않고 감정과 요구를 표현할 수 있다.

## 2) 상담전략

상담목표 달성을 위해 인간중심상담 전략과 인지상담 전략을 채택하였다. 인간중심상담에서는 현지의 일상화된 짜증 이면의 좌절된 욕구를 확인하고 표현하도록 격려하면서 상담자가 현지의 경험을 수용해 줌으로써, 현지가 점차로 세분화된 자신의 경험을 알아차리고 표현할 수 있도록 하였다. 현지의 감정이 받아들여지는 경험을 통해 자신의 두려움과 강점을 알아나가고, 자신이 원하는 것을 파악하고 수용해 나가도록 하였다. 인지상담을 적용한 개입에서는 현지의 감정과 행동에 영향을 주는 신념과 인지적 오류를 파악하고 이를 수정함으로써 결과적으로 현지의 감정과 행동의 변화가 일어나도록 하였다. 현지와의 상담에서는 재앙화, 의미의 과장과 축소 등 인지적 오류를 확인하고 교정함으로써, 자신의 행동과 타인의 행동의 의미를 이해하고 또래 관계에서 사용할 수 있는 바람직한 자기표현의 방법들을 익히도록 하였다. 위생 관리와 관련해서 현지의 자기관리 능력의 향상을 돕는 행동적 개입을 함께 사용하였다.

## 4. 상담과정

### 1) 상담 초기

현지는 담임교사의 권유로 상담에 온 비자발적 내담자로, 관계에서 자신이 아니라 친구와 교사가 문제라고 생각하기 때문에 스스로의 문제에 대해서 인식하지 못하였다. 교사의 의뢰로 만난 상담자도 지금까지 경험한 성인들처럼 쉽게 자신을 무시할 것이라고 생각하고 경계하기 쉽기 때문에 특히 관계형성에 주의하였다. 상담 초기의 진행 과정은 다음과 같다.

#### (1) 관계형성 및 상담목표 설정

상담자는 상담에 의뢰된 것에 대한 현지의 감정, 현지가 생각하는 상담 의뢰 이유, 학교생활에서 변화하고 싶은 부분 등에 대한 현지의 생각을 확인하였다. 상담 초기에 다루어지는 이러한 주제들에서 자신의 의견이 중요한 사안으로 받아들여지고 인정받으며 상담의 목표 설정 등 상담 과정에 반영되는 경험을 한다면 상담에 대한 관심도 증가할 수 있기 때문이다. 현지는 부당한 요구를 하는 친구들이 문제인데 왜 자신이 상담받아야 하는지, 다른 아이들이 문제인데 담임선생님이 왜 자신만 상담에 보내는지 모르겠다고 하며 상담에 의뢰된 것에 대한 불편함을 드러내기도 하였다. 반에서 친구들에게 화를 내고 소리지르기는 했지만, 자신도 많이 참다가 화냈기 때문에 잘못이 없다는 것이다.

상담자는 상담에 의뢰된 데 대한 현지의 불편감을 공감하면서, 현지가 학교생활에서 어려운 점은 무엇인지, 친구관계는 어떤지를 탐색하면서 현지가 느끼는 관계에서의 어려움(예: "친구들이 나를 배려하지 않는다." "선생님이 나를 무시한다." 등)에 초점을 맞추어 상담을 진행해 나갔다. 현지는 상담자가 자신의 어려움에 관심을 갖고 공감하면서 들어주자, 초기 상담 의뢰에 대해 불만을 보이던 것과 다르게 자신이 생각하는 관계에서의 어려움에 대해서 솔직하게 말하기 시작하였다. 친구들이 일상생활에서 하는 요구를 들어주지 않으면 자신과 놀아 주지 않을 것 같은 불안감과 관계에서의 어려움의 관련성을 파악하면서 이 부분을 어떻게 변화시키고 싶은지를 중심으로 현지의 상담동기를 형성해 나갔다.

### (2) 감정의 인식과 불안 다루기

현지는 3회기 상담에서 "오늘은 친구와 약속이 있어서 상담을 쉬고 싶다."라고 한 적이 있는데, 상담자가 상담 약속이 먼저이니 상담을 한 이후에 친구를 만나는 것이 어떻겠냐고 하자 상담자에게 "짜증나요."라고 하면서 상담자를 원망하였다. 현지의 짜증과 원망은 '친구와 놀려는 약속을 하고 지키지 않았을 때 친구들이 더 이상 자신과 놀려고 하지 않을까 봐 불안함'을 드러내는 반응으로 해석하였다. 현지가 중요하게 생각하는 친구와의 노는 시간을 당장 갖지 못하는 것에 대한 좌절과 실망 등이 포함되어 있는 것으로도 볼 수 있다. 이에 상담자가 상담구조화(예: '상담은 매주 같은 시간에 진행하는 것' '상담 약속을 먼저 한 것이니 진행하고, 그 이후에 친구와 놀러 가는 것이 가능한지에 대한 확인')를 다시 진행하고, 당장 친구와 만나지 못하는 것에 대한 현지의 감정과 생각을 다루었다.

이러한 반응은 현지가 자주 경험하는 짜증 반응의 예로 볼 수 있는데, 이는 상담자가 목표로 하는 내담자의 감정 인식과 표현, 상담자의 내담자에 대한 존중과 공감이 필요한 중요한 순간이 될 수 있다. 상담자는 친구와의 약속을 지키지 못하는 것과 관련된 현지의 불안을 확인하고, 감정에 공감하면서 불안을 줄이는 방법을 함께 찾아 나갔다. 상담자의 개입은 두 부분으로 진행되었다. 먼저, 현지가 친구와 놀고 싶은 마음에 공감하면서 상담이 끝난 후에 친구를 만나는 것이 여전히 가능한지 직접 전화해서 확인하도록 한 것이다.

먼저 상담을 하고 상담이 끝난 후에 친구와 노는 것으로 시간을 변경하면서, 상담이 끝나면 놀 수 없을 것이라는 현지의 불안을 줄일 수 있도록 하였다. 이후 상담에서는 현지가 "상담 오늘 안 하면 안 돼요?"라고 물어봤던 그 순간을 다시 확인하면서, 이와 관련된 불안을 포함한 다양한 감정을 탐색하였다. 현지는 친구들과 만나지 못할 수도 있다는 걱정, 친구들이 만나자고 한 시간에 만나지 못하면 친구와 멀어질 수도 있다는 두려움, 자신이 원하는 것을 당장 하지 못하는 것에 대한 실망감 등을 표현하였다.

상담자에 대한 짜증은 자신의 즉각적인 요구가 충족되지 않았을 때 보이는 현지의 반응으로 보이는데, 이런 반응은 현지의 관계에서의 문제(본인의 기대가 좌절되었을 때 작은 일에 화를 내고 소리지르는 행동, 교사에게 마음속으로 욕하는 행동 등)와 연속선에 있는 것으로 파악하였다. 상담자는 현지가 속으로 상담자를 욕하는 대신에 그 순간의 생각과 감정을 표현하면서 감정을 조절할 수 있도록 하였다.

> 상담자: 오늘 상담 안 하면 안 되냐고 했을 때 먼저 친구에게 전화해서 상담 끝난 후에 만나서 놀 수 있는지 물어보라고 했잖아. 그때 현지는 어떤 마음이었어?
>
> 현　지: 친구랑 오늘 못 놀 것 같아서 싫었어요. 짜증났어요.
>
> 상담자: 선생님에 대해선 어떤 마음이 들었어?
>
> 현　지: 제가 친구랑 잘 지낼 수 있게 도와준다고 하셨잖아요. 근데 친구 만나러 가고 싶은데 못 가게 하니까 선생님도 역시 내가 원하는 걸 들어주지 않는다는 생각이 들었어요.
>
> 상담자: 원하는 걸 안 들어주는 선생님이 원망스러웠겠네.
>
> 현　지: 저는 친구들이랑 놀고 싶은데 못하게 했잖아요.
>
> 상담자: 현지 생각을 알고 나니까 선생님도 현지가 왜 그렇게 짜증이 났는지 좀 더 이해가 되는 것 같아. 선생님이 현지를 돕는다고

하면서도 현지가 원하는 걸 들어주지 않는다고 생각했었구나. 앞으로도 현지가 지금처럼 상담에서 불편하고 짜증나는 일이 있으면 선생님한테 말해 주면 좋겠어. 그럼 그 문제를 같이 해결해 볼 수 있잖아.

현　지: 근데 이런 얘기해도 돼요? 전 선생님이 화내실 줄 알았는데.

상담자: 현지가 왜 짜증났는지 말해 주니까 오히려 답답한 마음이 시원해지는 것 같아.

현　지: 진짜요?

상담자: 그럼! 사실 선생님도 아까 현지가 오늘 상담 안 해도 되냐고 물어봤을 때, 현지가 친구들이랑 같이 놀고 싶어 하는 걸 아니까 상담 약속을 다른 날로 바꾸는 게 좋을지 고민했었어. 그런데 현지가 꾸준히 상담을 받아서 현지가 원하는 대로 편하게 친구들이랑 지냈으면 하는 마음이 컸고, 또 선생님도 다른 일들을 미뤄 두고 현지와 상담 시간을 정한 거여서 시간을 바꾸기가 어렵기도 했어.

현　지: 전 선생님이 제가 친구들 만나고 싶어 하는 걸 신경도 안 쓰는 줄 알았어요. 저도 상담하는 거 좋은데, 오늘 갑자기 친구들이 같이 놀자고 하는 바람에 그랬던 거예요.

이 과정에서 상담자는 현지의 "짜증나요."라는 말 이면에 관련된 생각을 탐색하고 표현하게 하고, 상담자가 현지의 상담 연기 요청 이후 고민했던 생각들도 솔직하게 표현하였다. 현지가 마지막에 자신도 상담하는 걸 좋아한다고 말한 것으로 봐서 이 내화가 현지의 짜증을 조절하는 데에도 도움이 되었음을 알 수 있다. 하지만 상담자의 개입에도 불구하고 현지는 상담 시간에 평소보다 대화에 집중하지 못하는 모습을 보였으며, 이에 따라 상담은 30분 진행 후 마무리하였다. 이는 보통 친구의 요청을 들어주던 현지가 자신의 상황 때문에 친구들과 약속 시간을 조정한 것에 대한 불편감이 남아 있기 때문으로 해석하였다.

### (3) 긍정적인 관계경험을 확인하고 인식하도록 돕기

현지는 문장완성검사에서 "내가 가장 행복할 때는 친구와 친하게 지낼 때이다."라고 한 것과 같이 친구와 좋은 관계를 유지하고자 하는 마음이 강하며, 이를 위해서 현지 나름의 방식으로 관계를 유지하기 위해 노력하고 있었다. 현지는 집에 혼자 있을 때는 초등학생들이 주로 이용하는 어플을 사용해서 글과 사진을 올리는 일을 하는데, 이때 '좋아요' 반응을 얻으면 인정받은 것 같고 기분이 좋아진다고 하였다. 좋은 관계를 맺고자 하는 현지의 욕구, 관계에서 다른 사람들의 긍정적인 관심과 호감을 받았던 경험(글쓰기, 사진 공유하기) 등을 확인하면서 현지가 원하는 것과 강점을 확인해 나갔다. 현지는 '좋아요' 반응을 얻었던 경험을 얘기하면서 표정이 밝아지고 스스로 뿌듯해하였다. 초기 상담에서 현지의 어려움에 대해서만 초점을 둔다면 상담을 힘든 시간으로 인식할 수 있기 때문에, 만족하고 즐거웠던 경험들도 찾아가면서 현지의 경험을 확인해 나갔다.

## 2) 상담 중기

상담 중기에도 내담자 감정의 인식과 표현, 내담자 경험에 대한 공감을 지속함으로써 현지와의 좋은 관계가 유지될 수 있도록 하였다. 일상생활에서의 감정 인식을 토대로 상황과 감정의 구분이 어느 정도 진행된 다음, 이를 토대로 관계 영역에서 타인에 대한 현지의 분노와 관련되는 인지적 오류를 확인하고 다루는 개입을 진행하였다. 현지의 위생 상태와 관련해서, 외모에서 자기 관리를 통해 변화가 필요한 부분이 있는지를 확인하고 행동 변화를 위해 개입하였다. 담임교사와의 협조관계를 통해 학급에서의 행동 변화가 이루어지도록 개입하였다.

## (1) 인지적 오류 다루기

현지가 친구관계 및 교사와의 관계의 어려움을 호소하면서 드러낸 인지적 오류로는 재앙화, 부정적 의미의 확대 등을 들 수 있다. 각각의 인지적 오류에 대해 다음과 같이 개입하였다.

현지는 지원이가 하굣길에 가방을 들어 달라고 하는 요구를 할 때 들어주기 싫지만 거절하면 친구를 잃을 것 같아서 싫어도 들어준다고 하였다. 요구를 거절하면 친구를 잃게 될 것처럼 생각하는 부분이 재앙화에 해당한다. 재앙화에 대해서는 "친구가 요구하는 것이 싫고 무리라는 생각이 들면서도, 들어주지 않으면 친구를 잃을까 봐 들어주게 된다는 거지?" "그럼, 친구 요청을 거절하면 실제로 어떤 일이 생길지 한번 생각해 볼까?"라고 현지의 불안을 공감하면도, 재앙화된 생각과 구분해서 실제로는 어떤 일이 생길지를 구체적으로 확인해 보는 과정을 반복하였다.

상담자는 거절한 후에 친구가 화를 내면 그 다음에는 무슨 일이 생길 것 같은지, 친구가 더 이상 연락도 안 하고 만나지 말자고 하면 어떤 일이 생기는지 등을 구체적으로 탐색해서 들어주기 싫은 요구를 거절하더라도 현지가 생각하는 것만큼의 재앙적 상황이 생기지는 않는다는 것을 인식하도록 하였다. 현지는 지원이의 요구를 거절하면 모든 친구와 관계가 멀어질 것처럼 생각했지만, 실제로는 다른 친구들도 지원이의 그런 행동을 좋아하지 않기 때문에 다른 친구들은 현지를 이해할 것이라는 점을 확인할 수 있었다.

> 상담자: 지원이가 현지에게 가방을 들어 달라고 했었구나. 어떤 상황이었는지 좀 더 자세히 말해 줄 수 있을까?
>
> 현  지: 수업 끝나고 친구 둘이랑 밑이 집에 가고 있었는데, 갑자기 지원이가 자기 가방 무겁다고 들어 달라고 했어요.
>
> 상담자: 친구가 갑자기 그런 얘기를 해서 당황했겠네.
>
> 현  지: 너무 황당했죠. 내 가방도 무거운데. 지원이가 그런 얘기를

한 게 처음도 아니었거든요. 같이 가던 친구 소율이도 그 상
황에서 아무 말도 안 하고 있어서 더 황당했죠.

상담자: 그랬겠네. 같이 있던 친구까지 아무 말도 안 하고 있어서 더
황당했겠네.

현　지: 네! 그래서 어이가 없어서 그냥 쳐다봤더니 지원이가 "친구
가 힘들다고 하는데 가방도 잠깐 못 들어 주냐?"는 거예요.
가만히 있으면 더 어색할 것 같고, 소율이도 제가 들어 주기
를 기다리는 것 같아서 그냥 빨리 집에 가려고 들어 준다고
했어요.

상담자: 그래서 가방을 들어 주게 됐구나. 가방을 들어 주면서 현지는
어떤 마음이었어?

현　지: 너무 짜증났죠. 그냥 빨리 들어 주고 말자라는 생각이었어요.

상담자: 빨리 그 상황을 끝내고 싶어서 싫지만 가방을 들어 줬던 거구
나. 현지는 다시 그런 상황이 되면 어떻게 하고 싶어?

현　지: 지원이가 그런 부탁을 안 했으면 좋겠어요.

상담자: 지원이가 그런 부탁을 안 하는게 제일 좋겠지. 그런데 만약
지원이가 그런 부탁을 다시 하면 어떻게 하고 싶어?

현　지: 싫다고 하고 싶은데……. 그런 말을 못하겠어요.

상담자: 지원이가 그런 부탁을 하면 싫다고 하고 싶은데 말을 하기가
어렵다는 거네. 그럼 상담 시간에 선생님이랑 거절하기가 어
려운 이유를 같이 찾아보는 건 어떨까?

현　지: 네. 좋아요.

상담자: 우리가 거절하기 어려운 건 보통 그 상황에서 나도 모르게 어
떤 생각을 하게 되고, 그 생각 때문에 거절이 더 어려워지기
도 해. 그 순간에 어떤 생각을 했는지를 찾아보고 마음속에
드는 생각을 바꿀 수 있으면 거절하기가 좀 쉬워지기도 하거

든. 그래서 그때 생각을 같이 확인해 보는 게 도움이 될 것 같
아. 현지는 지원이가 가방을 들어 달라고 했을 때 마음속에
어떤 생각이 들었는지 기억해 볼 수 있을까?

현　지: 음…… 제가 가방 안 들어 준다고 하면 저랑 이제 친구 안 하
겠다고 할 것 같았어요.

상담자: 지원이가 더 이상 친구를 안 하겠다고 할 것 같아 부탁을 거
절하기가 어려웠구나. 현지가 가방 들어 주지 않겠다고 했을
때 지원이가 "너는 친구도 아니야. 이제 너랑 친구 안 할 거니
까 연락도 하지마."라고 하면 그 다음엔 어떤 일이 생길까?

현　지: 지원이가 저랑 같이 다니지도 않고 또 학교에서 친구들에게
제 흉을 볼 것 같아요.

상담자: 지원이가 같이 안 다니고 같은 반 친구들에게 현지 흉을 본다
면 그다음에는 어떤 일이 생길까?

현　지: 그러면 반 아이들이 다 저를 싫어하고 저는 혼자 지내야 되
겠죠.

상담자: 지원이가 해 달라는 걸 거절하면 결국 반에서 다른 친구들이
다 현지를 싫어하고 학교에서 혼자 지내게 될 거라고 생각하
면 정말 지원이 부탁을 거절하기가 어려웠을 것 같아.

현　지: 네.

상담자: 현지가 지원이 부탁을 거절했을 때 생길 것이라고 생각한 일
들은 실제로 생긴 일이 아니고, 현지가 '그러면 어떡하지' 하
고 걱정하는 일이잖아? 그러면 지원이 부탁을 거절했을 때
현지가 걱정하는 일들이 실제로 생길 가능성이 얼마나 될지
생각해 볼까?

현　지: 네.

상담자: 가방을 들어 달라는 부탁을 거절했을 때 지원이가 이제 연락

하지 말자고 할 가능성이 얼마나 될까?

현  지: 지원이는 자기 마음대로 안 되면 그런 말 할 것 같아요.

상담자: 1점은 전혀 그런 말을 할 가능성이 없고, 10점은 지원이가 확실히 그런 말을 할 것 같다고 하면 가능성이 몇 점이나 될까?

현  지: 글쎄요. 8~9점 정도요.

상담자: 8~9점이라고 생각하는 이유가 있을까? 혹시 예전에도 지원이가 그런 말을 한 적이 있었니?

현  지: 네. 지난번에도 지원이가 화가 나서 친구 그만하자고 하고 며칠 동안 연락도 없다가 갑자기 먼저 연락을 했었어요.

상담자: 그런 일이 있었구나. 그럼 이번에도 지원이가 화가 나면 그런 말을 할 수도 있지만, 또 좀 지나서 다시 만날 수도 있다는 거네. 그럼 지원이가 이제 친구 그만하자고 하면 그 자리에 같이 있던 친구 소율이는 뭐라고 할까?

현  지: 모르겠어요. 아무 말도 안 할 것 같기도 하고요.

상담자: 현지가 소율이 입장이면 뭐라고 할 것 같아?

현  지: 그런 말 하지 말라고 하고 싶을 것 같은데, 모르겠어요.

상담자: 소율이도 마음속으로는 그런 말 하지 말라고 할 수도 있다는 거네?

현  지: 네. 그럴 것 같아요.

상담자: 지원이가 화가 나서 친구 그만하자고 하더라도 소율이는 그 말에 동의하지 않고 현지랑도 계속 연락하면서 지낼 수 있을 것 같은데, 현지 생각은 어때?

현  지: 네. 소율이는 계속 연락할 것 같아요.

상담자: 현지가 가방을 들어 달라는 요청을 거절하면, 결국 친구도 없이 혼자 외롭게 지내게 될 거라고 생각했던 것과는 다른 것 같은데?

현　지: 생각해 보니 소율이는 지난번에도 지원이가 가방 들어 달라고 했을 때 "야, 네거는 네가 들어."라고 했어요. 지원이가 화를 낸다고 해도 다른 친구들이 다 지원이 편도 아닌데, 저도 모르게 그렇게 생각했던 것 같아요.

재앙화는 과거에 경험한 재앙적 결과로 인해 나타날 수도 있기 때문에, 상담자는 현지가 친구의 요청을 거절했던 경험이 있었는지와 그때의 결과를 탐색하였다. 현지는 예전에 친구의 요청을 거절한 적이 있는데 이후 그 친구가 현지의 뒷담화를 하는 것을 들은 적이 있다고 하면서, 거절에 대한 두려움의 근거를 제시하기도 하였다. 그때 현지는 뒷담화를 들었지만 어떻게 해야 할지 몰라서 그 자리를 피했고, 이후에는 뒷담화를 못 들은 것처럼 그 친구와 만났지만 계속 기분이 좋지 않았다고 하였다. 상담자는 현지가 두려워하는 '거절하면 친구를 잃을 것이다.'라는 생각과 뒷담화한 친구와 이후에도 계속 만난 것은 차이가 있음을 지적하였다. 현지가 친구의 요청을 거절했던 여러 번의 경험들을 돌아보는 과정을 통해, 거절한 이후에도 관계에는 별다른 변화가 없는 경우도 있었음을 확인하면서 현지는 거절하면 친구를 잃을 것이라는 생각이 실제 자신의 경험과는 차이가 있음을 확인하였다.

친구나 교사와의 관계에서 현지는 짜증나는 상황에서 '나를 무시한다.'고 해석하면서 경험의 부정적 의미를 확대하는 의미의 과장을 드러냈다. 수업 중 교사의 지시를 제대로 따르지 않아 교사가 현지를 지목해서 주의를 주었을 때 현지는 "나를 무시해서 그렇다."라고 하였으며, 함께 어울리는 친구들에게 자신이 속상한 일을 얘기하고 공감을 구했을 때 친구가 문자로 "ㅠㅠ"라고 답하고 더 이상 반응하지 않은 것도 자신을 무시해서 그렇다고 해석하였다. 상담자는 친구가 그렇게 반응한 이유를 다시 찾아보도록 하는 재귀인 기법을 적용해서 부정적 해석을 줄여 나가도록 하였다.

상담자: 민주에게 화나는 일이 있어서 같이 다니는 친구들에게 하소연했는데, 친구들이 너를 무시했다는 거지?

현　지: 네. 그때 민주 때문에 너무 화가 나서 카톡에 얘기한 건데 완전 무시당했어요.

상담자: 친구들이 뭐라고 했는데?

현　지: 제 편은 들어주지도 않고 "ㅠㅠ"라고만 답이 왔어요.

상담자: 그게 현지가 원했던 대답은 아니었나 보구나. 현지가 기대한 대답은 뭐였어?

현　지: 민주가 잘못했다고 같이 욕해 주길 원했죠. 제가 화난 것도 알아주고요.

상담자: 근데 친구들 반응이 현지가 원했던 반응이 아니어서 많이 서운했구나. 친구가 "ㅠㅠ"라고 보낸 걸 현지는 무시한 거라고 했는데, 그 생각이 정확한지 한번 확인해 볼까?

현　지: 무시한 게 아니면 어떻게 그렇게 보낼 수가 있어요?

상담자: 친구가 그렇게 답장한 데는 한 가지가 아니라 여러 가지 이유가 있었을 수도 있다는 생각이 들어. 친구가 그렇게 답장한 다른 이유도 있을 수 있을까?

현　지: 그런 생각은 한 번도 안 해 봤어요.

상담자: 지금 같이 생각해 보면 어때? 생각할 수 있는 모든 이유를 한번 떠올려 보자. 무시해서 그런 것 말고 다른 이유는 뭐가 있을까?

현　지: 음……. 뭐라고 대답하기 애매해서요?

상담자: 뭐라고 대답하기 애매한 이유는 뭘까?

현　지: 민주도 같이 다니니까 제 편을 들어서 민주 욕하는 게 좀 그럴 수도 있겠죠.

상담자: 그럼 무시해서 그랬다는 거랑, 편들기가 애매해서 그랬다는

거랑 두 가지네. 또 다른 이유도 있을 수 있을까?

현    지: 모르겠어요.

상담자: 선생님 생각에는 현지랑 민주 사이에 갈등이 생긴 게 속상해
서 그랬을 수도 있을 것 같은데?

현    지: 그럴 수도 있겠네요.

상담자: 지금 세 가지 이유를 찾아봤잖아. 세 가지를 합한 전체가
100%라고 했을 때 각각의 이유로 보냈을 가능성이 몇 %나
되는지 확인해 볼까? 먼저 현지랑 민주 사이에 있었던 일이
속상해서 그렇게 답장했을 가능성은 몇 %나 될까?

현    지: 글쎄요. 한 20% 정도 될까요?

상담자: 좋아. 그럼 편들기가 애매해서 그렇게 답장했을 가능성은 몇 %
일까?

현    지: 50%는 될 것 같아요.

상담자: 그럼 현지를 무시해서 그렇게 답장했을 가능성은 전체 100%
에서 70%를 빼면 30%네. 왜 그렇게 답장했을지 다른 이유들
을 찾아보니 어때?

현    지: 저는 당연히 저를 무시해서 그렇게 답장했다고 생각했거든요.
다른 이유는 생각해 보지도 않았고요. 근데 지금은 저를 무시
해서 그렇게 답장한 게 아닐 수도 있겠다는 생각이 들어요.

상담자: 그렇게 생각하니까 현지 기분은 어때?

현    지: 좀 괜찮은 것 같아요.

교사가 주의를 주는 경우에 대해서도 이와 같은 과정을 거쳐 재귀인한 결
과, 현지는 담임교사가 다른 학생들이 지시를 따르지 않을 때도 이름을 부르
면서 주의를 주는 경우가 많다는 것을 기억하고, 교사가 자신을 무시해서 그
랬다는 생각을 약화시켜 나갔다. 이러한 개입을 함으로써 교사와 친구들에

대한 짜증과 화가 조금은 줄어들었다고 하였다.

현지는 이 과정에서 상담 시간에 선생님과 같이 얘기하면 자신을 무시해서 그런 것이 아닐 수 있다는 생각이 들기도 하지만, 혼자 있을 때는 무시당했다는 생각이 들고 화가 나서 조절하기가 어렵다고 하였다. 상담자는 상대가 왜 그런 행동을 하는지를 생각해 보는 데는 연습이 필요하다는 점을 알려 주고, 회기 사이에 기분이 나빠질 때 연습해 보도록 하는 과정을 반복하였다.

### (2) 행동변화 다루기: 위생 상태와 자기표현을 중심으로

좋은 관계의 유지를 위한 행동 변화는 크게 현지의 위생 상태의 변화와 자기표현 훈련 영역에서 이루어졌다. 5학년 여학생들의 관계에서 깨끗한 머리 모양이나 옷차림은 호감을 갖도록 하는 가장 기본적인 요인이기 때문에, 상담자는 위생과 관련한 현지의 습관을 파악하고 스스로 관리할 수 있도록 하였다. 현지는 할머니가 매일 와서 식사 같은 기본생활을 도와주기는 하지만 현지의 옷차림이나 몸의 위생까지 보살펴 주는 상황은 아니었으므로, 고학년인 현지가 스스로 자신을 보살필 수 있도록 도왔다. 머리 감기, 샤워하기, 옷차림 관리, 생리 기간 중의 위생 관리 등과 관련해 현지의 습관을 파악하고, 현지가 위생 관리를 스스로 할 수 있도록 구체적으로 안내하였다.

한편, 현지의 생활은 주로 할머니가 도와주고 있기 때문에, 상담자는 현지의 위생이나 옷차림과 관련해 할머니와 연락을 해서 도움을 요청하는 것에 대해서 현지가 어떻게 생각하는지 확인한 후, 할머니와 전화 통화를 통해 현지의 위생 관리와 관련해 초기에는 할머니의 관심과 도움이 필요함을 안내하고 도움을 요청하였다. 현지의 할머니는 현지와 언니를 보살피는 것이 힘들다며 어려움을 호소하면서도, 현지에 대해 좀 더 관심을 갖겠다고 하였다. 할머니와의 통화 이후 현지의 위생 상태나 옷차림이 단정하고 깔끔하게 변화한 것이 관찰되었다. 현지는 할머니가 상담자와 통화한 후 현지에게 새 옷도 사 주시고, 더 자주 세탁도 해 주시는 등 도움을 주신다고 하였다.

행동 변화와 관련된 상담목표인 "친구들의 요구가 부당하다고 생각되면 이를 거절할 수 있다."와 "화났을 때 욕설을 하거나 큰 소리를 지르지 않고 감정과 요구를 표현할 수 있다."는 부분과 관련해, 상담에서는 현지가 스스로의 감정의 인식과 자신의 욕구를 알아차림에 따라 이를 실제 관계에서 표현하는 자기표현 행동(나-메시지, 요청하기 등)과 연결해서 개입하였다. 거절에 대한 현지의 두려움이 어느 정도 다루어진 후 행동 변화를 위한 연습을 시작하였다.

친구의 요청을 거절할 때 현지는 화를 내야지 반 아이들이 무서워하면서 자신의 말을 듣는다고 생각하면서, 그렇지 않으면 아이들이 자신을 무시할 것이라는 생각을 갖고 있었다. 이와 관련한 인지적 개입을 하면서, 상담자는 현지가 욕을 하지 않는 대신 짜증난 마음을 어떻게 표현할 수 있는지를 확인하였다. 현지는 "다른 친구들도 다 욕을 한다."며 다른 방법은 모르겠다고 하였고, 상담자는 현지의 동기를 확인하면서 거절과 관련된 자기표현 훈련을 진행하였다. 현지는 화도 내지 않고 조용히 말하면 친구들이 자신의 말을 들을지 모르겠다고 하면서도 한번 사용해 보겠다고 하였다. 이후 상담이 진행되면서 친구가 다시 가방을 들어 달라고 했을 때, 현지는 "나 혼자 가방 드는 건 싫은데 가위바위보를 해서 지는 사람이 들어 주자."라고 하면서 이전과는 다른 방법을 사용할 수 있었다고 하였다. 현지는 자신이 화도 내지 않았는데 생각보다 쉽게 친구들이 동의해서 놀랍고 신기하다고 하였다. 이런 경험을 한 이후에 현지는 욕을 하는 대신에 상담에서 배운 방법을 계속 사용해 보겠다고 하였다.

### (3) 담임교사와 협력관계를 유지하면서 학급에서 현지의 사회적 지위 변화에 개입하기

학교상담에서는 담임교사와 협력관계를 유지하면서 학급에서 개입할 수 있는 방법을 함께 찾아 나가는 것이 도움이 된다. 현지는 지저분해 보이는 외모, 갑자기 화를 내면서 욕설을 하는 행동 등으로 인해 학급의 아이들이 꺼려

하는 상태였다. 상담이 진행되면서 현지의 위생 상태가 개선되고 학급에서 욕설과 화가 줄어듦에 따라 학급 아이들의 현지에 대한 부정적인 시선은 줄었지만, 여전히 현지는 수업에는 관심이 없는 상태였다. 상담에서 현지가 글쓰기와 사진 찍기에 관심이 있고 글과 사진을 SNS에 올려서 '좋아요' 반응을 많이 받는다고 하면서 사람들이 자신이 올린 내용에 대해서 인정해 줘서 너무 좋다고 했기 때문에, 상담자는 현지가 올린 글과 사진을 확인하고 상담에서 이에 대해 얘기하였다. 5학년 또래와 비교해서 현지가 사진과 글을 잘 쓰는 것으로 보였으므로, 상담자는 그 글과 사진을 학급에서도 발표하면 어떨지를 현지와 의논하였다. 상담자는 담임교사와 의논해서 학급에서 현지의 글과 사진을 발표할 수 있는 기회를 만들어 주고, 그 과정을 통해 학급에서 현지에 대한 호감이 증가할 수 있도록 개입하였다.

## 3) 상담의 종결

현지의 짜증과 화나는 정도의 감소, 친구관계에서 두려움의 감소, 친구의 부당한 요구에 대한 거절과 이에 대한 현지 스스로의 긍정적인 평가 등이 어느 정도 지속됨에 따라 현지와의 상담을 종결하였다. 담임교사와의 관계에서도 담임교사가 자신에게만 지시를 하는 것이 아니라 학급의 다른 친구들의 행동에 대해서도 지시하는 경우가 많음을 확인하고 예전보다는 화나는 경우가 줄었다고 하였다. 학급에서 자신의 글과 사진을 발표할 수 있도록 하고 칭찬해 줘서 담임교사에 대해 좀 더 좋게 생각하게 되었다고 하였다. 현지가 친구관계에서 자신의 감정이나 요구를 표현하거나, 부당한 요구에 대해 거절하는 것은 몇 번의 시도만으로는 습관화되기 어려우므로, 종결 회기에서는 종결 후에 일어날 수 있는 일들에 대해서 예측하면서 어려움에 대처할 수 있도록 다시 한번 확인 과정을 거쳤다. 상담자는 한 달 후 추수상담을 통해 현지의 변화가 유지되고 있음을 확인하였다.

## 5. 대안적 접근: 해결중심상담

인지행동상담에서는 부정적 사건에 초점을 맞추고, 그 속에 드러난 사고, 감정, 행동의 문제를 감소시키거나 제거하는 일에 주력한다. 이러한 접근법은 효과적이지만, 내담자의 행복 증진에 도움을 줄 수 있는 다음의 두 가지 측면을 간과하기 쉽다. 첫째, 내담자의 삶에는 분명히 긍정적 사건도 종종 일어나며 긍정적 사건 속에는 문제해결을 촉진하는 자원이 숨겨져 있다. 둘째, 감정, 사고, 행동과 같은 개인 내적 문제를 개선하는 것도 중요하지만, 타인과 좋은 관계를 맺는다면 내담자의 행복은 더욱 증진될 수 있다. 이를 보완하기 위해 다음과 같은 해결중심상담 전략을 현지의 사례에 추가해 볼 것을 권한다.

### 1) 예외로 초점 돌리기

아무리 심각한 문제라 하더라도 항상 극도로 심각한 상태에만 머물러 있지는 않다. 악화와 완화를 반복하는 법이다. 문제가 덜 심각하거나 아예 일어나지 않은 때를 예외라고 부른다. 대개 내담자들은 자기 삶에서 항상 심각한 문제가 일어나는 것처럼 이야기한다. 현지도 마찬가지다. 친구들과 선생님이 자신을 무시하는 것으로 여기고 있으며, 이들의 미움을 사서 소외당할까 봐 두려워한다. 현지가 예외에 주목하도록 돕는다면, 세 가지 측면에서 긍정적 효과를 기대할 수 있다. 첫째, 인지적 측면에서는 주의의 초점을 긍정적 경험으로 돌릴 수 있다. 이것은 부정적 정보에 주의가 집중되어 발생하는 인지적 왜곡을 수정하는 좋은 방법이다. 예를 들면, "친구관계에서 무엇이 좋아졌지?" "지원이가 조금이라도 너에게 친절하게 대해 준 것은 언제이지?" "지난주에 친구들과 어울리며 가장 기분 좋았던 일이 무엇인지 궁금하구나."라고 질문해 볼 수 있다. 둘째, 행동적 측면에서는 실용적인 문제해결 방안을 찾아

내어 강화할 수 있다. 예외 상황 속에서 내담자가 취한 긍정적 행동은 예외를 발생시킨 주요한 요인이다. 이것은 과거에 이미 효과를 발휘했고 내담자가 이미 수행할 수 있는 행동이므로 앞으로도 높은 효과와 실천 가능성을 기대할 수 있다. 예를 들면, "그때 네가 무엇을 했길래 지원이가 그렇게 친절하게 대해 주었니?" "너의 어떤 모습을 보고 지원이가 친절하게 행동한 것일까?" "무엇을 보고 너의 힘으로 이 문제를 해결할 수 있다는 것을 알았지?"라고 물어볼 수 있다. 셋째, 정서적 측면에서도 긍정적 효과가 발생한다. 긍정적 경험에 주목하고 실용적인 해결방안을 발견한다면 내담자는 이전에 호소하던 부정적 감정(현지의 경우는 분노와 두려움)이 완화되고 문제를 해결하려는 의욕이 상승함을 경험할 것이다.

이러한 긍정적 효과를 얻기 위해 인지행동상담에 해결중심상담의 전략을 추가하는 한 가지 방법은 매 회기 초반에 예외를 탐색하는 시간을 할애하는 것이다. 예를 들면, '즐거웠던 일, 고마웠던 일' 그리고 '현명한 행동, 당당한 행동'이라는 이름을 붙이고 대화를 진행해 볼 수 있다. 전자는 긍정적 경험(즉, 타인이 내담자에게 취한 긍정적 행동)에 초점을 돌리는 것이고, 후자는 내담자가 취한 긍정적 행동에 초점을 두는 것이다. 전자와 후자의 대화가 어떤 주제를 다루는 것인지를 내담자에게 명확히 이해시키는 것이 좋다. '즐거웠던 일'이란 또래와 어울리며 즐거운 기분을 느낀 일이며, '고마웠던 일'이란 또래에게 도움을 받은 일이다. 이 주제에 대해 대화를 나누며 현지는 또래들에 대한 인식을 긍정적 방향으로 전환할 수 있을 뿐만 아니라 또래들을 향한 분노와 두려움을 즐거움과 고마움의 감정으로 바꾸는 데에 도움이 될 것이다. 한편, '현명한 행동'이란 화내지 않고 내 생각과 감정을 또래에게 표현한 일이며, '당당한 행동'이란 두려움을 이겨내고 또래에게 무엇인가를 요청하거나 거절한 일을 의미한다. 어떤 상황에서 어떤 말과 행동으로 현명하고 당당하게 행동했는지를 설명하며 내담자는 성취감을 경험할 수 있다.

예외에 대한 대화, 즉 '즐거웠던 일, 고마웠던 일'과 '현명한 행동, 당당한

'행동'에 대한 이야기를 통해 표현된 긍정적 사고와 행동은 여러 사람에게 강화를 받을수록 내면화가 잘 일어난다. 회기 중에 상담자가 관심을 보여 주고 긍정적 사건을 축하해 주거나 긍정적 행동을 칭찬해 주는 것은 매우 중요하지만, 이것만으로는 충분하지 않을 수 있다. 강화는 내담자가 중요하게 여기는 사람이 제공하는 것일수록 큰 효과를 발휘한다. 예를 들면, 현지는 글쓰기를 잘하므로 예외에 대한 대화를 글로 정리해서 가족에게 읽어 주는 과제를 시도해 보는 것도 좋다. 이때 상담자가 아버지와 할머니에게 연락을 취해 현지의 글에 호응해 주도록 부탁해 두는 것은 필수다. 이 과제는 현지가 가족과의 긍정적 상호작용을 경험하도록 돕는 긍정적 효과를 함께 가져올 수 있다.

## 2) 갈등관계에 있는 또래와 좋은 관계 구축하기

현지는 지원이와 갈등을 반복하고 있다. 상담을 통해 현지가 사고와 행동을 변화시켜도 여전히 이 문제는 지속될 수 있다. 과거의 부정적 상호작용으로 인해 서로에 대한 부정적 감정이 변하지 않을 수 있기 때문이다. 좋은 관계를 구축하면 서로에 대한 감정과 사고, 행동이 모두 긍정적 방향으로 전환될 가능성이 커진다. 전체 상담 과정에서 한두 회기를 따로 떼어 현지와 지원이가 함께 대화하는 기회를 마련하고 해결중심적 개입을 시도하는 것을 고려해 볼 만하다. 다음의 지침을 살펴보자.

- 양자가 원하는 관계를 구축하는 것을 궁극적인 상담목표로 삼는다. 즉, 관계가 좋아졌을 때 서로에게 취하게 될 긍정적 행동을 구체화하는 데에 중점을 둔다.
- 갈등하는 양자 사이에서 상담자는 균형을 유지해야 한다. 이를 위해 양자에게 동일한 발언 시간을 할애하고, 누구의 편도 들지 않는 중립적 입

장을 취한다.

• 상대방의 기대에 부응하여 행동하면 어떤 긍정적 결과, 즉 강화물을 얻게 될지를 상담 중에 깨닫도록 함으로써 자연스럽게 변화의 동기를 상승시킨다.

• 서로에 대한 부정적 정서가 감소하고 긍정적 정서가 증가한다면, 상대방의 기대에 부응하고자 노력할 가능성이 커진다. 따라서 회기 중에 양자 사이의 긍정적 상호작용을 유도한다면 상담의 효과를 증진할 수 있다. 예를 들어, 서로의 장점을 칭찬하거나 서로에게 감사할 기회를 제공한다면 매우 긍정적인 결과가 발생할 수 있다.

이 지침을 상담 과정에 실제로 적용할 방안을 한 가지 제안해 보겠다. 현지와 지원이에게 다음의 내용을 담은 워크시트를 미리 작성하게 하자. 그러고 나서 두 아동이 함께 참여하는 회기를 몇 차례 진행하며 워크시트에 적힌 내용을 이야기하다 보면 두 아동이 더 나은 관계를 맺는 데에 도움이 될 것이다.

**표 2-1 ◆ 워크시트: 내가 바라는 친구의 나의 모습**

친구와 사이가 좋아진다면 서로에게 하는 행동에 어떤 변화가 생길지 상상해 보세요. 친구의 장점과 고마웠던 일도 떠올려 보세요. 그러고 나서 ①, ②, ③번 표의 빈칸을 채워 봅시다.

① 친구의 행동 중에 줄어 들기를 바라는 것

| ＿＿＿의 행동 중에서 줄어들기를<br>바라는 것은 무엇인가요? | ＿＿＿가 이런 행동을 했을 때<br>나의 기분이 어땠나요? |
|---|---|
| | |

② 친구의 장점 그리고 고마웠던 일

| ＿＿＿의 장점은 무엇인가요? | ＿＿＿에게 고마웠던 일은 무엇인가요? |
|---|---|
| | |

③ 친구의 행동 중에 늘어나기를 바라는 것

| ＿＿＿의 행동 중에서<br>늘어나기를 바라는 것은<br>무엇인가요? | ＿＿＿가 이런 행동을 한다면 | |
|---|---|---|
| | 나는 기분이 어떨까요? | 나는＿＿＿에게 무슨 말과<br>행동을 하게 될까요? |
| | | |

# 제3장

# 가족갈등과 학습부진으로 언행이 거친 아동

초등학교 4학년 여학생인 주희는 여러 과목에서 학습부진을 보이며 학습동기가 낮다. 학습결손이 오랫동안 누적되어 온 것으로 보이는데, 특히 수학에서 어려움을 겪는다. 교과서를 펼치지 않거나 필기를 하지 않는 날이 많고, 수업 중에 장난감을 가지고 논다. 수업 중 교사가 수업태도를 지적하면 짜증을 내거나 거친 말을 한다. 초등학교 6학년 오빠와 유치원생인 남동생이 있다. 부모 사이는 4~5년 전부터 성격 차이 등으로 좋지 않아 아이들 앞에서 다투는 일도 잦았으며, 2년 전부터 별거 중이다. 아버지가 오빠와 내담자를 양육하고 있고, 어머니는 막내인 남동생을 양육하고 있다. 부모는 아이들 양육에 관해 연락을 하고 있으나 사적인 대화는 하지 않으며, 부모 모두 일로 바빠서 자녀들과 함께 있는 시간이 매우 적다.

주희의 어려움에는 가족문제가 깊이 관련되어 있다고 보아서 이 장에서는 부모상담과 부모교육 및 가족상담을 시도하여 보다 안정적인 가족 간 상호작용이 이루어지도록 돕는 과정을 설명하며, 주희의 개인상담에서는 분노조절훈련과 자기표현훈련을 진행한 것을 소개한다. 대안적 접근으로는 주희의 누적된 학습부진을 극복하기 위한 학업상담을 제시한다.

주희는 여러 과목에서 학습부진을 보이며 학습동기가 낮다. 학습결손이 오랫동안 누적되어 온 것으로 보이는데, 수학에서 특히 어려움을 겪는다. 수업시간에 장난감이나 인형을 가지고 노는 경우가 많다. 교과서를 펼치거나 필기를 하는 적도 드문데, 담임교사나 전담교사가 수업태도를 지적하면 짜증을 내거나 거친 말을 툭툭 내뱉는다. 주변 또래들에게도 가끔 거친 말을 내뱉기 때문에 친한 친구가 없다. 주희의 아버지에게 교사가 여러 번 전화를 걸어서 학부모상담을 요청하였는데, 아버지는 바빠서 상담에 응하기도 어렵고 주희에게 신경을 충분히 쓰지 못하고 있다며 언제 시간이 나면 학교에 한번 찾아가겠다는 말만 반복하였다. 2학기 초에도 전담교사가 주희의 수업태도를 지적하며 나무라자 주희가 전담교사에게 폭언을 하였고 전담교사가 더 이상 이대로는 수업을 맡지 못하겠다고 호소하였다. 담임교사가 아버지와 어머니에게 전화를 하였는데, 어머니는 이런 내용을 처음 알았다고 하였다. 담임교사는 우선 어머니와 아버지를 함께 만나 보호자상담을 진행하였고, 보호자상담 중에 가족상담을 권유하였다.

## 1. 내담자 정보

### 1) 호소문제

주희 및 부모가 제시한 호소문제들과 담임이 상담을 권유한 이유는 다음과 같다.

### (1) 주희가 호소한 문제

- 수업도 재미없고 친한 친구도 없어서 학교가 재미없다. 수학시간이 제일 어렵고, 선생님이 설명해 줘도 잘 모르겠고 재미없어서 지겹다. 영어도 다른 애들은 잘하는데 나는 잘 못해서 재미없고, 영어 선생님이 자꾸 야단쳐서 짜증난다.

- 애들과 같이 놀 때도 있지만 가끔 애들이 날 짜증나게 만드니까 내가 짜증을 내는 것이다. 애들이 짜증나게 하지도 않는데 내가 괜히 짜증내는 건 아니다. 집에서도 아빠가 나보고 짜증내지 말라고 하지만, 오빠도 내게 짜증 많이 내는데 왜 나만 가지고 그러는지 모르겠다.

- 엄마와 같이 살지 못하니까 엄마가 많이 보고 싶고 그립다. 엄마가 왜 동생만 데리고 가고 나는 아빠와 살라고 하는지 모르겠다. 아빠가 잘해 줄 때도 있지만, 아빠가 해 주는 밥은 맛이 없다. 엄마는 약간 무섭기는 하지만, 그래도 나는 엄마와 같은 여자니까 엄마와 살고 싶다. 엄마가 식당일이 바빠서 나는 데리고 가지 못한다는데, 그렇다면 동생은 왜 데려갔는지 모르겠다. 동생은 엄마랑 사니까 그런지 제멋대로다. 오빠도 맨날 게임만 하고 같이 놀아 주지도 않고 내게 짜증만 낸다.

### (2) 어머니가 호소한 문제

- 2년 전 별거 시작 때부터 어머니는 당시 네 살이었던 막내를 양육하고 있으며, 주희와 오빠는 아버지가 양육해 온 관계로 주희는 어머니를 자주 보지 못해서인지 어머니와 만날 때 말도 잘 듣고 예의 바르게 행동하며 많이 보고 싶어 한다. 어머니가 자기를 더 자주 보고 사랑해 주기 바라는 걸 알고 있지만, 어머니가 식당에서 많은 시간 일하는 관계로 바빠서 자녀들의 양육에 신경을 쓰지 못하고 있다.

- 주희는 초등학교 1학년 중반에야 한글을 읽기 시작하였는데, 주희가 유치원 다닐 때부터 부모 사이에 갈등이 심해서 아이들 앞에서 싸운 적도

많았고 주희의 학업에 부모 모두 도움을 주지 못했던 것이 후회가 된다. 두 살 위인 오빠는 한글도 빨리 깨우치고 공부도 곧잘 해서 별로 신경을 쓰지 않아도 되어서 주희도 시간이 가면 나아지겠지 하고 생각했다.

### (3) 아버지가 호소한 문제

- 별거 전에는 자녀들의 양육에 거의 관여하지 않았으나 별거 후부터 아버지 혼자서 초등학생이었던 두 자녀의 양육을 혼자서 떠맡아야 했는데, 생업인 학원 운영이 바빠서 자녀들에게 꼼꼼히 신경을 써 주지 못했다. 주희가 학업부진을 보인다고 해서 방과 후에 본인이 운영하는 보습학원에서 두세 시간씩 데리고 있으면서 학습을 도와주려고도 했지만 다른 학생들을 가르치느라 주희에게는 세심하게 신경 써 주지 못한 것이 미안하다.
- 별거 전부터 부부간 갈등이 심해서 자주 다투었고 자녀들 앞에서도 싸운 적이 많아서인지 주희 오빠와 주희도 짜증을 많이 내고 거친 말을 자주 하는데, 최근에는 주희 오빠가 사춘기가 되어서인지 몹시 예민하고 짜증을 많이 내며 게임에도 많이 빠져 있는 것 같아서 주희에게는 상대적으로 신경을 덜 썼던 것이 미안하다. 아이들에게 미안한 마음에 학원을 쉬는 일요일에라도 잘해 주려고 하는데, 밀린 집안일을 하다 보면 아이들에게 충분한 관심을 주기가 어렵다.

### (4) 담임교사가 파악한 문제

- 여러 과목에서 학습결손이 누적되어 온 것으로 보이는데, 수학에서 특히 어려움을 겪는다. 교과서를 펼치지 않거나 필기를 하지 않고, 수업 중에 장난감을 가지고 노는 경우가 잦다. "나는 어차피 안 돼." "이번 생은 망했다." 등의 말을 혼잣말처럼 자주 한다. 교사가 수업 태도를 지적하면 짜증을 내거나 거친 말을 하는데, 담임교사뿐만 아니라 전담교사들

에게도 거친 말을 자주 해서 담임교사의 입장이 난처하다.
- 수업 중 교사의 설명이 이해가 되지 않아도 질문하기를 꺼려 하여 모른 상태로 넘어가는 경우가 많다. 학습동기가 낮고, 주의집중력이나 인내심이 부족하다.
- 평소에 재치 있는 말로 친구들을 웃길 때도 있지만 엉뚱한 말로 수업을 방해하는 일도 많고, 친구들에게 거친 말을 하거나 짜증을 내는 일도 많아서 친한 친구가 없다.

## 2) 가족관계 및 성장 배경

주희는 2남 1녀 중 둘째로서 부모가 2년 전 별거를 시작한 이후로 아버지 및 오빠와 함께 살고 있으며, 어머니는 남동생과 살고 있어서 가끔씩만 만나고 있다.

- 아버지(39세, 보습학원 운영): 대학 졸업 전부터 가족을 부양해야 한다는 부담감 때문에 아르바이트도 많이 했고 내내 힘들게 살아왔다고 생각한다. 자녀들에게 잘해 주고 싶지만 바빠서 자주 함께 있지 못하는데, 퇴근 후 같이 영화나 TV를 보는 시간을 가지려고 노력한다. 자녀들에게 허용적이며 온화한 성격이라 주희도 아버지를 편하게 여기고 잘 따른다. 결혼 직후부터 아내와 성격 차이로 갈등이 많았는데, 웬만하면 아내에게 져 주려고 했지만 자주 싸웠고 자녀들 앞에서 다투는 일도 많았다. 별거 전에는 훈육과 양육에 거의 관여를 안 하였으나 별거 후 초등학생인 두 자녀들의 양육을 도맡게 되었다. 바빠서 챙길 겨를이 없어 자율학습이나 숙제를 했는지 말로 확인하는 것에 그친다. 주희가 엄마를 그리워해서 같이 살고 싶어 하는 마음을 이해하고 또 사춘기에 가까워지는 주희를 돌보는 것이 쉽지 않지만, 아내가 막내를 양육하는 것도 버겁다고 해

서 보낼 수도 없고 안타깝다. 별거 중인 아내와는 아이들 양육 문제에 관해서 가끔 통화를 하지만, 그 외의 사적인 이야기는 하지 않는다.

• 어머니(35세, 식당 직원): 대학교 3학년 때 당시 제대 후 복학생이던 남편과 만나서 첫째를 임신한 탓에 서둘러 결혼하였고 학업을 중단하였다. 자신은 다소 급하고 직선적인 성격인 데 비해서 남편은 착하지만 답답한 사람이라 서로 성격이 맞지 않아서 결혼 직후부터 갈등이 많았다. 남편이 운영하는 학원은 10시면 끝나는데 남편이 귀가할 시간이 되면 밖에 나가서 친구들과 같이 어울리다가 새벽 한두 시까지 놀다 오는 적도 많았고, 결국 2년 전에 별거하기로 합의하였다. 별거 때문에 아이들이 힘든 것은 알지만 자꾸 다투는 것을 보여 주는 것보다는 낫다고 생각한다. 별거 직전에 지인이 하는 식당에 일자리를 얻어서 일을 하기 시작하니까 숨통이 트이는 느낌을 받았고, 현재 친정어머니와 함께 살면서 어린 막내를 데리고 있는데 막내는 거의 친정어머니가 돌보고 있다. 별거 후 식당 일로 바쁘기 때문에 아이들에게 신경을 별로 못 썼다. 평소 아이들에게 비교적 엄한 편이었고, 주희가 엄마를 잘 따르지만 어려워하고 말도 잘 들었으며 말대꾸를 하지도 않았기 때문에, 학교에서 주희가 선생님에게 거칠게 말대꾸를 한다는 것을 전혀 몰랐다.

• 오빠(13세, 초등 6학년): 학교에서 친구들과 잘 지내고 학업성취도 우수한 편이었지만 고학년이 되면서부터 성적이 점차 하락하여 현재는 중간 수준이다. 집에서는 주로 스마트폰과 컴퓨터 게임으로 시간을 보내며 혼자 있는 것을 좋아하고 주희를 귀찮게 여긴다. 주희에게 짜증을 많이 내며, 주희나 부모와도 별로 대화가 없고 성격이 예민한 편이다.

• 남동생(6세, 유치원생): 적극적이고 활달한 성격인데 집에 놀러 오면 주희 물건을 망가뜨리기도 하고 누나에게도 대들어서 주희는 보고 싶지 않다고 말한다. 그러나 동생이 집에 와 있으면 주희는 동생에게 책도 읽어 주고 학습지하는 것을 도와주기도 한다.

## 2. 사례개념화

### 1) 내담자의 주요 문제

- **누적된 학습결손과 낮은 학습동기**: 여러 과목에서 광범위하게 학습결손이 다년간 누적되어 학업에서 좌절이 반복적으로 일어났으며, 거듭된 실패로 인하여 학습동기도 낮아져서 수업에 정상적으로 참여할 능력과 동기가 모두 부족하다. 그로 인해 수업집중도가 낮아지고 엉뚱한 소리나 장난으로 수업을 방해하는 일이 잦아져서 교사들에게 지적받는 빈도도 높으니 더 큰 좌절감과 불만에 빠지게 되어 교사들이나 또래들에게 거칠게 반응하는 일도 많아지게 되는 악순환이 일어나고 있다.

- **부정적 감정의 조절능력 부족과 우울감 및 낮은 자존감**: 학업 및 가정생활에서 좌절을 거듭 경험함으로 인해서 분노, 불안, 우울, 짜증과 같은 부정적 감정이 쌓여 온 반면, 부정적 감정을 적절히 표현하거나 조절하는 방법을 익히지 못하였다. 감정 조절과 관련하여 부모에게서 적절한 훈육을 받지 못하였고, 오히려 부모 간 다툼에 자주 노출됨으로써 좋지 않은 모델을 접하기도 하였다. 교사나 또래들에 대한 주희의 거친 반응은 학교에서 주희에 대해 부정적인 인식을 강화하게 되어 주희는 더욱 부정적 감정이 깊어지고 자존감이 낮아지는 결과를 가져온다.

- **불안정한 가족관계와 보살핌 부족**: 결혼 직후부터 시작된 부모 간 갈등이 주희의 성장 과정에서 지속되고 심해졌으며, 특히 주희의 입학 후에 더욱 심해져서 결국 별거에까지 이르게 되고 2년간 불안정한 별거가 지속되었다. 이러한 가족 상황으로 인해 부모 모두 주희에게 적절한 돌봄을 제공하지 못하게 되어 학업, 또래관계, 교사와의 관계 등에서 적절한 기반이 마련되지 못하였다. 이러한 기반의 결핍은 학교생활에서 다양한

어려움과 좌절을 가중시켰지만 부모는 어려움을 극복할 수 있는 도움을 제공하지 못하고, 주희는 여전히 불안정한 상황에 노출되어 있다.

## 2) 내담자의 자원 및 강점

- 내담자의 언어적 표현능력과 지적 잠재력: 비록 거친 말이나 짜증으로 표현하는 경우도 있지만, 주희는 자신이 원하는 것이나 싫어하는 점을 언어로 분명히 표현할 수 있는 능력을 가지고 있다. 엉뚱한 말로 수업 분위기를 흐리기도 하지만 재치 있는 말로 친구들이나 교사를 웃게 하는 능력도 있다. 누적된 학습결손과 낮은 학습동기로 인해 학업성취가 저조하지만, 교사가 인내심을 가지고 여러 번 설명을 반복해 주면 이해도가 높아지는 것으로 보아 지적 잠재력도 상당히 있다고 볼 수 있다.
- 또래관계 발전을 위한 의지: 또래들에게 거친 반응을 보이는 경우가 있고 친한 친구는 없지만, 또래들이 다가오는 것을 거부하지 않고 함께 놀기도 한다. 또한 담임교사에게 친구들과 잘 지내고 싶다는 마음을 표현하기도 한다는 점에서 볼 때 또래관계를 형성·발전시키고자 하는 의지를 가지고 있다.
- 문제해결에 대한 부모의 의지와 협조: 비록 부모 간 갈등이 오래 지속되었고 별거 이후 부모가 바빠서 주희에게 적절한 보살핌이나 훈육을 제공하지 못하였지만, 담임교사의 문제 제기로 인하여 부모가 늦게나마 문제를 인식하고 해결을 위한 노력에 임하기로 동의한 것은 주희의 어려움 극복을 위한 중요한 자원이 될 수 있다.

## 3. 상담의 목표 및 전략: 가족상담과 자기표현훈련

### 1) 상담목표

- 가족 내 긍정적 상호작용 증가와 안정된 보살핌 회복: 누적된 학습결손, 낮은 학습동기, 부정적 감정조절 능력 부족, 낮은 자존감 등의 다양한 문제는 많은 부분 부부갈등 지속으로 인한 불안정한 가족관계와 보살핌 부족에서 기인했다고 볼 수 있다. 따라서 부부관계 및 가족 형태가 어떠하든 부모가 주희 및 다른 자녀들에게 좀 더 안정적인 상황과 보살핌을 제공하고 가족관계에서 긍정적 상호작용이 이루어질 수 있도록 도울 필요가 있다.

- 부모의 자녀양육 역량 향상: 주희의 부모는 자녀양육 역량을 충분히 갖추지 못한 채 성급하게 결혼하였는데, 세 자녀를 키우면서도 부모역할에 대한 교육을 받지 못한 채로 지내 왔다. 부모역량으로 필수적인 자녀와의 의사소통 능력, 자녀의 긍정적 행동은 장려하고 부정적 행동은 감소될 수 있도록 적절히 지도하는 훈육능력, 자녀의 발달단계에 적합한 부모역할 등 부모의 양육역량이 향상되어야 주희의 문제해결과 발달이 원만하게 이루어질 수 있다.

- 적절한 자기조절 능력 및 표현능력 향상: 주희가 또래, 교사, 가족 등 주변 인물들에게 거칠고 짜증을 내는 반응을 자주 보이는 것은 자신의 생각과 감정을 적절한 방법으로 표현하는 능력이 충분히 길러지지 못한 것도 중요한 원인일 것이다. 따라서 긍정적 생각과 감정을 적절히 표현하는 능력 및 부정적 감정을 조절하며 표현하는 능력을 기를 필요가 있다.

- 우울감 감소와 학습동기 회복: 학교에서 학습과 대인관계에서 거듭된 실패로 인하여 낮아진 학습동기를 회복하고 우울감이 감소되어 학교생활

이 정상화되도록 돕는 것은 장기적으로 주희의 적응에 매우 중요한 일이다.

## 2) 상담전략

- **부모상담과 가족상담**: 주희는 주로 주변의 인물들에게 문제가 있다고 생각하는 경향이 강한 반면 자기 스스로 변화해야겠다는 의지나 상담에 대한 동기가 낮았으므로, 부모상담을 통하여 주희를 간접적으로 돕는 전략을 택하였다. 또한 불안정한 가족관계가 주희의 다양한 문제의 중요한 원인인 것도 부모상담이 중요한 전략으로 포함되어야 하는 근거가 된다. 부모상담으로 시작하여 자녀들 전체나 주희가 참여하는 가족상담으로 연계할 수 있으면 더욱 효과적일 수 있다.

- **부모교육**: 주희를 포함한 자녀들에 대해 적절한 양육을 제공할 수 있는 부모역량이 강화될 수 있도록 아동청소년 발달단계별 특성 및 그에 적합한 부모역할, 자녀와의 의사소통 방법, 훈육의 원리와 방법 등에 관한 부모교육을 부모상담과 병행하기로 하였다.

- **분노조절훈련과 대안적 자기표현훈련**: 주희 주변에 짜증내는 인물들이 많았고 적절한 자기표현의 모델과 기회가 부족했으므로, 상담자가 대안적이고 주장적인 자기표현의 모범을 보여 주고 주희가 따라서 연습하는 기회를 반복적으로 가지도록 하였다. 주희의 마음에 억울함과 분노와 짜증이 쌓인 것이 거친 말로 나타난다는 점에서, 분노조절의 다양한 방법을 익히는 훈련도 병행하였다.

- **작은 성공경험의 누적과 강화**: 특히 학습에서 누적된 실패를 경험한 주희에게 작은 것이라도 성공으로 지각될 수 있는 경험들이 많이 쌓이는 것은 학습동기를 높이고 우울감을 감소시키는 데 매우 요긴하다. 따라서 담임교사가 다양한 활동에서 주희가 성공이라고 느낄 수 있는 기회를

자주 만들고자 노력하며, 과거에 비해서 조금이라도 나은 성취를 이루었을 때 이를 놓치지 않고 적극 강화하며, 전담교사에게도 같은 방식으로 주희를 지도해 줄 것을 부탁하였다.

## 4. 상담과정

### 1) 상담 초기: 부모상담과 가족상담

담임교사가 아버지 및 어머니를 보호자상담에 초대하기 위하여 각각 통화하던 중에 부모가 함께 학교에 와서 보호자상담을 할 수 있겠는지 문의하였다. 아버지와 어머니 모두 일이 바빠서 시간을 내기 어렵다며 주저하였지만, 담임교사가 간곡하게 거듭 요청하자 부모가 동의하여 상담이 시작되었다.

#### (1) 1회기: 부모상담

• 상담 이유에 대한 부모의 생각과 느낌 경청: 부모 모두 일로 바빠서 시간을 내기 어려움에도 불구하고 보호자상담에 와 준 것에 대해 감사를 표현한 후, 담임과 통화 후 부모가 가졌을 생각과 느낌에 대해 질문하고 교사가 부모상담을 요청한 이유를 다시 설명하였다.

상담자: 두 분 다 바쁘신데도 이렇게 시간을 내 주셔서 정말 감사합니다. 제가 부모님께 전화로 상담을 요청드린 것에 대해서 많은 생각과 느낌이 드셨을 걸로 압니다. 걱정도 많이 하셨을까 봐 염려도 됩니다. 어떠셨는지 이야기해 주실 수 있을까요?

어머니: 사실 저는 선생님 전화를 받고 많이 놀랐어요. 주희가 제 앞에서는 말도 잘 듣고 말대꾸도 한 적이 없어서 학교에서 선생

님들에게 그렇게 못되게 구는지 몰랐어요. 정말 죄송합니다.

상담자: 제가 전화드렸을 때 어머니께서 많이 놀라셔서 저도 걱정했습니다. 많이 힘드셨지요? 그런데 전화로도 제가 말씀드렸지만, 주희가 잘못했다고 부모님께 사과를 구하려고 상담을 요청드린 건 아닙니다. 전담선생님께는 부모님의 사과를 전해 드리겠지만, 저는 주희가 여러 가지로 어려움을 겪는 것 같아서 어떻게 하면 주희를 좀 더 잘 도울 수 있을지 부모님과 의논드리고 싶어서 상담을 요청드린 겁니다.

• 주희에 대한 부모 바람을 상담목표로 연결하기: 전담교사에 대한 주희의 폭언 및 학교에서 교사 및 또래들에 대한 주희의 거친 말과 짜증, 학습결손 및 낮은 학습동기, 수업태도 등 다양한 주희의 문제와 어려움에 대해서 담임교사가 부모와 통화 시에 이야기하였던 것에 대한 부모의 생각을 충분히 경청하고 상담자의 의견도 상세히 제시한 후에, 부모가 주희에 대해서 바라는 점을 질문함으로써 상담목표로 연결하고자 하였다.

상담자: 지금까지 이야기를 나눈 것으로 보면, 주희가 지난 몇 년 동안 학교에서나 가정에서나 꽤 힘든 시간을 보내 왔다는 것, 그리고 주희의 어려움과 문제를 해결하기 위해서 부모님과 주변의 도움이 필요하다는 것에 대해서 두 분께서 대체로 동의하시는 것으로 보입니다.

아버지: 네, 저희 부부 사이가 원만하지 못해서 애들 앞에서 다툼도 많았고 지난 4년간 별거까지 했던 게 주희에게 안 좋은 영향을 많이 준 거 같습니다. 저도 학원에서 애들을 지도하면서도 정작 제 자식에게는 신경을 많이 못 쓴 게 미안하네요. 지금이라도 부모 노릇을 제대로 해 봐야지요.

어머니: 저도 잠깐잠깐 주희를 만날 때는 나름 신경쓴다고 했지만 바쁘다는 핑계로 소홀했던 게 많아서 후회됩니다. 막내만 어리다고 생각하고 있었지 주희도 아직 어린애란 생각을 못했어요. 애 아빠와 전화로 애들 교육문제로 이야기를 나누기도 했지만 부족했던 것 같아요.

상담자: 두 분께서 주희를 위해서 노력하시겠다는 의지를 보이시니 저도 힘이 되고 싶습니다. 두 분 다 바쁜 시간을 내셔서 상담을 하시는 만큼, 주희와 관련해서 가장 중요하게 바라시는 것들이 이루어졌으면 좋겠습니다. 한두 가지씩만 말씀하신다면 어떤 것들인지요?

어머니: 글쎄요. 사실 여러 가지가 문제지만 우선 주희가 자꾸 짜증내고 아무 말이나 거칠게 내뱉는 걸 빨리 고쳤으면 좋겠어요. 공부도 문제이기는 하지만 그건 금방 해결될 일은 아닌 것 같고, 주희가 선생님들에게도 함부로 말한다니 죄송해서요.

아버지: 저희 부부 사이가 나빠서 주희가 더 거칠어지는 게 아닌가 싶어서 저도 그 점을 먼저 해결했으면 합니다. 공부에 대해서는 애들 엄마보다는 저는 좀 더 중요하게 생각합니다만…….

상담자: 주희의 학습에 대해서는 부모님께서 생각하시는 중요도가 다소 차이가 있지만, 주희가 짜증내고 거칠게 말하는 점을 가장 우선적으로 고칠 필요가 있다는 점에서는 동의하신다고 볼 수 있겠네요. 그럼 우선 그것을 우선적 상담목표로 정해도 좋겠다는 생각이 듭니다.

• 상담방법 제안과 동의: 우선적 상담목표로 설정된 주희의 짜증과 거친 말을 고치기 위하여 가족상담을 제안하여 부모의 동의를 얻었다.

상담자: 주희의 짜증과 거친 말에 부모님 두 분의 관계와 별거 등이 관련되었을 수 있다는 말씀을 몇 번 하셨는데, 제가 생각하기에 두 분의 관계가 원인인지 아닌지보다 더 중요한 것은 두 분께서 지금부터 주희의 짜증이나 거친 말을 고치기 위해서 함께 의논하시고 도우시며 방법을 찾는 것이라고 봅니다. 그래서 두 분 다 바쁘시겠지만 한두 번이라도 더 학교에 오셔서 주희와 함께 이 자리에서 이야기를 나눠 보시는 시간을 가지면 좋겠다고 생각됩니다.

아버지: 주희랑 같이요?

상담자: 네, 주희와 부모님이 함께 여기서 상담을 하시게 되면 서로의 마음을 이해하는 데 큰 도움이 될 거라 생각합니다.

어머니: 네, 저도 주희의 속마음을 좀 더 잘 알고 싶어요. 자식이라도 커 가면서 부모가 모르는 게 많은 것 같네요. 그렇게 한번 해 보죠.

아버지: 저도 한두 번 정도라면 억지로라도 시간을 내 보겠습니다.

상담자: 부모님께서 시간을 내시기 어려우시니까 일단 다음 주에 한 번 주희와 부모님과 함께 여기서 상담을 하도록 하고, 이후의 상담방법은 다음 주에 의논하면 어떨까요?

## (2) 2회기: 부모와 주희의 가족상담

대화가족상담접근에 따르면, 가족 구성원 간의 잘못된 의사소통이 가족의 역기능을 초래할 수 있으며, 가족이 의사소통의 원리를 이해하고 잘못된 의사소통 패턴을 파악하여 수정할 수 있도록 돕는 것이 중요하다. 부모와 주희가 함께하는 가족상담을 여러 번 진행하기 어려운 현실적 조건을 감안할 때, 부모와 주희의 의사소통이 원활하게 이루어지고 서로의 마음을 이해할 수 있도록 돕는 데 대화가족상담접근이 유용할 것이라고 보았다.

• 주희의 장난스럽고 엉뚱한 말의 의도 이해와 주희 말에 대한 부모의 반응 패턴 인식: 상담자 및 부모와 함께 상담 시간을 갖게 되자 주희는 처음에는 긴장하는 모습을 보였지만, 상담자와 부모가 가족관계 및 주희의 학교생활에 대한 이야기를 나누며 주희에게도 질문을 하는 과정을 이어 나가자 질문과 상관없는 엉뚱한 대답을 하거나 말꼬리를 잡는 등의 장난스러운 태도를 보이기 시작했다. 어머니는 주희의 엉뚱한 말에도 적극적으로 대답을 하거나 크게 웃는 반응을 보였다. 그러자 주희는 더 계속해서 엉뚱한 말을 하여 대화의 흐름이 끊기는 패턴이 여러 번 반복되었는데, 아버지는 그에 대해 무표정하게 가만히 보고만 있었다.

상담자: 조금 전에 몇 분간 이야기를 나눈 과정에 대해서 잠시 같이 생각해 봤으면 합니다. 제가 주희에게 부모님이 걱정하시던 부분에 대해서 어떤 마음이 드는지 물어봤을 때 주희는 대답을 하지 않고 어머니 얼굴에 대해서 장난 섞인 말을 하였지요. 그러자 어머니는 크게 웃으시며 어머니 얼굴에 대해 다시 말씀하셨고, 주희는 다시 아버지 얼굴에 대해서 장난 섞인 말을 했습니다. 어머니는 다시 웃으시고, 아버지는 말씀이 없으셨습니다.

어머니: 평소에도 주희가 엉뚱한 말을 자주 해요. 저를 재미있게 해주려고 그러나 싶어서 저도 같이 웃고 그러는 편입니다.

아버지: 주희가 엉뚱한 말을 할 때 엄마가 같이 웃어 주고 맞장구를 쳐 주니 주희가 엉뚱한 소리를 더하는 거 같습니다.

어머니: 제가 주희랑 같이 보내는 시간이 너무 적어서 그런가 싶어서 되도록 주희 말을 뭐든 들어줘야 하지 않겠어요?

상담자: 주희의 말이 엉뚱한 말이라고 생각되더라도 어머니는 주희 말에 관심을 보이고 싶었다는 말씀으로 들립니다.

어머니: 네, 그런 거라 할 수 있지요. 사실 주희가 엉뚱한 말을 덜하
고 상황에 맞게 대화를 할 수 있으면 하고 저도 바라긴 하지
만…….

상담자: 주희야, 엄마가 주희 말에 관심을 보이고 싶다는 걸 들으니까
어떤 마음이 들어?

주  희: 좋아요.

상담자: 엄마가 주희 말에 관심 있다는 게 좋다는 거구나. 주희가 엄
마를 재미있게 해 드리고 싶어 하는 것 같다는 엄마 말씀에는
어떻게 생각해?

주  희: 엄마가 웃으면 좋아요.

상담자: 주희가 엄마를 웃게 해 드리고 싶어 하는 마음을 어머니가 바
로 알고 계시는군요. 주희가 엄마를 재밌게 해 드리고 싶어
한다는 것에 대해 어머니 어떻게 느껴지세요?

어머니: 고맙기도 하고 마음이 아프기도 하고 그러네요. 제가 잘 돌
봐 주지 못해서 주희가 엄마 사랑을 못 느껴서 그런가 싶기
도 해요.

• 주희 말의 내용을 부정하는 부모의 역기능적 의사소통 인식과 대안의 연습: 말
하는 사람이나 듣는 사람의 존재를 부정하거나 말한 내용을 부정하는
것은 역기능적 의사소통인데, 어머니는 주희가 말한 내용을 부정하는 대
화패턴을 보이고 있다. 어머니가 이를 인식하도록 돕고, 주희가 자기 말
의 내용이 부정되지 않고 잘 들리고 있다고 생각할 수 있는 대안적 의사
소통의 방법을 이미니가 연습하도록 하였다.

상담자: 주희야, 엄마 말씀 들으니까 어떠니?

주  희: 잘 모르겠어요. 근데 엄마는 주영이(동생)만 예뻐해요.

어머니: 주영이는 아직 어리니까 그렇지. 너도 어릴 때는 엄마가 예뻐
　　　　했어.

주　희: 그래도 나도 엄마를 더 자주 보고 싶다고.

어머니: 벌써 자주 보고 있잖아. 엄마가 주말밖에 시간이 안 나니까 그
　　　　렇지.

주　희: 엄마 아빠가 같이 살면 맨날 볼 수 있잖아.

어머니: 엄마 아빠 별거는 너희들과 상관없는 일이라고 했잖아.

상담자: 주희야, 주희가 엄마에게 더 사랑받고 싶고 엄마를 더 자주
　　　　보고 싶다는 마음을 전했다고 보이는데, 그런 주희의 말을 어
　　　　머니가 잘 듣고 이해하신 거 같다고 느껴지니?

주　희: 아닌 거 같아요.

상담자: 주희가 말한 게 어머니에게 잘 들린 거 같지 않다고 주희가
　　　　느낀다는데, 어머니 어떠세요?

어머니: 제가 못 들은 게 아니라요, 주희 마음은 저도 알죠. 사정상 주
　　　　희 원하는 대로 해 줄 수 없어서 그런 거지요.

상담자: 어머니가 주희 말을 이해하시고 또 주희 마음도 아시지만, 문
　　　　제는 주희가 생각하기에는 엄마가 자기 말을 제대로 듣지 않
　　　　고 자기 마음을 잘 이해하지 못하신다 이렇게 생각하게 된다
　　　　는 거라고 볼 수 있겠어요.

어머니: 애가 철이 없어서 그런지, 왜 그렇게 생각하나 모르겠어요.

상담자: 어머니가 주희 말에 반응하시는 방식을 한번 살펴보면 좋겠
　　　　다고 생각됩니다. 주희가 동생만 엄마가 예뻐한다고 했을 때
　　　　어머니는 동생이 어리니까 그렇고 주희도 어릴 때는 예뻐했
　　　　다고 반응하셨는데, 그런 어머니의 반응은 주희가 듣기에 어
　　　　머니가 주희 말을 부정하시는 것처럼 들릴 수 있다고 생각합
　　　　니다. 말하자면, 주희 생각에는 '엄마가 내 말을 제대로 안 들

나 봐' 이렇게요.

어머니: 그런가요?

상담자: 어머니가 주희에게 한번 물어 보시면 어떨까요?

어머니: (주희에게) 엄마가 네 말을 잘 안 듣는 거 같았어?

주　희: 몰라, 그런 거 같기도 하고…….

상담자: 주희가 엄마를 더 자주 보고 싶다고 했을 때, 또 엄마 아빠가 같이 살면 더 자주 볼 수 있다고 했을 때도 비슷했다고 볼 수 있을 거 같습니다. 주희가 그런 말을 할 때 주희가 어떻게 생각하고 느끼는지, 뭘 바라는지를 어머니가 이해하지 못하신 건 아니지만, 어머니의 반응은 주희의 말에 담긴 내용을 무시하시는 것으로 주희가 받아들일 수 있을 거란 생각이 듭니다.

어머니: 그런 생각은 못했는데, 그럼 어떻게 말해야 되나요?

상담자: 가족 간에는 서로의 마음을 말 안 해도 안다고 생각해서 상대방 말을 잘 듣고 이해한다는 반응을 덜 보이는 경향이 오히려 많습니다. 그러나 상대방은 자기 말을 이해했다는 반응이 안 보이니 '내 말을 안 듣는구나.'라고 생각하게 될 수 있지요. 그러니까 한 가지 방법은 "네 말이 이렇게 들렸어. 네가 말한 게 이런 거구나. 내가 제대로 이해한 거니?"라고 확인해 보는 겁니다.

어머니: 아, "주희가 엄마를 더 자주 보고 싶어?" 이렇게요?

상담자: 네, 그런 식으로 확인하시는 거지요. 주희에게 직접 한번 확인해 보시겠습니까? 주희를 쳐다보시면서 물어보시지요.

어머니: 주희야, 엄마를 더 자주 보고 싶어?

주　희: 응, 더 많이 보고 싶어. 같이 살면 더 좋고.

어머니: 그렇지만 같이 살 수는 없어.

상담자: 주희 말에 담긴 주희의 마음을 확인하시는 반응을 먼저 해 보시

지요.

어머니: 아, 제가 또 그랬네요. 주희는 엄마를 더 자주 보고 같이 살면 더 좋겠다는 거야?

상담자: 잘하셨어요. 주희야, 지금처럼 엄마가 네 말에 반응하시니까 어떠니?

주　희: 엄마가 제 말을 잘 들으시는 거 같아요. 기분이 좋아요.

상담자: 엄마가 네 말을 확인해 주시니까 말을 잘 들어 주시는 거 같아서 기분이 좋구나. 자, 그럼 어머니가 주희에게 말씀해 주시고 싶은 것도 있지요. 그걸 주희에게 알려 주시지요.

어머니: 주희가 엄마를 더 자주 보고 싶어 하고 같이 살고 싶어 하지만 그렇게 되기는 어려울 거 같아.

상담자: 주희가 원하는 대로 해 주시기 어려울 거 같은 것에 대해서, 어머니, 어떤 마음이 드시는지요?

어머니: 주희가 안쓰럽고 안타깝지요.

상담자: 그런 어머니의 마음도 주희에게 직접 같이 이야기해 주시겠습니까?

어머니: 주희가 엄마를 더 자주 보고 싶어 하고 같이 살고 싶어 하는 거 알면서도 그렇게 못해 줘서 엄마가 미안하고 안타까워.

주　희: 미안하면 해 주면 되지 왜 못해 줘? 왜 엄마 아빠랑 같이 못 살아?

어머니: 그건 엄마 아빠 사이 일이라서 너희에게 이야기하기는 어려워.

• **아버지의 비관여 행동이 관계에 미치는 영향 탐색**: 어머니와 주희의 대화가 진행되는 동안 아버지가 가만히 있고 관여하지 않는 것이 주희 및 부모-자녀 관계에 미칠 영향에 대해 탐색해 봄으로써 적절한 관여 수준으로 조정될 수 있는 가능성이 열리도록 하였다.

상담자: 지금까지 어머니와 주희 사이에 여러 가지 이야기를 하는 동안 아버지는 계속 조용히 듣고 계셨는데, 집에서도 아버지는 주로 말씀 없이 듣고 계시는 경향이 있으신지 궁금합니다.

아버지: 제가 끼어들면 애들 엄마와 또 싸우게 되니까 저는 웬만하면 조용히 있으려고 하지요.

상담자: 어머니와 다투시게 될까 봐 조용히 계신다는 말씀이시군요. 그런데 아버지가 조용히 계시게 되면 두 분 사이의 다툼을 줄일 수 있다고 보시는데, 다른 한편 주희에게나 주희와 아버지 관계에는 어떤 영향을 줄 거라고 보십니까?

아버지: 글쎄요, 아무래도 애들 엄마와 제가 덜 싸우면 주희가 덜 불안하고 덜 불편하지 않겠어요?

상담자: 아버지가 조용히 계신 것이 주희를 덜 불안하고 덜 불편하게 만들 수 있다는 긍정적 영향이 있을 거라고 보시는군요. 혹시 다른 영향도 있을까요?

아버지: 혹시 제가 주희에게 무관심하다고 주희가 생각할 수도 있겠네요.

상담자: 아버지와 주희의 관계에는 어떤 영향을 줄까요?

아버지: 지금은 주희와 가깝다고 생각하는데, 제가 무관심하다고 주희가 자꾸 생각하게 된다면 주희와 제가 멀어질 수도 있겠네요. 그래서 주희가 자꾸 엄마랑 살고 싶다고 하는 걸 수도 있겠네요.

상담자: 주희야, 선생님이랑 아빠랑 이야기하는 거 들으니까 어떠니?

주  희: 아빠는 저랑 같이 TV도 봐 주고 좋아요. 근데 아빠랑 이야기는 별로 많이 안 해요.

상담자: 아빠와 이야기는 많이 나누지 않지만 같이 시간 보내는 건 주희가 좋아하는구나. 너랑 엄마랑 이야기할 때 아빠가 조용히

계시는 것에 대해서 어떻게 느꼈는지도 이야기할 수 있을까?

주    희: 괜찮아요. 근데 저는 엄마랑도 같이 살고 싶고, 아빠랑도 같이 살고 싶어요.

상담자: 주희가 부모님과 함께 살고 싶어 하는 마음을 여러 번 이야기했는데, 그에 대해 아버지는 어떠신가요?

아버지: 글쎄요, 주희 바라는 대로 해 주고 싶지만 그건 애들 엄마와 상의해 봐야 될 일이고, 쉽진 않을 거 같아요.

상담자: 주희 바라는 대로 해 주기 어려울 것으로 생각되시는군요. 그렇게 생각되시면 주희에게 어떤 마음이 드시나요?

아버지: 미안하지요.

상담자: 주희야, 주희가 바라는 대로 엄마 아빠가 해 주지 못해서 미안하다고 두 분 다 말씀하신 것에 대해서 주희는 어떻게 느끼니?

• 가정 내 주희의 감정과 학교에서의 감정표현 간의 연관성 탐색 및 주희의 개인 상담으로 연결: 상담이 시작된 가장 중요한 원인이었던 주희의 거친 말과 짜증과 관련된 내용이 상담 과정에서 표현되기 시작하였는데, 이를 학교에서의 감정표현과 연관시켜 확장함으로써 주희의 개인상담이 시작될 수 있게 하였다.

주    희: 엄마 아빠가 미안하다지만, 저는 그래도 짜증나요. 미안하다고 말만 하고 그대로잖아요. 엄마는 주영이만 데리고 살고.

상담자: 엄마 아빠가 미안한 마음을 가지고 계신다는 건 알지만, 같이 살지 못하는 것에 대해선 여전히 기분이 좋지 않구나. 엄마 아빠랑 같이 살고 싶은 주희의 마음을 아셨으니 두 분이 의논하고 결정하실 때 주희가 원하는 것을 충분히 고려하실 수 있겠지요?

어머니: 물론입니다.

아버지: 저희도 고민이 많습니다.

상담자: 엄마 아빠가 여러 가지 고려하실 것도 많고, 고민도 많이 하시면서 의논하고 현명하게 최선의 결정을 하실 것으로 믿고 기다려드려야겠지? 엄마 아빠도 결정하시는 것이 쉽지 않을 수 있어. 그러니 그건 엄마 아빠에게 시간을 좀 더 드리도록 하고, 지금은 주희가 짜증나는 것들을 더 이야기해 줄 수 있겠니?

주　희: 짜증나는 거요? 음……. 주영이가 제일 짜증나요. 걔는 엄마랑 살아서 그런지 제멋대로예요. 집에 오면 내 거 다 만지고 망가뜨리고 말도 안 들어요.

상담자: 동생이 자기 멋대로 주희 거 만지고 망가뜨리고 누나인 주희 말을 안 듣는 게 짜증나는구나. 또?

주　희: 오빠는 저랑 놀아 주지도 않고 혼자서 게임만 하고 내가 말만 걸어도 짜증내요.

상담자: 그렇구나. 주희가 서운하고 속상했겠다.

주　희: 맞아요. 아빠는 나한테 짜증내지 말고 잘 말하라고 하는데, 오빠는 가만 놔두고 나한테만 그러는 거 같아요.

상담자: 주희가 억울한 마음이 들었구나. 그래서 더 짜증이 났을 수 있을 거 같아.

주　희: 네, 맞아요. 억울하고 짜증나요.

상담자: 그래. 주희가 학교에서도 짜증내거나 말을 거칠게 하는 경우들이 여러 번 있었는데, 학교에서는 어떤 일로 기분이 안 좋았는지 이야기해 줄래?

주　희: 애들도 짜증나게 하고요, 영어 선생님도 자꾸 야단치니까 짜증나요.

상담자: 그렇구나. 좀 더 자세하게 얘기해 줄 수 있어?

주　희: 애들은요, 집에서 뭐 갖고 와서 자랑하면서 그거 내가 좀 만져
　　　　보려면 만지지 말라고 그러고, 또 놀다가 나보고 이렇게 하지
　　　　마라 저렇게 하지 마라 그러고요. 영어 선생님은 영어 잘하는
　　　　애들만 예뻐하고 나보고는 자꾸 못한다고 그러고…….

상담자: 주희가 학교에서도 여러 가지 힘들고 속상한 일이 많았어. 그
　　　　래서 짜증도 냈고. 주희야, 그런 일들에 대해서 선생님이랑
　　　　둘이서 따로 이야기를 더 많이 하는 시간을 가지면 어떨까?
　　　　주희가 힘들었던 일, 속상했던 일들을 선생님과 충분히 이야
　　　　기를 나누고, 그런 일들이 생길 때 주희가 짜증내거나 거친
　　　　말을 하는 대신에 어떻게 주희 마음을 표현하고 속상한 일들
　　　　을 해결할 수 있게 할 수 있는지를 선생님과 새로 배워 보기
　　　　도 하면 좋겠어. 그동안은 주희가 힘들고 속상할 때 짜증을
　　　　내거나 말을 거칠게 하면, 사람들은 주희가 왜 짜증을 냈는지
　　　　그 마음은 이해하지 못하고 그냥 '주희는 짜증을 많이 내는
　　　　애' 이렇게만 생각하기 쉬웠던 거 같아. 그러니까 주희는 더
　　　　답답하고 짜증이 났고.

주　희: 저는 어차피 이생망(이번 생은 망했다)이지만, 뭐, 선생님이랑
　　　　이야기하는 건 좋아요.

상담자: 큰 기대는 안 하지만 그래도 선생님이랑 이야기는 하겠다는
　　　　거네?

주　희: 네, 그래요.

상담자: 그래, 그럼 주희랑 선생님이랑 이야기하는 건 앞으로 어떻게
　　　　할지 따로 의논하기로 하자. 부모님도 저랑 주희랑 상담하는
　　　　것에 대해 동의해 주시겠습니까?

어머니, 아버지: 물론이지요. 선생님이 주희를 상담해 주시겠다면 저
　　　　희는 고맙지요.

- 가족상담 회기 정리 및 전화상담 제안: 단회상담으로 이루어진 가족상담 회기에서 주희와 부모가 각각 깨달았거나 얻은 점을 확인하여 가족관계 향상과 주희의 어려움 해결을 위한 기초가 될 수 있도록 정리하였다. 또한 부모교육 및 부모상담이 더 필요하나 학교 재방문이 어려운 부모의 상황을 감안하여, 상담자의 후속 도움이 전화로 계속 제공될 수 있도록 제안하였다.

상담자: 네, 감사합니다. 그럼, 오늘 여러 가지 이야기를 나눴는데, 함께 정리하는 시간을 잠깐 가져 봤으면 합니다. 우선 부모님, 오늘 이야기를 통해서 어떤 생각과 느낌이 드셨는지 한두 가지 정도 말씀해 주실 수 있을까요?

어머니: 저는 주희가 엄마를 많이 그리워한다는 걸 알고 있었지만 오늘 또 확인하게 됐어요. 당장 주희가 원하는 대로 해 줄 수는 없지만 주희랑 함께하는 시간을 어떻게든 더 늘려야겠다 싶어요.

상담자: 어머니가 주희의 바람을 오늘 다시 확인하시고, 그 바람을 더 많이 채워 주시고 싶어 하시는 게 느껴집니다.

어머니: 주희가 말하는 걸 더 잘 듣고 이해한다는 걸 주희에게 더 잘 알려 줘야겠다는 생각도 했어요. 그동안은 제가 주희 말을 알아들었다는 걸 주희에게 전달을 못해 줬던 거 같아요. 선생님이 주희랑 말씀하시는 걸 들으면서도 제가 많이 배웠어요.

아버지: 가정이 불안정해서 주희가 더 힘들어하고 짜증도 많이 낸다는 생각이 더 늘었습니다. 어쨌든 애들에게 좀 더 안정된 환경을 마련해 주도록 부모로서 더 노력할 생각입니다.

상담자: 두 분 다 자녀를 위해서 많이 애쓰고 계시고 또 더 나아지게 하시려는 의지가 느껴집니다. 두 분께서 학교에 다시 오시기

는 매우 어려운 상황이니 가능한 시간에 제가 전화를 드려서
두 분과 의논도 하고 제안도 드리고 하면 어떨까요?

어머니, 아버지: 그렇게 해 주시면 저희는 좋지요.

상담자: 주희는 오늘 어땠니?

주  희: 엄마 아빠랑 같이 얘기하니까 좋았어요.

## 2) 부모상담 및 부모교육

이후의 부모상담은 어머니와 아버지 각각 한 달에 한두 번씩 전화상담으로
이루어졌다. 가족상담 시간에 시도되었던 대안적 의사소통 방식을 부모가
적용한 예를 질문하고 부모의 노력을 지지하였으며, 주희와의 관계에서 부모
가 걱정하는 부분을 확인하여 해결책을 함께 모색하였다. 짧은 시간의 전화
상담으로 부족한 부분은 온라인 부모교육 강좌들을 소개하였다. 부부관계가
자녀들에게 미치는 부정적 영향에 대한 부모의 걱정을 다루기 위하여 전문가
에게 부부상담을 받아 볼 것을 권유하였다.

## 3) 주희 개인상담

주희와의 개인상담은 크게 두 가지 방향에서 이루어졌다. 짜증과 거친 말
로 표현되던 주희의 우울과 분노, 억울함, 자신과 부모에 대한 실망, 불안 등
의 감정을 상담 시간에 편안히 표현할 수 있도록 하고 수용과 공감적 이해를
보이는 한편, 부정적 감정을 짜증과 거친 말이 아닌 적절한 언어와 태도로 표
현할 수 있도록 반복적으로 연습하였다. 숫자 거꾸로 천천히 세기, 심호흡하
기 등과 같은 분노조절훈련도 병행하였다.

그 결과, 주희가 친구들이나 교사에게 짜증을 내는 빈도가 낮아지게 되었
는데, 주희가 재치 있는 말을 하는 것이 인지될 때 교사가 이를 주목하고 인정

하는 반응을 보임으로써 다른 학생들의 주희에 대한 인식이 긍정적으로 변화하였다. 교사와 친구들의 긍정적 인식과 인정이 증가하자 주희의 수업태도도 조금씩 나아지게 되었고, 이를 또다시 교사가 적극 강화하고 인정하였다.

## 5. 대안적 접근: 학업상담

주희는 부모 간 갈등의 소용돌이 속에서 학습준비도가 낮은 상태로 초등학교에 입학하게 되었고, 이후 부모의 별거로 가정에서 제대로 학습지원을 받지 못하면서 초등학교 4학년이지만 누적된 학습부진이 심한 상태다. 뿐만 아니라 교사에게까지 폭언을 할 만큼 대인관계에서도 여러 가지 문제를 일으키고 있고, 별거 중인 어머니에 대한 그리움과 원망도 크다. 가족 간 갈등이 주희가 겪는 이러한 모든 문제의 근원이라고 할 수 있고, 앞서의 상담은 부모상담과 가족상담을 중심으로 해결책을 찾아나가고자 하였다. 주희가 가진 누적된 학습부진은 그 원인이 부모의 불화와 별거에 있지만, 부모의 화해로 당장 해결되기는 어려운 또 다른 문제라고 할 수 있다. 따라서 대안적 접근에서는 주희와 학업상담을 진행한다면 어떤 과정을 거치게 될 것인지를 알아보고자 한다.

앞서 가족상담적 접근에서는 주희의 공부 문제를 다루기 위해, 교수자들에게 '성공경험 제공'을 요청하고 그 과정을 주희와의 개인상담을 통해 점검하면서 긍정적 변화를 이끌어 냈다. 학업상담에서는 이러한 변화를 보다 직접적이고 적극적으로 촉진한다. 주희의 학습부진에 초점을 두고 상담을 진행한다면, 문제 파악단계에서 어떤 부분을 더 살펴보아야 할지, 어떤 목표를 설정할지, 개입단계에서 어떤 활동이 전개되고 평가될 것인지 다음과 같이 예상해 볼 수 있다.

## 1) 학습부진 요인에 대한 파악

주희가 학습부진 상태에 빠진 이유를 파악하기 위해 먼저 주희가 호소하고 있는 문제와 그 원인을 찾아보는 사례개념화를 해 볼 수 있다. 학업상담에서 제시하는 사례개념화 표(황매향b, 2016, p. 62)를 활용해 볼 수 있는데, 왼쪽에서 호소문제를 선택하고, 해당 호소문제의 원인이 되는 학업성취도 결정 요인을 오른쪽으로 가면서 체크하는 방식으로 작성한다. 주희의 학습부진 문

**표 3-1 ● 주희의 학습부진 문제 사례개념화 예시**

| 호소문제와 그 원인 (사례개념화 활동) | 능력요인 | | | | 인지적 요인 (생각) | | | 정서적 요인 (감정) | | | 행동적 요인 | | | 환경적 요인 (맥락) | | |
|---|---|---|---|---|---|---|---|---|---|---|---|---|---|---|---|---|
| | 지적능력 | 학업기초능력 | 학습결손 | 학습관련장애 | 학업에 대한 태도 | 비합리적신념 | 학습동기 | 학업외정서 | 학업정서 | 시험불안 | 자기통제 | 학습전략 | 시간관리 | 물리적 환경 | 심리적 환경 | 부모와의 갈등 |
| 공부에 대한 반감 ✓ | | ✓ | ✓ | | ✓ | | ✓ | | ✓ | | | | | | ✓ | |
| 공부에 대한 회의 | | | | | | | | | | | | | | | | |
| 집중력 부족 | | | | | | | | | | | | | | | | |
| 낮은 학습효능감 ✓ | | ✓ | ✓ | | ✓ | | ✓ | | ✓ | | | | | | ✓ | |
| 공부방법 모름 | | | | | | | | | | | | | | | | |
| 습관 미형성 | | | | | | | | | | | | | | | | |
| 노력해도 성적 안 오름 | | | | | | | | | | | | | | | | |
| 능력 부족 | | | | | | | | | | | | | | | | |
| 동기 부족 ✓ | | ✓ | ✓ | | ✓ | | ✓ | ✓ | ✓ | | | | | | ✓ | ✓ |
| 성적 관련 관계문제 | | | | | | | | | | | | | | | | |
| 다른 활동과 갈등 | | | | | | | | | | | | | | | | |
| 성적에 대한 집착 | | | | | | | | | | | | | | | | |
| 시험불안 | | | | | | | | | | | | | | | | |
| 걱정과 스트레스 | | | | | | | | | | | | | | | | |

제에 대해 사례개념화 표를 작성한 예시는 〈표 3-1〉과 같다. 주희는 공부가 재미없고, 수학과 영어를 못하고, 공부하기 싫다고 얘기하고 있다. 즉, 이에 따라 공부에 대한 반감, 낮은 학습효능감, 동기 부족의 호소문제에 체크가 될 것이다. 그리고 이러한 세 가지 호소문제는 상당히 유사한 요인이 배경에 있는데, 기본적인 읽기, 쓰기, 셈하기가 완벽하지 못한 상태(학업기초 능력 부족), 4학년 이전에 배운 내용을 제대로 익히지 못한 상태(선수학습 결손), 공부는 잘하는 사람이 따로 있고 나는 아니라는 생각(학업에 대한 부정적 태도), 공부를 잘하고 싶다는 마음의 의욕이 없는 상태(낮은 학습동기), 공부할 때 느끼는 짜증과 지루함(부정적 학업정서), 공부하는 과정에서 지지를 받아 본 적이 없음(심리적 환경) 등이 공통적으로 작용하고 있다. 어머니와 떨어져 지내는 것과 아버지의 보살핌을 제대로 받지 못한다고 느끼는 학업 외 정서와 부모와의 갈등은 동기 부족의 원인이 되고 있다.

## 2) 목표 설정

앞서 사례개념화를 통해 확인된 주희의 학습부진 원인을 개선하는 것이 상담목표로 설정될 것이다. 주희에게 개입해야 할 학습부진 요인 중 능력 요인에 해당하는 학업기초 능력 부족과 학습결손은 상담보다는 학습지원을 통해 조력할 부분이다. 따라서 상담에서 학습지원을 위한 자원을 찾아 주거나 학습지원이 잘 진행되고 있는지 점검은 하지만, 상담목표 설정에는 포함되지 않을 것이다.

주희의 경우 인지적·정서적·환경적 요인에 모두 개입해야 하는 상당히 총체적 접근이 필요한 것으로 파악된다. 또한 학습부진을 극복하고 학업성취도 향상으로 나아가기 위해서는 학습전략과 같은 행동적 요인에도 개입이 필요할 것이다. 학업상담에서 보편적으로 설정하는 목표를 나타내는 그림(황매향b, 2016, p. 73)에 해당 사항을 표시하는 방식으로 상담목표를 찾을 수

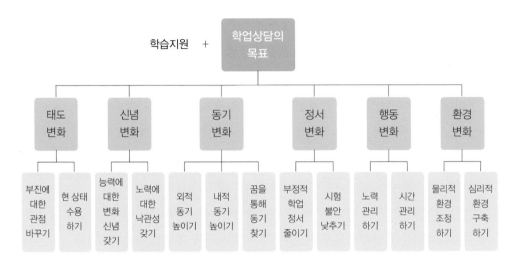

그림 3-1  주희와의 학업상담에서 설정할 수 있는 목표 예시

있을 것이다. 주희와의 상담에서 설정할 수 있는 상담목표를 [그림 3-1]과 같이 체크해 보면, '부진에 대한 관점 바꾸기' '현 상태 수용하기' '노력에 대한 낙관성 갖기' '외적 동기 높이기' '내적 동기 높이기' '부정적 학업정서 줄이기' '노력 관리하기' '심리적 환경 구축하기' 등 상당히 많은 목표가 설정될 수 있다. 이렇게 많은 목표를 한꺼번에 설정해 개입하는 것은 상담의 효율성 면에서 바람직하지 않으므로 가장 다급하게 해결할 문제를 찾고 상담목표의 우선 순위를 정하는 것이 좋다.

주희에게 가장 먼저 해결할 문제는 누적된 학습결손의 해결과 공부에 대한 반감을 줄이는 것이 될 수 있을 것이다. 누적된 학습결손의 해결을 위해 학습지원을 받을 수 있도록 해야 할 것이고, 이 과정이 주희에게 도움이 될 수 있도록 관리하는 역할을 상담자가 수행할 수 있다. 이 과정에서 상담에서 가장 먼저 목표로 삼아야 할 것은 주희가 자신의 현 상태를 수용하는 것이다. 주희는 학습결손이 심각해 4학년이지만 이전 학년에서 습득하지 못한 것들을 공부해야 하는데, 이때 자신의 현 상태를 수용하고 출발선이 어디가 되었든 거기에서 시작할 마음의 준비가 필요하기 때문이다.

다음으로, 상담에서 가장 집중할 부분은 공부에 대한 반감을 줄이는 것인데, 이를 위해 조금이라도 공부에 대해 마음을 열 수 있어야 하므로 부진에 대한 관점 바꾸기를 목표로 설정할 수 있다. 또한 공부를 할 때 느끼는 짜증과 지루함을 바꿔 공부를 하는 것이 그렇게 고통스러운 것이 아닐 수 있도록 조력하는 것을 상담목표로 설정할 수 있다. 심리적 환경 구축하기의 목표는 앞서 가족상담 접근에서 시도했던 교수자에 대한 개입으로 가능할 것으로 보고, 여기에서는 다루지 않을 것이다.

## 3) 주된 개입 과정

### (1) 학습지원 연결과 현 상태 수용하기 촉진

주희의 학습부진 요인 중 학업기초 능력의 부족과 선수학습 결손은 적절한 학습지원을 통해 해결될 문제다. 주희에게 부족한 읽기, 쓰기, 셈하기, 3학년까지의 성취 수준을 보충해 줄 학습지원과 현재 4학년 교육과정을 따라갈 수 있도록 돕는 학습지원이 모두 필요하다. 그리고 이러한 학습지원은 일반적으로 상담자가 직접 제공하기는 어려운데, 주희의 경우 아버지가 운영하는 보습학원을 통해 도움을 받을 수 있을 것이다. 여기에서 상담자는 학습지원을 아버지에게 일임하는 것이 아니라 주희가 적절한 학습지원을 받을 수 있도록 코디네이터의 역할을 해야 한다. 앞서 가족상담접근에도 포함되어 있듯이, 교수자들에게 주희가 수업을 받으면서 작은 성공경험을 반복적으로 할 수 있도록 요청하고, 그 경험을 상담시간에 다시 짚어 보며 성공경험을 내면화해 나가는 것이 필요하다. 상담자는 이 역할을 하면서 주희의 학습경험을 조율·조정하는 역할을 할 것이나. 이를 위해 상담자는 다음과 같이 주희의 보충학습 과정을 조력할 수 있을 것이다.

첫째, 주희에게 어떤 내용을 가르칠 것인가와 관련해 학습지원 출발선을 정하는 것이 중요한데 교수자들과 직접 의논할 수 있다. 부족한 기초학력의 보강이나 누적된 학습부진의 보충을 위해서는 주희가 할 수 있는 것에서 출발해 새로운 것을 익혀 나가는 것이 필요하고, 이러한 주희의 필요가 잘 반영된 개별화교육계획을 교수자와 함께 세워 나가야 할 것이다. 주희가 4학년이지만 4학년 내용을 더 많이 가르친다고 해서 학습부진이 해결되지 않기 때문이다. 학교의 담임교사와 전담교사, 아버지가 운영하는 보습학원의 담당교사가 모두 참여해 주희에게 필요한 학습지원 계획을 세울 수 있도록 자리를 마련하고 회의를 운영하는 역할을 할 수 있다. 최근에는 화상회의와 같은 비대면 회의에 익숙해 서로 시간만 맞추면 함께 모여 의논이 가능하다는 점을 활용해 이 과정을 이끌어 갈 수 있다.

둘째, 교수자들과 결정한 출발선을 주희가 수용하는 것도 필요한데, 이 부분은 상담에서 다룰 현 상태 수용하기의 목표와 관련된다. 누적된 학습부진 상태의 학생들은 마치 달리기에서 한 번 넘어져 이미 선두와 멀어지고 나면 포기할 때와 같은 마음이라고 할 수 있다. 주희는 수학과 영어에서 특히 이런 모습을 보이고 있다. 주희만이 아니라 많은 학습부진 학생에게 현재 자신의 학년과 성취 수준에서의 학년 차이를 수용하고 이것을 회복해 보겠다고 결심하기란 쉬운 일이 아니다. 그래서 무작정 시작할 것이 아니라, 그 마음을 알아주고 4학년이지만 3학년 수학을 또는 2학년 수학을 공부하는 것을 받아들일 수 있도록 도와야 한다. 이와 관련한 주희와의 대화를 예상해 보면 다음과 같다. 다음 대화에서는 주희가 현재 자신의 위치를 수용하고 거기에서 출발할 수 있도록 돕기 위해, 자신의 학년보다 아래 학년의 문제를 풀 때의 긍정적 경험에 초점을 둘 수 있도록 이끌고 있다.

> 상담자: 어제 아빠랑 수학 공부했다면서?
>
> 주  희: 아빠는 절 완전 무시하시는 것 같았어요.
>
> 상담자: 무슨 일이 있었는데 주희가 그런 생각을 했을까?
>
> 주  희: 2학년 수학문제집을 가지고 와서 풀라고 하셨어요. 전 4학년

인데 2학년 걸 푸는 게 말이 안 되잖아요?

상담자: 그래서 2학년 수학문제집을 풀었니?

주  희: 아빠가 하라고 하니까 어쩔 수 없이 했지만 기분이 나빴어요. 아빠는 제가 2학년 수학도 못한다고 생각하는 것 같아서 속상했어요.

상담자: 그렇구나. 2학년 문제집 푸는 게 싫었구나.

주  희: 뭐, 그래도 잘 풀리니까 좀 기분은 좋았어요. 그런데 저는 4학년이잖아요. 2학년 건 당연히 풀죠.

상담자: 그래, 그럼 주희는 2학년 수학문제는 잘 풀 수 있구나.

주  희: 사실은 틀린 것도 있어서 아빠한테 배웠어요.

상담자: 그땐 어땠어?

주  희: 좀 자존심이 상하기는 했지만, 아빠가 친절하게 가르쳐 주서서 그때는 좀 좋았어요.

상담자: 그랬구나. 나쁘지만은 않았네.

주  희: 제가 못하니까 어쩔 수 없죠.

상담자: 2학년 문제 중에서도 못하는 게 있으면 아직은 2학년 수학을 더 공부해야 할 것 같은데 주희는 어떠니?

주  희: 그게 맞기는 하죠.

상담자: 그래도 2학년 문제집을 풀고 있으니 4학년인 주희의 체면이 구겨졌네, 그치?

주  희: 맞아요. 슬퍼요. 그래도 어쩔 수 없는 거겠죠?

상담자: 그렇게 하려면 용기가 필요하지. 그런데 주희는 이미 그런 용기를 가지고 있는 것으로 보이네.

주  희: 그런가요? 선생님이 그렇게 얘기해 주시니까 뭔가 용기가 나는 것 같아요. 좀 싫기는 하지만 2학년 것부터 하라는 아빠 얘기를 들어 볼게요.

> 상담자: 2학년 수학 빨리 마치고, 3학년 거 또 하고, 4학년 문제도 풀어 보고 그렇게 하자. 아마 아빠가 주희가 지금 배우고 있는 4학년 수학 진도와 연결되는 2학년, 3학년 문제 준비해서 가르쳐 주실 거야.
>
> 주　희: 열심히 해서 4학년 동안 따라잡아 볼게요.

　셋째, 교수자가 주희에게 성공경험을 제공할 수 있도록 협조를 구하기 위해 두 가지 방안을 제시하고 모니터링할 수 있다. 성공경험을 늘리기 위해서는 성공할 수 있는 과제를 부여하는 것과 성공할 수 있는 목표를 갖는 것이 필요하다. 일반적인 교수 활동은 학생이 도달해야 할 성취 수준을 기준으로 무엇에 미치지 못하는가를 파악해 그것을 할 수 있도록 지도하는데, 이럴 경우 계속적 실패경험을 할 수밖에 없다. 주희가 4학년이고 현재 진도에서 성취해야 할 것이 무엇인가에 초점을 두기보다 현재 주희가 할 수 있는 것이 무엇인가를 찾고 거기에서 출발하면서 조금씩 수준을 높여 가는 학습지도가 필요하다. 따라서 해당 과목 해당 단원과 관련된 가장 낮은 성취 수준에서부터 시작해 아주 조금씩 수준을 높여 가는 방식으로의 지도가 필요하다는 점을 안내하고, 그에 맞는 실천이 되고 있는지 점검한 다음 교수자에게 피드백하는 역할을 할 수 있다. 모니터링은 주희와 교수자들 모두를 통해 수집하는 것이 좋은데, 주희와의 개인상담과 교수자들 간 협의회를 통해 가능할 것이다. 주희에 대한 개별화교육계획을 세울 때 마련했던 교수자 협의회를 한 번에 그치지 말고, 2~3회 더 진행하면서 학습지도 진행 사항을 점검하고 서로 피드백하면서 더 좋은 방안을 찾아가는 노력을 할 수 있다.

### (2) 부진에 대한 관점 바꾸기

　주희는 "공부가 재미없고, 수학과 영어를 못하고, 공부하기 싫다."라고 얘기하고 있다. 수학과 영어에서 스스로 부진이 심각하다고 지각하고 거의 포기한 상태다. 나아가 다른 공부에서도 잘하지 못할 것이라고 생각하면서 공부 자체에 관심이 없다. 공부 이외 다른 활동에 관심이 생겨서가 아니라 공부에서 겪은 많은 실패경험으로 인해 공부에 대한 반감이 형성된 상태라고 할 수 있다. 이제 4학년인데 공부를 포기한 상태라는 것은 교육적 측면에서도 매우 안타까운 일인데, 상담을 통해 현재는 부진한 상태이지만 얼마든지 회복할 수 있다는 태도를 다시 형성할 수 있도록 도울 수 있을 것이다.

주희에게 '누구나 열심히 공부하면 잘할 수 있다.'는 확신을 갖게 하는 것이 상담자의 가장 큰 과제라고 하겠다. 공부가 인생에서 매우 중요하다는 당위를 설명하거나 설득하는 것은 효과적이지 않을 것이다. 주희는 "저는 어차피 이생망(이번 생은 망했다)이지만"이라고 말하고 있는데, 자신은 공부를 못하니까 성공도 못할 것이라는 생각을 드러내고 있다. 여기에서 주희는 공부를 잘하는 것이 중요하다는 것을 충분히 알고 있고, 자신도 공부를 잘해서 성공하면 좋겠다는 마음까지 있음을 알 수 있다. 따라서 공부가 중요하고 필요하다는 얘기를 하기보다 실제 자신에게 아직 **가능성**이 남아 있음을 실감하게 하는 것이 필요하다.

따라서 주희의 부정적 학습태도를 변화시키기 위해서는 실제 조금의 노력을 통해 **성취감**을 맛보게 하는 것이 첫걸음이다. 이를 위해 처음에는 학습과제가 아니라 게임이나 주희가 좋아하는 활동에서 성취감을 경험하게 할 수 있다. 과제를 통해 성취감을 직접 경험해 보도록 할 수도 있고, 이미 가진 성취경험을 다시 얘기해 보면서 성취경험을 내면화할 수도 있다. 노력을 통해 어떤 것을 이루었을 때의 벅차오름을 느껴 볼 기회를 주면서, '목표 설정-노력-성공'이라는 연결고리에 대한 확신이 생기게 돕는다. 점차 학교 학습 쪽으로 넘어가 쉽고 작은 목표를 세워 노력하고 성취하는 단계로 옮겨 간다. 주희의 경우 학습지도 과정에서 성공경험을 할 수 있는데, 이 부분을 연결해 노력을 통해 학습성과를 이뤄 낼 수 있음을 확신시키는 것도 중요한 상담의 과제가 될 것이다. 앞서 살펴본 주희와의 대화에서 상담자의 "그래, 그럼 주희는 2학년 수학문제는 잘 풀 수 있구나."의 반응은 상담 전체에서 성공경험 또는 긍정적 경험으로 초점을 이동시키는 역할을 하고 있다. 이전 학습경험에 대해 점검하면서 이렇게 성공경험에 초점을 두는 개입을 통해 학습부진에 대한 주희의 부정적 태도를 점차 변화시켜 나갈 수 있다.

### (3) 부정적 학업정서 줄이고 긍정적 학업정서 늘리기

주희는 초등학교 입학할 때 한글을 몰랐고, 초등학교 1학년 중반에야 한글을 읽기 시작했다. 이 한 가지 사실만으로도 주희가 학습과 관련해 실패를 거듭하며 부정적 경험을 많이 했을 것임을 예상할 수 있다. 4학년인 주희가 학습에 대해 갖는 주된 정서는 '짜증' '하기 싫음' '무력감'이다. 학교를 다니면서 한 번도 '나도 잘하는구나.'라고 느껴 볼 기회가 없었고, 오히려 '나는 못하는구나.' '잘하는 애들은 좋겠다.' '선생님은 잘하는 애들만 예뻐하는구나.'가 주된 경험이 되어 버린 것이다. 이러한 부정적 경험으로 형성된 강한 부정적 학업정서를 변화시키기 위해서는 실패경험을 줄이고 성공경험을 늘리는 것이 필요하다. 이를 위해 앞서 학습지원에서 제안한 교육과정을 재조정하는 개별화교육계획 수립과 개입이 필수적이다. 실제 생활에서 지속적인 실패를 경험할 경우, 상담에서 긍정경험에 초점을 두고 긍정경험을 확대하려고 노력을 해도 변화는 쉽지 않기 때문이다.

그러나 학습지원 장면에서 이전보다 실패를 덜하고 성공을 더한다고 해서 주희가 가진 부정적 학업정서가 저절로 줄어들고 긍정적 학업정서가 저절로 늘어날 것이라고 기대하기는 어렵다. 일상생활 속에서의 성공경험을 늘릴 수 있도록 교수 환경 조정에 개입하는 것과 동시에 주희가 성공경험을 포착하고 스스로 내면화할 수 있도록 돕는 과정이 상담에서 꾸준히 반복되어야 한다. 학습의 과정은 항상 성공과 실패가 교차되는 직물과도 같다. 주희의 수준에 맞춰 보충수업이 제공되더라도 여전히 잘 모르는 것이 있고 틀리는 것이 있을 수밖에 없다. 단, 이전보다 아는 것 그리고 맞는 것이 조금 더 많아질 것이다. 이때 주희는 습관적으로 자신이 못하는 것에 초점을 두고 좌절하고 실망하고 하기 싫어질 수 있는데, 상담자는 주희가 못 보고 지나가는 성공경험들에 초점을 두면서 신이 나게 해야 한다. 예컨대, 영어수업이 전반적으로 좋은 경험이 아니라고 보고한 주희에게 다음과 같이 영어 수업에서 발표를 했던 긍정적 행동을 이끌어 낼 수 있다. 그리고 이 에피소드에 집중하면서 성공경험을 부각시키고 앞으로 더 확대해 나갈 수 있도록 개입할 수 있을 것이다.

상담자: 주희야 무슨 수업 마치고 온 거니?

주　희: 영어.

상담자: 영어 수업 마치고 온 거구나. 그래 영어 수업은 어땠니?

주　희: 똑같죠, 뭐.

상담자: 어떻게 똑같았는데?

주　희: 저는 잘 모르고, 잘하는 애들은 계속 발표하고.

상담자: 그렇구나. 주희는 발표 안 했니?

주　희: 발표는 아니고 대답은 한 번 했어요.

상담자: 그래? 어떤 거 답했는지 얘기 한번 해 보자.

주　희: 별거 아닌데.

상담자: 그래도 선생님은 궁금하네.

주　희: 선생님이 "'축구하러 가자.'를 영어로 해 볼 사람?"이라고 하셨어요. 그건 숙제를 해 와서 아는 거였어요. (표정이 밝아지고 말의 속도가 빨라지면서) 그래서 손을 들었는데 시켜 주셨어요. "Let's play soccer!"라고 답을 했죠. 선생님이 시켜도 주고 맞았다고 해서 기분이 좋았어요. 숙제한 거라서 나는 애들도 다 아는 거긴 하지만.

상담자: 오호, 주희가 영어 시간에 발표도 하고 칭찬도 들었네.

주　희: 정말 별거 아니었어요.

상담자: 그래도 발표한 건 맞지. 그리고 숙제를 했으니까 맞힐 수도 있었고. 그건 정말 좋은 일이라고 생각이 되는데.

주　희: 사실 기분이 좋긴 했죠. 영어 시간에 그렇게 한 건 거의 처음이었어요. 좀 신기하기도 하고.

상담자: 파이팅, 주희야. 앞으로도 영어 숙제 열심히 해서 이번처럼 숙제 한 걸로 대답할 수 있을 때는 꼭 손 들고 발표해 보자.

주　희: 그래도 선생님이 시켜 주셔야 하죠. 오늘은 운이 좋았어요.

상담자: 손 많이 들면 시켜 주시지 않을까?

주　희: 그렇긴 하죠. 좀 신기하긴 해요. 제가 영어를 맞힐 수 있다니. 선생님이 야단도 안 치고. 그래서 짜증도 안 나요.

상담자: 너무 좋네. 지금은 기분이 어떠니?

주　희: 선생님이랑 영어 시간 발표한 얘기하니까 좋아요. 기분이 좋아졌어요. 사실 발표할 때는 조금 쑥스러워서 목소리도 크게 못했는데 다음부터는 크게 해 볼래요.

제4장

# 하고 싶은 대로만 하고 분노표출이 잦은 아동

초등학교 3학년 남학생인 정호는 자기 뜻을 굽히지 않고 또래들에게 고집을 부릴 때가 많다. 그러다가 화가 나면 감정을 주체하지 못하고 물건을 집어 던지거나 또래들을 때린다. 수업에 집중하지 못할뿐더러 스스로 과제나 준비물을 챙기는 일도 없다. 게다가 교사의 지적을 받으면 반항한다. 위생 개념이 없어서 늘 주변이 지저분하다. 물건도 자주 잃어버린다. 일주일 동안 필통을 3번이나 잃어버린 적도 있다. 이런 정호를 위해 상담자가 무엇을 할 수 있을까? 정호는 학교생활에 대한 여러 가지 바람을 가지고 있지만, 뜻대로 되지 않는 것에 대한 분노를 표출하며 남 탓을 하고 있을 뿐이었다.

이 장에서는 현실치료를 통해 정호가 자신의 바람을 실현하는 데에 도움이 되는 행동을 선택하고 실천해 가면서 행복의 열쇠가 자신에게 있음을 깨닫는 과정을 소개하고, 대안적 접근으로 행동수정을 제시한다.

상황을 가리지 않고 자기가 하고 싶은 대로만 하고 부정적 감정을 표출하는 정호의 모습으로 인해 또래들은 정호와 함께하는 활동 및 놀이를 꺼리고 있었다. 한 학년이 10명이 채 되지 않는 작은 학교에서 이러한 상황을 내버려 둘 경우, 정호가 지속해서 학교생활에 어려움을 겪을 것이 우려되었다. 이에 담임교사는 정호의 어머니에게 연락하여 매주 1~2회 정도 정호를 직접 상담하고 싶다는 뜻을 전했다. 평소 담임교사와 자주 연락을 취하며 신뢰가 충분히 형성되어 있던 어머니는 곧바로 이 제안을 받아들였다.

## 1. 내담자 정보

### 1) 호소문제

상담을 시작하기로 동의한 후, 정호가 고민 질문지에 적은 내용과 어머니가 상담자에게 부탁한 것은 다음과 같다.

#### (1) 정호가 호소한 문제

고민 다섯 개를 적고 괴로운 정도를 1점(전혀 괴롭지 않다)에서 5점(너무 괴롭다)까지의 점수로 표시해 달라고 정호에게 부탁했다. 정호는 '친구들이랑 싸운다 (5점)' '친구들이 놀린다.(4점)' '친구들이 안 놀아 준다.(4점)' '친구들이 나를 짜증나게 한다.(3점)' '주희(쌍둥이 누나)랑 싸운다.(3점)'라고 적었다.

### (2) 어머니가 호소한 문제

어머니는 정호가 특별히 심각한 문제를 가지고 있다고 여기지는 않는다. 다만 정호가 친구관계에서 스트레스를 덜 받고, 자기 할 일을 스스로 챙길 수 있게 되기를 희망한다고 말했다.

## 2) 내담자의 인상 및 행동 특성

- 옷차림은 늘 단정한 편이지만, 학교에 오면 겉옷을 책상 주변에 아무렇 게나 걸쳐 놓는다.
- 위생에 대한 개념이 부족하다. 손을 깨끗이 씻지 않고, 책상이나 사물함 정리도 전혀 되지 않으며 책상 속은 지저분하다. 가방에서 먹다 남은 과자, 과일 껍질이 나온 적도 있다.
- 친구들에게 화가 나면 자신의 감정을 주체하지 못하고 물건을 집어 던지거나 친구를 때린다. 교사가 진정하라고 말해도 흥분한 채 자신의 상황을 말로 표현하지 못하고 그저 억울해한다. 자신의 잘못을 인정하거나 사과하는 법이 없다. 친구들이 먼저 미안하다고 말하면 그제야 마지 못해 자기도 미안하다고 말한다.
- 수업시간이나 쉬는 시간에 자기가 하고 싶거나 하기 싫은 일이 있을 때 자기의 주장을 굽히지 않고 고집을 부린다. 친구들과 놀이 활동을 하거나 모둠 과제를 할 때도 자기 뜻대로 되지 않으면 참여하려 하지 않아서 친구들이 양보해 준다.
- 수업에 집중하지 않거나 수업을 방해하는 행동을 자주 한다. 교사의 지적을 받으면 한 시간 내내 과제를 하지 않고 책이나 공책에 낙서를 하는 등 더 반항적인 모습을 보인다.
- 행동이 느린 편이고 시간에 대한 개념이 부족하여 수업시간에 주어진 과제를 마치지 못하는 경우가 많다. 스스로 과제나 준비물을 챙기는 일

이 전혀 없다.

- 안내장, 주간학습 예고안, 공책, 연필, 지우개 등 자기의 물건을 자주 잃어버리고, 물건이 없어져도 찾는 일이 거의 없다. 심지어 일주일 동안 필통을 3번이나 잃어버린 일도 있었다.
- 자신감과 의지력이 많이 부족한 편이고 무엇이든 끝까지 해내려는 끈기가 없어 보인다. 혼자서 무언가를 해 보려는 마음이 없고 새롭게 일을 시작하는 것을 두려워한다.

## 3) 가족관계 및 성장 배경

정호는 2녀 1남 중 막내이며, 부모의 직장 문제로 인해 외할머니 집에서 형제들과 함께 살고 있다.

### (1) 가족 구성원 및 특성

- 외할머니(65세, 주부): 정호가 두 살이 되던 해부터 손주들을 맡아 양육했다. 삼남매 중 특히 정호에 대한 애착이 커서 학교 행사에 빠지지 않고 참여한다. 정호가 문제행동을 보여도 심각하게 생각하지 않고 아이들이 크는 과정에서 있을 수 있는 일이라고 여기며 늘 감싼다.
- 아버지(50세, 인테리어 디자이너): 직장이 멀어서 주중에는 자녀들과 떨어져 지낸다. 차분하고 자상한 성격이다. 주말에 가족이 모이면 자녀들과 놀아 주기도 하고 요리도 해 준다.
- 어머니(44세, 은행원): 직장생활로 인해 삼남매를 친정어머니에게 맡겨 놓고 주말에만 아이들을 만난다. 아이들에게 전화에서 학교 과제 등 해야 할 일을 수시로 확인하고 지시한다. 맏이에게 동생들을 잘 챙겨 주라고 늘 당부한다. 주말에는 자녀들을 데리고 문화센터나 극장을 가는 등 다양한 활동을 함께하려고 노력한다. 정호에게 특별한 문제가 있다고는

생각하지 않으나, 행동이 느린 편이고 자기가 할 일을 잘 챙기지 못하는 것과 또래관계가 좋지 않은 것을 알고 있다.

- 누나(12세, 5학년): 바쁜 부모와 외할머니를 대신해서 동생들의 숙제를 봐 주고 동생들을 챙겨 준다. 착하고 자상한 성격이지만 동생들을 돌보는 것에 대해 부담감을 느낀다. 동생들이 말을 듣지 않아서 서로 다투기도 한다.
- 쌍둥이 누나(10세, 3학년): 정호와 가장 많은 시간을 함께 보내는 대상이 다. 정호에게 화를 자주 내고 많이 싸운다. 어머니와 아버지가 정호만 좋아한다고 여기며 불만이 많다. 쌍둥이지만 자신이 누나라는 인식을 지니고 있어서 누나 노릇을 하려다가 부딪히는 일이 많다. 할머니를 많 이 도와드리고 자신이 할 일을 스스로 잘 실천하는 꼼꼼한 성격이다.

### (2) 내담자의 발달사

정호는 2녀 1남 중 막내로 태어났다. 2.7kg의 작은 체구로 태어난 탓에 어 머니는 아기 때부터 늘 정호의 건강을 걱정했다. 지금도 또래보다 체구가 작 은 편이라 마음이 많이 쓰인다. 정호는 처음 어린이집 생활을 시작하면서부 터 감기도 자주 걸리고 병치레가 잦았다.

부부가 모두 서울에서 직장생활을 하고 있는 탓에 정호가 태어난 후 얼마 되지 않아 외할머니에게 세 아이를 모두 맡겼다. 지금도 정호는 누나 2명과 함께 외할머니 집에서 지낸다. 금요일 저녁이 되면 부부가 정호를 비롯해 세 아이를 서울 집으로 데려가 주말을 함께 보낸다.

## 4) 심리평가

어머니에게 실시한 아동·청소년 행동평가척도(K-CBCL)의 문제행동 증후 군 척도 중 T점수 60점 이상이 확인된 것은 위축(61점), 사회적 미성숙(64점),

주의집중 문제(92점)였다. 정호에게 실시한 소아우울척도(CDI; 조수철, 이영식, 1990)는 23점, 소아특성불안척도(TAIC; 조수철, 최진숙, 1989)는 9점으로 나타나 우울 상태가 염려된다.[1]

  정호는 문장완성검사에서 다음과 같이 분노와 공격성, 낮은 자존감과 연관된 반응을 보였다.

- 나는 때때로 화난다.
- 내 주변 환경이 나에게는 해를 끼친다.
- 누가 날 공격하면 나는 주먹 날린다.
- 나는 다른 사람들보다 못생겼다.
- 나의 미래는 안 좋다.

## 2. 사례개념화

### 1) 내담자의 주요 문제 및 강점

  정호는 학교에서 인정받고 또래들과 놀고 싶다. 하지만 자신의 욕구만을 생각하고 타인의 권리 및 집단의 규칙을 존중하지 않는 충동적 행동 때문에 또래관계 및 학교생활 적응에 어려움을 겪고 있다. 자신의 욕구를 충족시키기 위해 또래들을 공격하고 학교 규칙에 저항하는 것을 선택했지만, 오히려 더욱 큰 좌절이 반복될 뿐이다. 자신의 행동이 이러한 결과를 가져왔음을 알지 못한다. 그저 타인이 달라져서 문제가 저절로 해결되기만을 바란다. 이것은 미성숙하고 충동적인 모습이다. 그 결과, 자신을 좌절시키는 또래와 학

---

1) 일반 아동 중 상위 15%에 해당하는 점수는 CDI 22점 이상, TAIC 39점 이상이다.

교에 대한 원망과 분노가 늘고, 자기 자신의 현재 및 미래에 대해 부정적으로 생각하며 우울감이 커지고 있다.

비록 행동으로 실천하는 일은 드물었으나 또래들을 돕고자 하는 마음을 지니고 있다. 부모의 기대에 부응해 학교생활을 열심히 해야 한다는 생각도 하고 있다. 이러한 강점은 친사회적 행동을 촉진하고 강화하는 데에 활용될 수 있다.

## 2) 문제 발생에 영향을 미친 환경적 요인

태어날 때부터 몸이 약하고 병치레가 잦은 데다가 막내라서 부모로부터 각별한 관심을 받고 자랐다. 게다가 주 양육자인 외할머니 역시 정호를 편애한다. 이러한 환경 속에서 욕구 충족을 위해 스스로 노력하거나 욕구 충족을 지연시키는 능력을 기르는 훈육을 충분히 받지 못한 것으로 보인다.

## 3. 상담의 목표 및 전략: 현실치료

### 1) 상담목표

현실치료의 관점에서 보았을 때 정호는 힘에 대한 욕구와 사랑과 소속의 욕구가 좌절된 상태에 놓여 있다. 하지만 타인에게 책임을 전가할 뿐이며 스스로 문제를 해결하려는 태도를 보이지 않는다. 지금 정호에게 필요한 것은 자신의 욕구를 효율적으로 충족시킬 뿐 아니라 또래의 욕구 및 학교의 규칙을 존중하는 지혜로운 행동을 선택하고 시도하는 것이다. 이것은 현실치료의 목표와 정확히 일치한다.

## 2) 상담전략

현실치료에서는 내담자가 외부에 책임을 전가하지 않으면서 자신의 욕구를 충족시키는 행동을 선택하도록 돕기 위해 WDEP라는 머리글자로 요약되는 절차를 사용한다. 욕구 탐색(Wants), 현재의 행동 검토(Doing and Direction), 현재의 행동 평가(Evaluation), 새로운 행동의 계획 및 실천(Planning and Commitment)'이 그것이다.

## 4. 상담과정

### 첫 번째 회기

## 1) 상담 초기 내담자의 태도

외현화 문제를 가진 아동이 자발적으로 상담을 받겠다고 해서 상담이 시작되는 일은 드물다. 대부분은 교사의 권유로 상담이 시작되며 아동은 상담에 대해 잘 알지 못한다. 그래서 다음과 같은 모습을 자주 보인다.

- 상담 시간에 문제를 지적당하고 변화를 요구받을 것이라 예상하며 상담에 대한 막연한 두려움이나 거부감을 느낀다.
- 타인이 달라져야 한다고 주장하며 타인에게 책임을 전가하는 태도를 나타낸다.

정호는 또래관계가 뜻대로 되지 않아 분노와 우울의 감정을 느끼고 있었으며 이를 거친 행동으로 표출하곤 했다. 정호와의 첫 만남에서 나눈 대화를 살펴보자.

> 상담자: 정호야, 상담을 받고 나서 무엇이 달라지면 좋겠니?
>
> 정  호: 음, (3초 정도 고민 중) 잘 모르겠어요.
>
> 상담자: 천천히 생각해도 괜찮아.
>
> 상담자: 혹시 정호가 학교에서 일어나기를 바라는 일이 있다면 그건
>          무엇일까?
>
> 정  호: 음, 잘 모르겠어요. 딱히 없어요.

## 2) 상담 목표 및 과정에 대한 교육: 변화를 향한 준비

정호는 아직 상담을 시작할 심리적 준비가 되어 있지 않다. 정호에게 지금 필요한 것은 무엇보다도 상담목표가 무엇이며 상담 시간에 무엇을 하는지를 이해하는 것이다. 자기 잘못을 들추는 시간이 아니라 욕구를 실현하는 시간이라는 인식이 형성되면 상담에 적극적으로 임하게 된다.

> 상담자: 정호야, 상담은 지금보다 더 행복해지기 위해 받는 거란다.
>
> 정  호: 근데 왜 나만 상담을 받아요?
>
> 상담자: 실은 마음이 행복하지 않을 때 나오는 행동을 정호에게서 본
>          적이 있거든. 사람은 마음이 행동으로 드러나는 법이잖아.
>          그렇지?
>
> 정  호: 아마 그렇겠죠.
>
> 상담자: 아직 선생님이 잘은 모르지만, 정호가 학교에서 일어나길 바
>          라는 일들이 있을 텐데, 그게 어떻게 될 때 정호는 행복하다
>          고 느낄까?
>
> 정  호: 제 마음대로 될 때요.
>
> 상담자: 정호는 참 똑똑하구나. 사람은 원하는 일들이 마음대로 될
>          때, 그러니까 이루어질 때 행복하다고 느끼지. 선생님도 정

호도 다 그렇단다. 상담은 정호가 원하는 것을 이루어 가는 행복 프로젝트야. 행복 프로젝트는 단계별로 진행될 건데, 제일 첫 번째 단계가 뭔지 정호가 혹시 눈치챘을까? 힌트를 좀 주면, 선생님이 처음에 질문했을 때 정호가 계속 모르겠다고 한 것에 답이 숨어 있어.

정　호: (잠시 생각하다가) 자기가 원하는 걸 아는 거요?

상담자: 정호가 정말 똑똑하구나. 선생님이 놀랐다.

정　호: (웃는다)

상담자: 1단계는 정호가 무엇을 원하는지를 알아보는 거고, 2단계는 정호랑 선생님이 같이 머리를 맞대고 그걸 이룰 방법을 찾는 거야. 그리고 3단계는 그 방법을 열심히 연습하는 거지. 평소에 안 쓰던 방법이라 어색할 수도 있거든. 마지막 4단계는 연습한 것을?

정　호: (자신 없는 목소리로) 실천?

상담자: 와~ 대단한 걸! 맞았어. 정호가 아주 잘 이해했구나. 지금 이야기한 단계를 정리해서 종이에 적어 보자.

---

표 4-1 ● **정호의 행복 프로젝트**

1단계(바람 알기): 내가 정말 원하는 것은 무엇일까?
2단계(방법 찾기): 어떻게 하면 원하는 것을 이룰 수 있을까?
3단계(연습하기): 원하는 것을 이루는 방법을 여러 번 연습하기
4단계(실천하기): 연습한 것을 생활 속에서 실천하기

## 3) 욕구(W) 및 현재의 행동(D) 탐색

내담자가 원하는 모습을 파악하는 것은 내담자의 동기를 높여 줄 뿐만 아니라 상담의 방향을 설정하기 위해 필수적인 과정이다.

> 상담자: 자, 그럼 행복 프로젝트 1단계를 시작해 볼까? 정호가 원하는
> 게 잘 떠오를 수도 있지만, 생각이 잘 안 날 때도 있어. 그러
> 니까 오늘 생각나는 만큼 이야기하고 또 다음에 선생님 만날
> 때 생각나는 게 있으면 이야기하면 돼. 괜찮겠지?
> 정  호: 네.
> 상담자: 정호가 학교에서 일어나기를 바라는 일이 무엇일까?
> 정  호: 근데……. 제가 솔직하게 대답을 못하겠네요. 선생님하고 저
> 하고 그렇게 친하지 않아서요.

정호는 아직 상담자에게 자기 욕구를 드러내는 것을 주저하고 있다. 상담자에 대한 신뢰가 아직 형성되지 못한 것이다. 이런 경우에는 부담이 가지 않는 범위 내에서 원하는 만큼만 이야기하도록 허용해 주는 것이 좋다. 아울러 상담자의 역할이 내담자를 비난하는 것이 아니라 내담자를 돕는 것임을 강조하는 것도 효과적이다.

> 상담자: 아직 선생님하고 친하지 않게 느껴져서 말하는 게 불편하구
> 나. 앞으로 정호랑 10번 정도를 만날 건데 조금씩 더 친해질
> 거야. 정호는 지금 말할 수 있는 만큼만 이야기해도 괜찮아.
> 선생님은 정호가 어떤 이야기를 하든 열심히 귀를 기울일 거
> 야. 그리고 정호가 원하는 일들을 이룰 방법을 정호랑 함께
> 고민할 거야. 그게 바로 상담 시간에 정호랑 선생님이 할 일

이지. 그러니까 상담 시간은 정호가 원하는 것을 이루어 가
는 시간이란다. 정호야, 이제 기분이 좀 어때?

정   호: 아까보단 좀 나은 것 같아요.

상담자: 다행이다. 그럼 정호가 학교에서 일어나기를 바라는 일이 무
엇인지 물어봐도 괜찮을까?

정   호: 애들이랑 맨날 싸워요.

상담자: 아이들하고의 관계가 정호에게 중요한가 보구나.

정   호: 근데 애들이 "야! 야! 너는 그것도 못하냐?" 하면서 막 그렇게
놀려요.

내담자에게 욕구를 질문해도 문제에 대한 답변이 돌아오는 경우가 많다.
욕구가 좌절된 현재 상황에 대한 심리적 고통을 호소하는 것이다. 내담자가
호소하는 현재 상황을 뒤집으면 정반대 편에서 욕구가 모습을 드러낸다. 그
러므로 상담자는 수시로 호소문제의 이면에 존재하는 욕구를 읽어서 요약해
주는 것이 좋다. 욕구를 탐색하는 W단계의 작업과 현재 상황에 대한 내담자
의 반응(감정, 사고, 행동)을 살펴보는 D단계의 작업은 이론상으로는 W단계가
먼저이지만, 실제로는 두 단계를 오고 가며 동시에 진행되는 경우가 흔하다.
특히 다음과 같이 내담자가 부정적 감정에 압도되어 있을 때는 더욱 그렇다.

상담자: 그 말을 듣고 정호 기분이 어땠어?

정   호: (씩씩거리며) 화가 났어요.

상담자: 정호가 아직도 화가 풀리지 않은 것 같구나. 그래서 정호는
어떻게 했어?

정   호: 쫓아가서 때려 주려고 했는데 애들이 도망갔어요.

상담자: 정호가 아이들을 때려 주고 싶을 만큼 화가 많이 났구나.
게다가 아이들이 도망가기까지 해서 화가 아직도 안 풀린 것

같아.

정  호: 네. 애들이 막 웃으면서 도망갔어요. 막 웃으면서 도망가는
게 더 기분 나빠요.

현재 상황에 대한 감정 반응을 탐색하다 보면, 내담자들은 흔히 타인이 자
신에게 취한 부당한 행동을 이야기한다. 타인의 행동에 초점을 두기보다는
이와 같이 내담자 자신의 반응(감정, 사고, 행동)을 질문하고 요약해 주는 것이
좋다. 내담자의 자기 이해를 증진할 뿐만 아니라 욕구 실현과 관련해서 진행
할 평가(E) 및 계획 수립(P)에 도움이 되기 때문이다. 정호와 함께 문제 상황
과 관련된 사고(지각, 해석, 절대적 요구 등)를 포착하는 대화도 살펴보자.

상담자: 아이들이 "그것도 못하냐?"는 말을 하고 웃으면서 도망갔을
때 정호가 화가 많이 났는데, 그때 어떤 생각이 정호의 머릿
속에 떠올랐는지 궁금해.

정  호: 저를 무시한다는 생각.

상담자: 정호를 무시한다는 생각이 들어서 화가 났구나. 그런 생각이
들면 선생님도 화가 날 것 같아.

정  호: 네, 자꾸 화가 나요. 화가 나서 소리를 지르거나 물건을 집어
던질 것 같이 흥분돼요.

상담자: 정호가 정말 화가 많이 났구나.

정  호: 친구들하고 싸우기 싫고, 친구들이 저한테 하는 행동이 싫어요.

상담자: 아이들이 정호를 놀리지 않고, 그 대신 무엇을 하면 정호의
얼굴에 웃음이 생겨날까?

정  호: 저를 존중해 주면요.

상담자: 그렇게 되면 정말 좋겠다. 그럼 아이들이 정호를 존중해 준다
고 상상해 보자. 아이들은 지금과 달리 정호에게 무엇을 하

게 될까?

정  호: 제가 하고 싶은 것을 들어주고, 아니라고 말했을 때 믿어 주
면 좋겠어요.

현재 상황에 대한 내담자의 감정과 사고, 행동을 검토하다 보면, 내담자의
욕구가 모습을 나타낸다. 정호가 화가 난 이유는 친구들이 자기를 무시한다
는 생각 때문이었다. 이것을 뒤집으면 존중받고 싶은 욕구(현실치료에서 말하
는 힘에 대한 욕구)가 모습을 드러낸다. 이처럼 W단계와 D단계의 작업은 함께
진행될 수 있다.

또래들에게 존중받고 싶은 욕구에는 자신이 행복해지려면 또래들이 달라져
야 한다는 책임 전가의 태도가 반영되어 있다. 행복을 만드는 데에 필요한 자
신의 역할이 빠져 있는 것이다. 처음부터 내담자의 역할을 드러내기 위해 "네
가 무엇을 하면 좋을까?"라고 질문한다면, 내담자는 이것을 변화의 압력으로
느끼기 쉽다. 상담자에게 압력을 받았을 때 내담자에게 나타나기 쉬운 반응
은—특히 외현화 문제를 보이는 아동의 경우—상담자에게 저항하는 것이다.

변화의 압력을 주지 않으면서 자연스럽게 자신의 역할로 주의를 돌리는 한
가지 방법은 원하는 것이 실현되었을 때 자신이 또래들에게 취하게 될 행동을
떠올리는 것이다. 대개 이 행동은 사교적이거나 이타적인 행동, 즉 친밀한 관
계 형성을 촉진하는 친사회적 행동이다. 문제에 압도된 내담자는 자신을 고통
스럽게 하는 상대방에게 친사회적 행동을 취하는 것 자체를 생각해 본 적이
없을지도 모른다. 하지만 원하는 미래 속에서 자신과 타인이 긍정적 상호작
용을 주고받는 모습을 그려 봄으로써 자기 역할에 대한 인식과 변화의 동기가
증진된다. 다음의 대화에서 상담자가 제시한 질문들을 유심히 살펴보기.

상담자: 그러면 정말 좋겠구나. 아이들이 정호를 존중해 주면 그게 정
호에게 어떻게 도움이 되지?

정　호: 그러면 아이들과 싸우지 않을 거예요.

상담자: 싸우지 않고 정호는 아이들에게 무엇을 하게 될까?

정　호: 친절하게 대해 줘요. 제가 공부는 못하지만, 친구들이 무거운
　　　　물건을 들고 가거나 힘든 일을 할 때 도와줄 수 있을 것 같아
　　　　요. 다른 사람에게 필요한 사람이 되고 싶어요.

상담자: 정호가 원하는 것이 무엇인지 이제 알겠다. 정호는 아이들에
　　　　게 친절하게 대하고 아이들을 도와주고, 아이들은 정호를 존
　　　　중해 주고. 이게 정호가 학교에서 바라는 모습 같은데 맞니?

정　호: 네. 맞아요.

상담자: 어디 그럼 정호의 바람을 표에 정리해 보자.

**표 4-2 ●  정호의 바람 1. '친구에게 존중받는 것'**

| 바람이 실현되었을 때 나와 친구들의 모습 | |
|---|---|
| 존중받는 나 | 나를 존중하는 친구들 |
| 친구와 싸우지 않는다. | 나를 놀리고 도망가지 않는다. |
| 친구들을 친절하게 대한다. | 내가 하고 싶은 것을 들어준다. |
| 친구가 힘들 때 도와준다. | 내 말을 믿어 준다. |

　초보 상담자가 범하기 쉬운 실수 중 하나는 내담자가 처음 꺼내 놓은 문제
에 곧바로 달려들어 오직 이것의 해결만을 시도하는 것이다. 하지만 내담자
의 행복을 저해하는 다른 중요한 문제, 즉 좌절된 욕구가 존재할 수 있음에
유념해야 한다. 이를 충분히 탐색하고 우선순위별로 정리하는 것이 상담 초
기의 주요한 과제다.

상담자: 정호가 친구들하고 있을 때 행복지는 데 필요한 것이 아이들
　　　　에게 존중받는 것이었잖아? 이것 말고 또 무슨 일이 일어나
　　　　면 정호가 학교에서 마음이 지금보다 더 행복해질까?

정　　호: 애들이 저랑 안 놀아 줘요.

상담자: 언제 그런 생각이 들었어?

정　　호: 게임할 때 자기들끼리만 하고 저한테는 같이 하자고 안 해요.

상담자: 아, 그런 일이 있었구나. 그럴 때 정호 마음은 어때?

정　　호: 짜증나요!

상담자: 아까는 화가 난다고 했는데 이번에는 짜증이 났구나. 화난 거
　　　　랑 짜증난 거랑 어떻게 다른 거야?

정　　호: 음, 잘 모르겠어요.

상담자: 괜찮아. 천천히 생각해 보자. 선생님은 정호 마음이 궁금해.

정　　호: (잠시 침묵) 음, 짜증난 거는 화나면서 좀 슬픈 거예요.

상담자: 정호가 참 설명을 잘하는구나. 정호가 잘 이야기해 줘서 선생
　　　　님도 짜증나는 게 어떤 건지 좀 알 것 같아.

정　　호: (웃으며) 헤헤.

상담자: 짜증이 났는데 정호는 가만히 있었어? 뭔가 행동으로 보여 줬
　　　　을 것 같은데?

정　　호: 게임 못하게 방해하죠.

　또래들과의 싸움과 더불어 드러난 또 다른 호소문제는 아이들이 정호와 함
께 어울리려 하지 않는 것이었다. 정호는 이에 대해 짜증이 난다고 했는데,
분노와 우울의 감정을 함께 묶어서 표현한 것이다. 이 감정은 또래들의 놀이
를 방해하는 행동으로 표현되고 있었는데, 또래들과 함께 놀고 싶은 욕구(현
실치료의 용어로 표현하면, 사랑과 소속의 욕구)의 성취를 방해하는 주요한 요인
이었다. 호소문제에 대한 정호의 사고를 탐색하는 대화도 살펴보기.

　　상담자: 친구들이 안 놀아 줘서 정호가 정말 짜증이 났구나. 혹시 그
　　　　　　때 정호가 마음속으로 한 혼잣말이 있을 것 같아.

> 정  호: 나도 너희랑 놀고 싶다!
>
> 상담자: 그리고 또?
>
> 정  호: 음⋯⋯. 아이들이 저를 싫어한다는 생각이요.
>
> 상담자: 정호는 같이 놀고 싶은데 아이들이 싫어한다는 생각이 드는 모양이구나.
>
> 정  호: 네.
>
> 상담자: 그래서 정호가 슬프고 화가 난 것이었구나.
>
> 정  호: 네.

 그다음에는 정호가 자신의 욕구로 초점을 돌려서 변화의 동기가 높아지도록 이끄는 시도가 진행되었다. 앞과 마찬가지로 욕구가 실현된 상황에서 자신과 또래가 상호작용하는 모습을 탐색했다.

> 상담자: 정호야, 선생님과 좀 색다른 상상을 해 보자. 정호가 오늘 이야기해 준 고민이 다 해결되는 기적이 일어났어. 그래서 아이들이 정호와 아주 잘 놀아 줘. 이 모습을 머릿속에 떠올려 보자. (잠시 기다린 후) 정호야, 기분이 어때?
>
> 정  호: (표정이 밝아지며) 신나요.
>
> 상담자: 정호가 어떤 상상을 했길래 신이 났는지 궁금하다.
>
> 정  호: 아이들이랑 블록 쌓기를 하고 있어요.
>
> 상담자: 정호는 어떤 모습을 하고 있지?
>
> 정  호: 블록을 쓰러뜨리지 않고 예쁘게 잘 쌓고 있어요. 규칙을 잘 지키고요.
>
> 상담자: 정호의 표정이 어떤지도 궁금한데?
>
> 정  호: 웃고 있어요.
>
> 상담자: 아이들의 모습도 궁금하구나.

정　호: 저한테 놀자고 말하고요. 절 보고 웃어 줘요.

상담자: 정호는 규칙을 잘 지키고 아이들은 정호랑 즐겁게 놀고 있구나. 이렇게 되면 정말 좋겠다. 정호의 두 번째 바람도 아까처럼 표에 정리해 보자.

표 4-3 ◈ **정호의 바람 2. '친구와 함께 노는 것'**

| 바람이 실현되었을 때 나와 친구들의 모습 | |
|---|---|
| 친구와 함께 노는 나 | 나와 함께 노는 친구들 |
| 규칙을 지킨다. | 같이 놀자고 말해 준다. |
| 웃고 있다. | 나를 보고 웃어 준다. |

## 4) 상담목표 합의하기

내담자들은 흔히 하나 이상의 욕구를 이야기한다. 그중 어느 것을 먼저 실현시키는 것을 목표로 삼아야 하는지에 대한 결정은 내담자에게 맡기는 것이 현명하다. 삶에서 어떤 변화가 일어나야 내담자가 행복해질지를 가장 잘 알고 있는 사람은 상담자가 아닌 내담자 자신이기 때문이다. 상담자의 역할은 각 욕구의 상대적 중요성을 내담자 스스로 평가할 수 있도록 좋은 질문을 던지는 것이다.

상담자: 아까 이야기한 것처럼 상담은 행복해지기 위해 받는 건데, 정호가 지금 얼마나 행복한지 알고 싶구나. 여기 막대 그래프에 정호가 학교에서 행복한 정도를 표시해 보기. 0점은 하나도 행복하지 않은 거고, 100점은 너무나도 행복한 거야.

정　호: 30점이요.

상담자: 지금은 30점이구나. 정호랑 이야기를 나누면서 선생님은 정

호가 '존중받는 것'과 '같이 노는 것'을 원한다는 것을 알게 되
었어. 이 두 가지가 이루어지면 정호의 행복 점수는 몇 점이
될까?

정  호: 90점 정도요.

상담자: 와~ 60점이나 올라가는구나. '존중받는 것'과 '같이 노는 것'
이 정호에게 정말로 중요하다는 것을 알겠어.

정  호: 네. 그렇게 되면 좋겠어요.

상담자: 그럼 이 두 가지를 목표로 상담을 진행하는 건 어때? 혹시 다
른 게 더 생각나면 나중에 얘기해 줘도 괜찮아.

정  호: 일단 두 가지만 이뤄져도 좋을 것 같아요.

상담자: 정호가 원하는 것을 알게 되어서 기쁘다. 이 두 가지를 이루
는 방법을 한꺼번에 찾을 수도 있지만, 처음에는 하나씩 다루
는 게 좋을 것 같구나. 정호가 생각하기에 이 두 가지 중에서 어
느 것을 먼저 해결해야 할 것 같니?

정  호: 존중받는 거요.

상담자: 정호는 무엇을 보고 존중받는 게 더 급한 문제라는 것을 알
았지?

정  호: 애들이 저를 존중해 주지 않고 놀리니까 싸우잖아요. 일단 안
싸워야 같이 놀 수 있을 것 같아요.

상담자: 정말 똑똑하구나. 아주 좋은 생각이야.

## 5) 과제 합의하기

현실치료에서는 회기와 회기 사이에 수행할 과제를 부여한다. 욕구 성취를
위해 회기 중에 계획하고 연습한 새로운 행동을 일상에서 실천하고 그것의 효
율성을 점검하는 것이다. 첫 회기의 경우, 새로운 행동을 계획하기보다는 욕

구 탐색을 통한 목표 설정에 초점이 놓이므로 행동 과제 부여가 어려울 수 있다. 게다가 상담 초기에는 내담자가 자신의 욕구에 집중하도록 하면서 책임 인식의 태도 및 변화의 동기를 높이는 작업이 행동을 변화시키는 것보다 시급한 과제다. 따라서 첫 회기에서는 내담자의 욕구가 삶 속에서 얼마나 충족되고 있는지를 관찰하는 과제를 부여하는 것도 좋다. 아무리 좋은 과제라 하더라도 이를 수행할 의욕이 없으면 효과를 볼 수 없다. 내담자에게 과제의 취지를 설명하고 이에 대한 동의를 얻는 것은 빼놓을 수 없는 과정이다. 처음에는 상담자가 주도하여 과제를 합의하겠지만, 어느 정도 상담이 궤도에 오르면 내담자는 자신이 수행할 과제를 스스로 제안하고 결정할 수 있게 된다.

상담자: 정호야, 친구들에게 존중받는 것을 목표로 정했으니까 다음 시간부터는 목표를 달성할 방법을 함께 찾아보자. 선생님이 한 가지 숙제를 내도 괜찮을까?

정　호: 숙제는 하기 싫은데.

상담자: 숙제라고 하니까 하기 싫은 마음이 먼저 생기지? 선생님도 옛날에 그랬어. 근데 그렇게 어려운 숙제는 아니야. 지금 정호가 가장 바라는 일이 뭐였지?

정　호: 존중받는 거요.

상담자: 정호가 친구들에게 얼마나 존중받고 있는지를 알아보는 숙제야. 아주 조금이라도 친구에게 존중받은 일이 있으면 그걸 잘 기억해서 다음 상담 시간에 선생님한테 이야기해 주는 거야. 예를 들면, 친구가 정호에게 "안녕!"이라고 말했다면 그친 정호를 존중해 준 걸까?

정　호: 네.

상담자: 정호가 자리 정돈을 하는 것을 친구들이 도와주면 그것도 정호를 존중해 준 걸까?

정　호: 네.

상담자: 아주 잘 아는구나. 이번에는 정호가 예를 하나 말해 보자.

정　호: 하고 싶은 걸 양보해 주는 거요.

상담자: 그렇지. 정말 잘했어. 그렇게 친구가 정호를 존중해 준 일을
　　　　매주 선생님한테 와서 이야기해 주는 게 숙제야. 그래야 상
　　　　담목표가 얼마나 달성되었는지를 정호도 알고 선생님도 알
　　　　수 있지. 정호야, 이 숙제를 하고 싶은 마음이 얼마나 있니?

정　호: 한번 해 볼게요.

두 번째 이후의 회기

첫 번째 회기에서 상담 목표 및 과정에 대한 교육이 진행되고 내담자의 욕
구에 바탕을 둔 상담목표가 수립되고 나면, 그다음 회기들에서는 WDEP 단계
를 거치며 내담자의 바람 및 현재의 행동을 검토하고 새로운 행동을 계획 및
실천하는 작업이 반복된다. 다음은 정호의 두 번째 회기에 진행한 작업이다.

## 1) 지난 회기 요약

비자발적으로 상담을 받고 있거나 나이 어린 내담자들은 상담 시간이 무
엇을 위한 것인지에 대한 인식이 부족한 경우가 많다. 이로 인해 상담과 관련
없는 이야기를 늘어놓기도 한다. 이를 방지하는 좋은 방법 하나는 회기를 시
작할 때, 지난 회기에 다룬 내용을 되짚어 보는 것이다. 이때 내담자의 욕구
에 초점을 두면, 변화를 향한 동기가 높아지면서 상담자와 내담자 사이에 원
활한 상호작용이 일어날 수 있는 심리적 환경이 조성된다.

상담자: 지난번에 선생님이랑 만났을 때 한 이야기를 잠깐 정리해 보
　　　　자. 정호가 친구관계에서 가장 원하는 것이 무엇이었지?

정　호: 애들한테 존중받는 거요.

상담자: 잘 기억하고 있구나. 지난 시간에 선생님이랑 만든 표를 다시
　　　　한번 살펴보자. 정호를 존중해 주는 친구들의 모습에 뭐라고
　　　　적혀 있지?

정　호: '나를 놀리고 도망가지 않는다.' '내가 하고 싶은 것을 들어준
　　　　다.' '내 말을 믿어 준다.'

상담자: 그래. 그럼 친구들에게 존중받는 정호의 모습도 읽어 보자.

정　호: '친구와 싸우지 않는다.' '친구들을 친절하게 대한다.' '친구가
　　　　힘들 때 도와준다.'

상담자: 이렇게 정호가 원하는 일들이 이루어지면 기분이 어떨까? 한
　　　　번 상상해 봐.

정　호: 기분이 좋아져요.

## 2) 긍정적 사건 및 내담자의 역할 확인

현실치료에서는 매 회기 내담자의 욕구 실현을 위한 계획을 수립한다. 달
리 표현하면, 과제를 부여하는 것이다. 하지만 내담자를 만나자마자 계획 실
천 여부를 캐물으면 내담자에게 부담을 줄 수 있다. 여기에서 생각해 볼 문
제가 있다. 계획을 충실히 수행하는 것과 욕구가 실현되는 것 중에 어느 것
이 더 중요한가? 당연히 후자일 것이다. 계획은 반드시 그대로 실천해야 하
는 의무사항이 아니라 욕구 실현을 촉진할 가능성이 있는 여러 방법 중 하나
다. 따라서 내담자의 욕구가 실현된 긍정적 사건들을 먼저 살펴보고, 그다음
에 내담자가 무엇을 어떻게 해서 그러한 긍정적 사건들이 발생했는지를 탐색
하는 과정에서 자연스럽게 계획 실천 정도와 계획의 효율성을 검토하는 것이

바람직하다. 때때로 내담자들은 지난 상담 시간에 계획하지 않은 행동을 통해 긍정적 사건을 일으키기도 한다.

> 상담자: 지난 일주일 동안 친구관계에서 이렇게 기분 좋은 일이 얼마나 있었는지 궁금하구나.
>
> 정  호: 별로 없었어요.
>
> 상담자: 차근차근 살펴보자. 여기에 감정 그래프가 있어. 얼굴 그림 네 개가 보이지? 첫 번째 얼굴은 어떤 감정을 나타내는 걸까?
>
> 정  호: 기쁜 거요.
>
> 상담자: 맞았어. 그럼 두 번째랑 세 번째는?
>
> 정  호: 화난 거하고 슬픈 거요.
>
> 상담자: 그렇지. 그리고 마지막 얼굴은?
>
> 정  호: 불안한 거요.

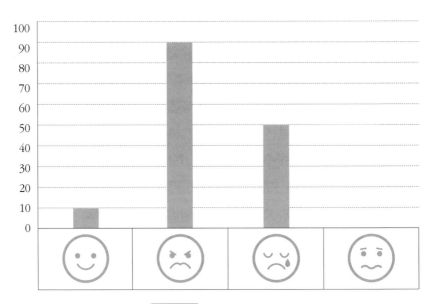

그림 4-1  정호의 감정 그래프

상담자: 잘 이야기해 주었어. 그래프에 숫자도 보이지? 정호가 말해 준 네 가지 감정을 친구들이랑 있으면서 일주일 동안 느낀 정도를 숫자로 표시하는 건데, 0은 그 감정을 전혀 느끼지 않은 것이고 100은 엄청나게 많이 느낀 거야. 각 감정마다 정호가 느낀 만큼 막대 그래프로 표시해 보자.

정　호: 기쁜 게 10이고, 화난 건 90, 슬픈 건 50이에요.

상담자: 화난 마음이 제일 높긴 하지만, 기쁜 마음에도 10점을 주었는데 친구들하고 있으면서 기분이 좋았던 것은 언제이지?

정　호: 별로 없었어요. 잘 기억이 안 나요.

상담자: 0점을 줄 수도 있었는데 10점을 준 것을 보면 뭔가 좋은 일도 있었던 것 같아.

정　호: 그냥……. (잠시 생각하다가) 기분이 나쁘지 않을 때도 있었으니까요.

상담자: 그럼, 어제하고 오늘만 생각해 보자. 아침에 학교에 와서 지금 선생님을 만날 때까지 '내가 친구들에게 존중받았구나.' 하고 조금이라도 느낀 것은 언제이지? 아주 조금만 느낀 것이라도 괜찮아.

정　호: 아까 토크 시간에 지영이가 자기가 졌을 때 짜증을 안 냈어요. 원래랑 다르게 오늘은 "아, 졌네." 하고 웃으며 넘어갔어요.

상담자: 지영이가 그렇게 해 주니 어떤 생각이 들었어?

정　호: (표정이 밝아지며) 좀 인정받은 느낌이요.

내담자들은 주의의 초점이 부정적 사건에 집중된 경우가 많다. 그래서 긍정적 사건을 인식하지 못하거나 의미를 축소하기도 한다. 이럴 때 그림이나 숫자 등을 사용해 긍정적 사건을 시각적으로 표현하게 하면, 긍정적 사건에 대한 탐색이 더욱 수월해진다. 긍정적 사건을 자세히 기술하다 보면 긍정적 정서를 경험하며 당시의 상황을 더욱 잘 회상할 수 있게 된다. 이 시점에서 상담자는 그 사건의 발생에 기여한 내담자의 역할을 탐색할 수 있다. 이것은 지난 시간에 상담자와 계획한 것과 같을 수도 있고 다를 수도 있다. 중요한 것은 계획을 그대로 실천했는지를 살피는 것이 아니라 내담자의 어떤 행동이 욕구 성취에 도움이 되었는지를 집중적으로 밝히는 것이다. 이 과정에서 내담자는 적지 않게 성취감을 경험할 수 있다. 게다가 욕구 실현과 관련해서 타인에게 책임을 전가하는 것이 아니라 자신이 책임을 지는 태도를 획득하게 된다.

> 상담자: 지영이에게 인정을 받아서 기분이 좋았구나. 정호가 어떻게 했길래 이런 좋은 일이 일어났지?
>
> 정  호: 그냥 마음이 괜찮아서 짜증을 안 냈어요.
>
> 상담자: 정호가 좋아하는 영화 주인공이 누구였지?

| | 준서 | 시환 | 소라 |
|---|---|---|---|
| 70 | | | |
| 60 | | | |
| 50 | | | |
| 40 | | | |
| 30 | | | 풍선 만들기를 도와줘서 고맙다고 말했다. |
| 20 | 연극할 때 농부 역할을 양보했다. | | 책거리 축제할 때 보물을 하나 찾아 줬다. |
| 10 | 약오르게 해도 참았다. | 배구할 때 잘한다고 칭찬해 줬다. | 그네를 밀어 주었다. |
| 0 | 준서 | 시환 | 소라 |

그림 4-2  정호의 친사회적 행동 그래프

정　호: 아이언맨이요.

상담자: 혹시 아이언맨이 그때의 정호를 봤다면, 정호의 어떤 점을 칭찬할까? 정호가 아이언맨이 되어서 한번 이야기해 볼까?

정　호: "평소에는 네가 화를 자주 냈는데 오늘은 나아진 것 같구나!"라고 말할 것 같아요.

상담자: 참 잘했어, 정호야. 정호가 화를 안 내니까 지영이도 짜증을 안 내고 정호를 존중해 주었구나. 지난 시간에 표에 정리한 존중받는 정호랑 친구들의 모습이랑 똑같아.

정　호: 네. 좀 그런 것 같아요.

　내담자의 긍정적 행동을 시각적으로 표현해 볼 수도 있다. 정호의 사례에서 3회기부터는 [그림 4-2]에 제시한 것처럼 친해지고 싶은 친구들의 이름을 막대 그래프의 가로축에 적고 일주일간 해당 친구에게 정호가 취한 친사회적 행동(즉, 친구에게 존중받는 행동)을 눈금이 매겨진 그래프의 각 칸에 하나씩 적어 넣게 했다. 예를 들어, 준서에게 두 가지 좋은 행동을 했으면 준서 이름 위의 막대 그래프 두 칸이 채워졌다. 매주 몇 가지씩 긍정적 행동이 쌓이게 되므로 그래프의 높이가 조금씩 높아져 갔다. 한 달 정도가 지나자 정호는 자기가 누구에게 어떤 좋은 행동을 얼마만큼 했는지를 그래프로 파악하게 되었으며, 이것을 무척 자랑스러워했다.

## 3) 부정적 사건 점검

　상담을 받는 이유는 뜻하는 대로 되지 않는 중요한 문제가 있기 때문이다. 달리 표현하면, 중요한 욕구가 좌절되는 경험을 했거나 그러한 일이 발생할 것에 대한 두려움을 느끼기 때문이다. 이러한 상황은 내담자에게 강렬한 부정적 감정을 일으킬 수 있다. 특히 외현화 문제를 가진 아동들은 뜻대로 되지 않는 상황에 대해 강한 분노를 표출하는 일이 많다. 게슈탈트 상담과 같이 감정에 중점을 두는 상담접근법들은 부정적 감정을 표출하며 감정 정화를 경험하도록 내담자를 이끌고 간다. 이와 달리 현실치료에서는 부정적 감정을 단서로 삼아 그것의 이면에 존재하는 근본적인 욕구를 밝혀내고 이것을 실현하는 데에 중점을 둔다. 애초에 욕구가 없었다면 그것이 좌절되어 부정적 감정을 경험할 일도 없다.

상담자: 그리고 화난 감정이 굉장히 높은데 무슨 일이 있었는지 궁금하구나.

정　호: 그저께요. 제가 소라의 사탕을 가져갔어요. 그랬더니 지영이가 "야!" 하면서 저한테 달려들고 둘이 저를 때렸어요. 저는 친구들하고 놀려고 장난으로 그랬는데……. (말끝을 흐림)

상담자: 정호는 놀고 싶어서 한 행동인데 아이들이 정호 마음을 몰라 주고 때려서 화가 났구나.

정　호: (목소리가 커지며) 제가 사탕을 가져간 거는 놀고 싶어서 그런 건데 애들이 사탕을 안 주고 제 마음을 몰라주니까 짜증나고 답답했어요.

상담자: 정호가 원하는 대로 되지 않아서 답답하기까지 했구나. 화난 감정을 아주 잘 설명해 주었어. 지난 일주일 사이에 또 정호를 이만큼 화나게 한 일이 있었니?

정　호: 그냥 그게 제일 화났어요.

상담자: 그래. 그럼, 슬픈 감정도 50이라고 표시해 주었는데 언제 슬픈 감정을 느꼈는지 말해 줄래?

정　호: 애들이 저랑 놀아 주지 않아서요.

상담자: 무슨 일이 있었는지 궁금하구나.

정　호: 걔네들은 원래 저랑 안 놀아 줘요. 자기들끼리만 놀아요.

상담자: 친구들이 평소랑 마찬가지로 정호랑 안 놀아 줘서 슬펐던 거로구나.

정 호: 네.

## 4) 화제 결정

한 회기에 사용할 수 있는 시간은 제한되어 있다. 따라서 어떤 문제를 우선하여 다룰지를 회기 초반에 결정해야 한다. 특별한 사유가 없는 한 내담자 스스로 화제를 결정하도록 안내하는 것이 좋다. 이 과정에서 어떤 문제를 다루면 중요한 욕구의 실현에 도움이 될지를 평가하도록 도와야 한다.

상담자: 정호가 일주일간 화났던 일과 슬펐던 일을 이야기해 주었는데, 오늘 상담 시간에 어느 것을 좀 더 이야기해 보고 싶니?

정 호: 소라하고 지영이가 저를 때린 거요.

상담자: 그래. 그 일 때문에 정호가 화가 많이 났었지. 정호는 친구들에게 존중받고 싶다고 했는데, 소라랑 지영이하고 다툰 일을 오늘 이야기하면 그게 어떻게 도움이 될까?

정 호: 걔네들이 저를 존중하게 만들고 싶어요.

## 5) 욕구 탐색(W)

부정적 감정을 경험한 상황이 어떤 식으로 바뀌기를 바라는지를 살펴보는 것은 욕구를 탐색하는 좋은 방법이다. 정호의 욕구는 주로 또래관계에 관한 것이다. 따라서 관찰 가능한 구체적 행동의 형태로 욕구가 실현된 상황을 묘사하도록 도와주면, 이것을 성취하고자 하는 동기가 높아질 뿐만 아니라 나중에 상담목표가 성취된 정도를 수월하게 평가할 수 있다.

상담자: 친구들이 정호를 존중하는 모습을 보여 주기를 원하는구나.
혹시 정호를 존중해 주었다면 소라하고 지영이는 그때 어떻
게 행동했을까?

정  호: 소라가 저한테 그냥 사탕을 줘요.

상담자: 그리고?

정  호: 저한테 화를 안 내고 놀자고 말해요.

상담자: 소라가 사탕을 나눠 주고 놀자고 말하면 존중받았다고 느꼈겠
구나.

정  호: 네.

상담자: 지영이에 대해서도 생각해 보자. 지영이가 정호를 존중했다
면 그때 어떻게 행동했을까?

정  호: 지영이가 저를 때리지 않아요.

상담자: 정호를 때리지 않고 그 대신 무엇을 하지?

정  호: 저한테 사탕을 주라고 소라한테 말해요.

상담자: 그러니까 지영이하고 소라가 정호에게 먹을 것을 나눠 주고
같이 놀자고 말해 주면 좋겠구나.

정  호: 네. 맞아요.

상담자: 이런 일이 일어나기를 바라는 마음이 얼마나 큰지 궁금하다.
0은 하나도 바라지 않는 거고 100은 정말로 바라는 것이라고
하면, 몇 점을 줄 수 있을까?

정  호: 150점이요.

## 6) 현재의 행동 탐색(D)

현실치료의 관점에서 보면 모든 행동은 욕구를 성취하려는 시도다. 이 행동이
비효율적이거나 욕구 성취를 방해할 때 심리적 고통이 발생한다. 문제 상황

속에서 내담자가 취한 행동을 탐색하는 것은 필수적 과정이다. 내담자가 무엇을 했으며 그것의 결과로 어떤 일이 발생했는지를 연쇄적으로 질문하는 방식이 자주 사용된다. 이를 통해 내담자가 문제 상황에 대한 자신의 책임을 깨닫기 시작하는 경우가 많다.

> 상담자: 정호가 정말로 친구들에게 존중받고 싶어 한다는 것을 알겠어. 그래서 정호는 소라와 지영이에게 어떻게 했지?
>
> 상담자: 제가 사탕을 가져갔을 때 소라가 저한테 짜증을 냈어요.
>
> 상담자: 사탕을 어떤 식으로 가져갔는지 궁금하구나.
>
> 정　호: 소라가 학교에 사탕을 갖고 와서 그냥 몇 개만 제가 가져왔어요.
>
> 상담자: 사탕을 가져오기 전에 소라에게 어떤 말을 했어?
>
> 정　호: 아무 말도 안 했어요. 그냥 사탕을 가져온 거예요.
>
> 상담자: 정호가 말없이 사탕을 가져왔고, 소라가 짜증을 냈구나.
>
> 정　호: 네.
>
> 상담자: 그다음에 정호는 소라한테 어떻게 했어?
>
> 정　호: 걔가 먼저 짜증을 내서 제가 소라 목을 졸랐어요.
>
> 상담자: 그랬더니 어떤 일이 일어났니?
>
> 정　호: 옆에 있던 지영이가 저한테 "야!" 하고 소리를 지르고 저를 때렸어요. 소라도 저를 때렸고요.
>
> 상담자: 정호가 소라 목을 졸랐더니 소라랑 지영이가 같이 정호를 때렸구나.
>
> 정　호: 그냥 놀고 싶어서 그린 건데 친구들이 제 마음을 몰라주니까 답답하고 화가 났어요.
>
> 상담자: 마음을 이해받지 못해 속상했구나. 그래서 어떻게 했어?
>
> 정　호: 그때 엄청 화가 나서, 저도 지영이랑 소라를 때렸어요.

## 7) 현재의 행동이 욕구 성취에 도움이 되는 정도 평가하기(E)

타인의 권리를 침해하거나 타인과의 관계를 손상시키지 않으면서 자신의 욕구를 효율적으로 성취시키는 행동을 취하도록 내담자를 이끄는 것이 현실치료에서 추구하는 변화다. 욕구 성취라는 관점에서 현재 행동의 효율성을 평가할 때, 내담자는 자신의 행동을 변화시킬 필요성을 깨닫게 된다. 정호는 자신이 소라와 지영이에게 취한 행동이 이들에게 존중받고자 하는 욕구를 성취하는 데에 도움이 되는 정도를 평가하며 자신이 달라져야겠다고 생각했다.

> 상담자: 소라랑 지영이에게 존중받고 싶다고 했는데, 말없이 사탕을 가져온다거나 친구를 때리는 것이 친구에게 존중받는 데에 어떻게 도움이 되는지 궁금하구나.
>
> 정　호: 도움이 안 되죠.
>
> 상담자: 왜 그렇지?
>
> 정　호: 그냥 싸우게 되니까요.
>
> 상담자: 조금 더 차근차근 생각해 보자. 정호가 같이 놀고 싶은 마음에 사탕을 가져갔을 때 소라는 어떤 생각을 했을까?
>
> 정　호: '왜 사탕을 가져가지?' 하고 생각했을 것 같아요.
>
> 상담자: 그리고 소라는 어떤 기분이었을까?
>
> 정　호: 속상하고 화도 났을 것 같아요.
>
> 상담자: 그럼, 정호가 목을 졸랐을 때 소라는 마음이 어땠을까?
>
> 정　호: 사탕을 빼앗겨서 억울하고 화가 났을 것 같아요.
>
> 상담자: 그걸 옆에서 지켜보던 지영이는 어떤 생각을 했을까?
>
> 정　호: 음, 잘 모르겠어요.
>
> 상담자: 괜찮아. 천천히 생각해 보자.
>
> 정　호: 음, '쟤가 소라를 괴롭힌다.'

상담자: 혹시 지영이가 그런 생각을 하면 정호를 존중하게 될까?

정   호: 아니요. 싫어할 것 같아요.

상담자: 소라의 입장도 생각해 보자. 이런 일이 있으면 앞으로 정호를
        더 존중하게 될까?

정   호: 아니요. 더 무시할 것 같아요.

상담자: 그러니까 놀고 싶을 때 말없이 사탕을 가져온다거나 친구를
        때리는 것이 아무런 도움이 되지 않았다는 말이구나.

## 8) 욕구 성취를 위한 계획 세우기 및 연습하기(P)

현재의 행동이 욕구 성취에 도움이 되지 않는다는 것을 분명히 인식했다
면, 그다음 단계는 욕구 성취를 촉진하는 행동을 찾고 이를 수행할 계획을 세
우는 것이다. 새로운 행동을 실제로 수행하기 전까지는 그것이 얼마나 도움
이 될지를 정확히 알 수 없겠지만, 새로운 행동이 가져올 긍정적 결과를 내담
자와 함께 예측해 보며 보다 나은 계획을 만들어 나간다. 결과를 예측하고 행
동하는 것은 정호와 같이 외현화 문제를 가진 아동들에게 가장 결핍된 기술
이다. 따라서 욕구 성취를 위한 계획을 세우는 과정 자체가 이 기술을 연마하
는 좋은 연습이 된다.

상담자: 정호야, 선생님이 곰곰이 생각해 봤는데 잘 들어봐.

정   호: 네.

상담자: 친구들에게 존중받으면서 마음을 표현하는 방법을 오늘 함께
        찾아보면 어떨까?

정   호: 네. 좋아요.

상담자: 이 방법을 찾으면 정호에게 어떻게 도움이 될까?

정   호: 친구랑 싸우지 않고 같이 놀 수 있어요.

상담자: 그리고 또 어떻게 도움이 될까?

정  호: 애들한테 존중받을 수 있어요.

상담자: 잘 알고 있구나. 그럼 오늘 이야기해 준 상황을 생각해 보자. 소라랑 놀고 싶을 때 말없이 사탕을 가져오는 대신 무엇을 어떻게 하면 소라가 정호를 존중하는 마음을 가질까?

정  호: 같이 놀고 싶다고 말해야 할 것 같아요.

상담자: 그렇게 말하는 것이 어째서 도움이 되지?

정  호: 말을 해야 마음을 알 수 있잖아요.

상담자: 그렇지. 같이 놀고 싶은 마음을 존중받으려면 어떤 식으로 말을 해야 할까?

정  호: 친절하게요.

 욕구 성취에 도움이 될 것으로 예상하는 행동을 찾아내었다 하더라도 이것이 곧바로 실천으로 이어지는 것은 아니다. 평소에 하지 않던 행동을 하는 것은 누구에게나 어색하고 어려운 일이다. 새로운 행동을 회기 중에 연습하고 피드백을 제공하는 과정을 여러 차례 반복할수록 실천 가능성이 커진다. 내담자가 마주할 가능성이 큰 문제 상황들을 알고 있다면, 각 상황에서 새로운 행동을 시도하는 연습을 하는 것이 좋다. 정호와 같이 또래관계의 갈등이 두드러진 사례에서는 문제 상황을 해결하는 역할극을 진행하는 것도 좋은 연습이 된다.

상담자: 좋은 생각이야. 내가 친절하게 말하면 상대방도 나를 존중할 마음이 생길 거야. 선생님을 소라라고 생각하고 친절하게 말해 볼까? 먼저 "소라야~." 하고 이름을 불러 보자.

정  호: 헤헤. "소라야~."

상담자: 친절하게 놀자고 말해 보자.

정　호: "나랑 같이 놀자."

상담자: 음……. 조금 거친 느낌이 든다. 녹음해서 같이 확인해 보자. 다시 한번 놀자고 말해 볼래? (스마트폰으로 녹음한다)

정　호: "소라야, 나랑 놀자."

상담자: 녹음을 들어 볼까? (녹음을 재생한다) 목소리가 어떻게 들리니?

정　호: 좀 어색해요. 무뚝뚝하고요.

상담자: 선생님도 그렇게 들리는구나. 좀 더 부드럽고 즐거운 마음을 담아서 말해 보자. 선생님이 해 볼 테니 어떻게 들리는지 말해 줘. "소라야, 지금 뭐 해? 나랑 같이 놀자."

정　호: 제가 말하기엔 좀 어색한데……. 상대방이 같이 놀고 싶어질 것 같아요.

상담자: 이전에 하지 않던 것을 하려고 하면 누구나 어렵고 어색한 법이란다. 자꾸 하다 보면 익숙해지는 것이지. 다시 연습해 보자. 이번엔 지영이에게 놀자고 말해 볼까?

정　호: "지영아, 지금 뭐 해? 나랑 같이 놀자."

상담자: 훨씬 나아진 것 같아. 조금 더 밝은 목소리로 이번에는 준서한테 피구 하자고 말해 볼까?

정　호: "준서야, 지금 뭐 해? 나랑 피구 할래?"

상담자: 훨씬 밝아졌는걸. 이번엔 녹음하면서 말해 보자. 시환이한테는 점심시간에 축구를 하자고 말해 볼까?

정　호: "시환아~ 오늘 점심시간에 나랑 축구하자."

상담자: 아주 잘했어. 아까 녹음한 것과 지금 녹음한 목소리를 비교해 보자. (녹음을 재생한다) 느낌이 어떻니?

정　호: 아직 어색하긴 한데 처음보단 친절하게 들려요.

상담자: 이번에는 응용 연습을 해 보자. 소라가 가져온 사탕이 먹고 싶을 땐 어떻게 말하면 좋을까?

정  호: "소라야~ 사탕 한 개만 줄래?"

상담자: 아주 잘했어. 소라가 정호한테 사탕을 주고 싶은 마음이 더
　　　　많이 생기도록 조금 더 말을 추가해 보자.

정  호: "소라야~ 사탕 맛있겠다. 나도 하나 줄래?"

상담자: 처음인데도 정말 잘했어. 앞으로는 더 잘하게 될 거야. 존중
　　　　받는 방법 한 가지는 친절하게 마음을 표현하는 것이지. 존중
　　　　받는 내 모습을 지난 시간에 만든 표에 추가해서 적어 볼까?

정  호: 네. 좋아요.


　정호는 주로 자기가 원하는 무엇인가를 들어 달라고 또래들에게 요구하는
과정에서 갈등을 겪고 있었다. 또래들 역시도 원하는 것이 있으므로 항상 정
호의 요구에 응할 수는 없다. 새로운 행동을 시도해도 원하는 결과를 얻지 못
할 때의 불편감을 견뎌 내는 역량, 즉 좌절 감내력은 정호가 또래들과 좋은
관계를 맺기 위해 성장시켜 나가야 하는 역량이다. 따라서 상담 시간에 좌절
에 대비한 계획을 함께 세워 두는 것이 좋다.


상담자: 그런데 마음을 친절하게 표현했는데도 상대방이 거절하면 어
　　　　쩌지?

정  호: 친절하게 말했는데 그러면 완전 짜증나죠.

상담자: 짜증이 나기는 하지만 친구에게 존중받으려면 어떻게 하는
　　　　것이 좋을까?

정  호: 그럼 다음에 놀자고 말해요.

상담자: 정말 좋은 생각이야. 어떻게 이런 생각을 했지?

정  호: 그 친구가 바쁠 수도 있고 놀고 싶지 않을 수도 있으니까요.

상담자: 상대방의 상황까지 배려하다니 정호가 생각이 깊구나.

정  호: 헤헤.

상담자: 혹시 사탕을 달라고 했는데 소라가 싫다고 하면 어떡하지?

정　호: 엄청 짜증나죠. 지영이한테는 맨날 주면서 저한테는 안 주는 거니까요.

상담자: 정호한테도 사탕을 나눠 주면 참 좋을 텐데. 서운할 거야. 짜증나고 서운하지만 그래도 친구한테 존중받는 멋있는 정호가 되려면 어떻게 하면 좋을까?

정　호: 어려워요…….

상담자: 멋진 아이언맨이라면 이럴 때 어떻게 했을까?

정　호: "그렇군." 하고 그냥 쿨하게 넘어갔을 것 같아요.

상담자: 아이언맨처럼 쿨하게 넘어가면, 사탕을 빼앗거나 짜증을 부리는 것보다 존중받게 될까?

정　호: 그럴 것 같아요. 짜증 부리면 애들이 "쟤 또 왜 저러냐?"라고 하면서 무시해요.

상담자: 세상엔 내 마음대로 되지 않는 일도 있지만 그럴 땐 정호 말처럼 쿨하게 넘어가는 게 멋진 모습이겠구나. 선생님도 정호한테 한 수 배웠다.

다른 회기에서 다룬 내용이기는 하지만 정호가 특히 어려워하던 상황도 함께 살펴보자. 정호는 자신의 욕구를 주장하는 것은 어느 정도 할 수 있게 되었지만, 타인의 욕구를 배려해서 양보하는 일이 드물었다. 또래와 욕구가 대립하는 상황을 역할극으로 진행한 것을 다음과 같이 소개한다.

상담사: 수업시간에 연극을 하는데 아까 그렸던 것처럼 정호가 하고 싶은 역할이 있어. 그럴 때 친구들에게 어떻게 말하면 서로 다투지 않고 정호가 존중받을 수 있을까? 선생님이 준서 역할을 할게. 해 볼 수 있겠어?

정 호: 네.

상담자: 자, 그럼 시작할게.

"정호야 넌 무슨 역할할 거야?"

정 호: "나? 농부!"

상담자: "아니야, 내가 할 거야."

정 호: "나도 하고 싶으니까 네가 양보해 줘."

상담자: "싫어. 농부는 내가 할 테니까 너는 다른 역할을 해 봐!"

정 호: (웃으며) 이럴 때는 어떻게 해요?

상담자: 친구랑 하고 싶은 게 똑같을 때는 왜 하고 싶은지 이유를 잘 말해 보자.

"넌 왜 농부가 하고 싶은데?"

정 호: "나는 그냥 농부가 마음에 들어서 그래. 하고 싶은 게 그거밖에 없어. 네가 다른 걸 하면 되잖아? 네가 양보를 해 주면 좋겠어."

상담자: 아주 잘 말해 주었어. 그런데 준서가 계속 자기가 농부를 하겠다고 하면 어떻게 하지?

정 호: 한 대 때려 줄까요? 헤헤.

상담자: 폭력을 쓰면 당장은 원하는 것을 얻을 수 있을지 몰라. 하지만, 앞으로 준서가 정호를 존중해 줄까?

정 호: 저를 싫어할 것 같아요.

상담자: 준서에게도 농부를 하고 싶은 이유가 있겠지? 준서에게 한번 물어 보자.

정 호: "준서 너는 왜 농부가 하고 싶어?"

상담자: "나도 너처럼 그냥 농부 역할이 하고 싶어서 그래. 네가 이번에 양보해 주면 다음에는 내가 양보해 줄게."

정 호: …….

　　정호는 원하는 것을 계속 주장할 수도 있고 친구에게 양보할 수도 있다. 중요한 것은 정호의 가장 큰 욕구, 즉 또래들에게 존중을 받고자 하는 바람의 성취에 어느 것이 더 도움이 되는지를 정호 스스로 판단하고 행동하도록 돕는 것이다. 이러한 갈등은 앞으로의 또래관계에서 정호가 자주 마주하게 될 상황이다.

　　상담자: 이렇게 두 사람 중에서 한 사람만 가질 수 있는 것이 있을 때, 어떻게 행동하는 사람이 나중에 친구들에게 존중받게 될까?

　　정　호: 양보하는 사람……. 그런데 저도 하고 싶단 말이에요.

　　상담자: 정호는 두 가지 행동 중에서 하나를 선택할 수 있어. 하나는 준서와 싸우며 내가 원하는 것을 계속 주장하는 것이고, 다른 하나는 나도 무척 하고 싶기는 하지만, 친구가 많이 원하니까 가끔씩 양보하는 거야. 둘 중에서 어떤 행동을 하면 친구들이 정호를 더 존중해 줄까?

　　정　호: 가끔씩 양보를 하면요.

　　상담자: 정호는 친구들이 정호를 존중해 주기를 바라니?

　　정　호: 네.

　　상담자: 지금 '농부 역할을 하는 것'과 '친구들이 존중해 주는 것' 중에 어느 것이 정호에게 더 중요한 일인지 궁금하구나.

　　정　호: 애들이 절 존중해 주는 거요.

　　상담자: 그렇다면 준서에게 뭐라고 말할 수 있을까? 다시 상황극으로 돌아가 보자.

　　정　호: "그래, 준서 네가 농무를 많이 하고 싶어 하니까 이번에는 내가 양보해 줄게."

　　상담자: "고마워, 정호야!"
　　　　　　정호의 모습이 정말 의젓하구나.

다시 두 번째 회기로 돌아오자. 욕구 실현을 위한 행동을 계획하고 좌절에 대비한 계획까지 만들었어도 여전히 계획 수행을 방해하는 요소가 남아 있을 수 있다. 이를 확인하고 대책을 세워 두면 계획 실천 가능성을 더욱 높일 수 있다.

상담자: 그런데, 이것을 실천할 때 혹시 어려운 부분이 있을까?

정  호: 거절당하면 기분이 나빠서 짜증을 부릴 것 같아요.

상담자: 기분이 너무 나빠서 다음에 놀자는 말 대신 짜증이 나오려고 하면 어떡하지?

정  호: 그럴 땐 어떻게 해요?

상담자: 중요한 것은 상대방의 기분을 상하지 않게 하면서 정호도 그 사람에게 존중받는 것이란다. 천천히 생각해 보자.

정  호: 음, 잘 모르겠어요.

상담자: 그럴 땐 아무 말도 하지 말고, 숨을 깊게 들이쉬었다가 천천히 내쉬면서 마음속으로 아이언맨이 정호에게 "편안~하다." 라고 말하는 것을 상상해 보자. 기분이 좀 나아질 때까지 말이야. 지금 한번 연습해 볼까? 자아, 정호가 좋아하는 아이언맨의 모습과 '편안하다'를 떠올리면서, 숨을 깊게 들이쉬고 천천히 내쉬고 또 깊게 들이쉬고 천천히 내쉬면서 "편안~하다."

정  호: (크게 심호흡을 한다)

상담자: 정호 표정이 밝아지는 것 같은데, 어떻게 된 거야?

정  호: 아이언맨을 생각하니까 기분이 좋아져요.

상담자: 효과가 있을 것 같니?

정  호: 화날 때 한번 해 볼게요.

상담자: 화가 났던 그 장면으로 돌아갔다고 상상하며 효과를 시험해

볼까? 눈을 감고 소라랑 지영이하고 다퉜던 그 장면을 떠올려 보자. 장면이 생생하게 떠오르고 분노가 느껴지면 고개를 끄덕여 줘.

정　호: 네. (잠시 후 고개를 끄덕인다)

상담자: 계속 눈을 감은 채로 이제 심호흡을 시작하자. 숨을 내쉴 때 아이언맨이 "편안~하다."고 말해 주는 모습을 떠올리자. 선명하게 아이언맨의 모습이 보이면 고개를 끄덕이자.

정　호: (잠시 후 고개를 끄덕인다)

상담자: 아이언맨을 계속 떠올리면서 심호흡을 깊게 해 보자. 숨을 들이쉬고 천천히 내쉬고 마음이 편안해질 때까지 계속해 보자. (잠시 후) 마음이 충분히 진정되었으면 눈을 떠도 괜찮아.

정　호: (눈을 뜬다)

상담자: 지금 기분이 어떠니?

정　호: 마음이 차분해진 것 같아요.

회기 중에 계획을 세웠어도 잘 정리해서 적어 두지 않으면 잊어버리기 쉽다. 정호의 사례에서는 첫 회기부터 '나의 바람이 실현되었을 때의 나와 친구들의 모습'이라는 제목의 표를 만들었다. 이것은 정호가 바라는 자신과 타인의 모습임과 동시에 이를 실현하기 위한 계획이다. 이 표를 출력해서 눈에 띄는 곳에 붙여 두고 수시로 살펴보면 자연스럽게 계획 실천 가능성을 높일 수 있다.

상담자: 좋아. 이것도 선생님이랑 같이 표에 정리해 보자. 놀고 싶을 때는 어떻게 한다?

정　호: 친절하고 밝게 놀자고 말해요.

상담자: 상대방이 거절하면?

정　호: 다음에 놀자고 해요.

상담자: 정호의 부탁을 안 들어주면 어쩌지?

정　호: 쿨하게 넘어가요.

상담자: 너무 화가 나면?

정　호: 심호흡을 하면서 아이언맨을 떠올려요.

현실치료에서는 계획을 수립한 다음에 실천 의지를 확인하고 긍정적 결과를 예측하는 절차를 밟는 경우가 많다. 동기를 상승시켜서 계획 실천 가능성을 높이는 장치다.

상담자: 친구들에게 존중받는 방법 세 가지를 생각해 내었구나. 정호는 이것을 실천할 마음이 얼마만큼 있지? 숫자로 표현해 보자. 0점은 '절대 안 할 거야'이고, 100점은 '무슨 일이 있어도 할 거야'라는 마음이야.

정　호: 한 70점 정도요.

상담자: 70점이면 꽤 높은 점수인 것 같은데, 0점과 비교해서 어떤 점이 다른 거야?

정　호: 좀 어색해서 하기 싫어도 그래도 그냥 하는 거요.

상담자: 어색하고 하기 싫어도 꾸준히 실천하면 어떤 결과가 생길까?

정　호: 애들이 절 존중해 줘요.

상담 성과

## 1) 검사 점수의 변화

상담 시작 전 어머니가 작성한 K-CBCL에서 T점수 60점 이상이던 문제 중

후군 척도의 점수가 10회의 상담이 진행된 후 모두 정상범주로 내려갔다. 위축과 주의집중 문제는 50점이 되었으며, 사회적 미성숙은 57점이었다. 종결 직후 측정된 정호의 CDI는 14점, TAIC는 9점으로 나타나 우울과 불안 모두 정상적인 수준이었다.

## 2) 내담자의 주관적 보고 및 상담자의 관찰

정호의 이야기에 따르면, 또래들과 싸우는 횟수가 줄어들었으며 함께 노는 횟수가 늘어났다. 상담을 받으며 자신의 행동을 바꾸자 또래들이 자신을 대하는 태도가 달라지는 것이 신기하고 그래서 전보다 많이 웃게 되었다고 말했다.

정호의 담임교사인 상담자는 정호의 학교생활을 관찰하며 감정과 행동의 현저한 변화를 관찰할 수 있었다. 또래와 다투고 교사에게 반항하는 일이 줄어든 반면, 표정이 밝아지고 또래들에게 자신의 감정과 생각을 말로 표현하려 애쓰는 모습이 자주 관찰되었다. 가장 인상적인 변화는 정호가 또래들을 도우려 나서는 것이었다. 이타적인 행동은 상담을 받기 전 정호의 모습에서 상상하기 어려운 것이었다.

## 5. 대안적 접근: 행동수정

정호는 친구들과의 갈등, 거친 분노표출 행동, 부주의한 수업태도, 반항, 비위생, 잦은 분실 등 여러 가지 문제를 복합적으로 가지고 있는 아동이다. 현실치료를 통해 '존중받는 것'을 원하고 있음을 파악하고, 친구들로부터 존중받을 수 있는 상호작용을 스스로 확대해 나갈 수 있도록 조력하는 과정을 살펴보았다. 정호의 주된 부적응 영역이 친구와의 갈등인 만큼 친구들과의 상호작용 행동에서의 변화가 중심이 되었다. 정호와의 상담에서 '욕구 실현을 위한 행동을 계획'하고 실천하는 과정을 촉진하는데, 이러한 행동변화를 보다 효과적으로 촉구하고 유지하기 위해 행동수정을 적용해 볼 수 있을 것이다. 행동수정에서는 행동의 변화를 위해 강화 체제를 적용한다는 점이 가장 큰 특징이라고 할 수 있으므로, 행동을 변화시켜 볼 것(새롭게 해 볼 행동, 빈도를 높일 행동)을 서로 합의하고 과제를 주고 과제를 체크하는 정도에서 나아가 강화 체제를 적용해 볼 수 있다. 즉, 행동수정 과정을 현실치료에서의 행동 변화에 적용해 볼 수 있을 것이다. 여기에서는 대안적 접근으로 행동수정을 선택하여 처음부터 행동수정을 중심으로 정호 사례에 접근을 한다면 어떻게 진행될 수 있을지 알아보려고 한다. 행동수정의 일반적인 절차인 '행동수정 합의 → 목표행동 구체화 → 기초선 측정 → 행동계약서 작성(목표행동 설정 및 강화계획 수립) → 행동수정 프로그램 실시 → 평가와 추수지도'의 단계에 따라 진행될 상담 과정을 예상해 보면 다음과 같다.

## 1) 행동수정 합의

정호는 스스로 친구와 잘 지내고 싶은 마음이 많다. 첫 회기 시작 전 호소문제 파악 단계에서 정호는 '친구들이랑 싸운다(5점)' '친구들이 놀린다(4점)' '친구들이 안 놀아 준다(4점)' '친구들이 나를 짜증나게 한다(3점)' '주희(쌍둥이 누나)랑 싸운다(3점)' 등을 가장 고민되는 것으로 보고했다. 이런 고민들이 해결되려면 친구들이랑 싸우지 않고 잘 지내야 하는데, 행동수정 접근에서는 정호의 어떤 행동이 달라져야 하는지에 초점을 두고 이야기를 나누게 될 것이다. 친구들과 사이좋게 지내고 싶지만 실제로는 친구들이 싫어하는 행동을 많이 하게 되는 습관에 초점을 둘 것이다. 그리고 친구들이 싫어하는 행동을 적게 하거나 좋아하는 행동을 더 많이 하는 습관을 새로 만들어 보는 것을 돕는 과정으로서의 행동수정을 소개하면서 합의 과정을 이끌 수 있다.

행동수정에서는 아동이 가진 문제를 행동의 문제로 보고, 관찰 가능한 행동의 변화를 목표로 설정한다. 아동의 문제를 개선하기 위해 인지적 변화나 정서적 변화에 초점을 두기보다는 행동의 변화에 초점을 두기 때문에 눈으로 관찰 가능한 행동적 용어로 목표를 정의해야 한다. 정호의 문제 중 관찰이 가능한 행동으로 표현된 내용은 다음과 같다. 남은 음식을 가방에 넣어 둠, 물건을 던짐, 친구를 때림, 사과하지 않음, 놀이규칙을 어김, 과제에 참여하지 않음, 책이나 공책에 낙서를 함, 과제를 제시간에 마치지 못함, 준비물을 챙겨 오지 않음, 자기 물건을 잃어버림. 이와 같이 모든 부적응적 행동이 파악되었고, 드물게 나타나기는 하지만 '또래들을 돕고자 하는 마음에서 하는 행동'이 있다. 이런 모든 행동을 행동수정의 목표로 삼을 수 없기 때문에, 이 가운데 정호에게 꼭 필요한 행동이 무엇인지를 찾는 과정을 거쳐야 한다. 어떤 행동이 가장 중요한가의 답은 정호가 가지고 있을 것이다. 상담자의 관찰을 통해 정호의 문제행동을 파악하긴 했지만, 이 목록은 상담의 참고 자료로 활용하고 어떤 행동에 행동수정을 적용해 볼 것인지 정하는 과정에서는 다음과 같이 정호를 적극 참여시켜야 할 것이다.

상담자: 정호야, 정호는 혹시 지금 정호가 하는 행동 중에서 좀 바꿨으면 좋겠다고 생각해 본 게 있을까?

정　호: 잘 모르겠어요.

상담자: 천천히 생각해 보면 어떨까?

정　호: 잘 모르겠어요.

상담자: 혹시 정호가 안 하려고 노력하거나 더 하려고 하는데 잘 안 되는 걸 생각해 볼까?

정　호: 음, (침묵) 사실 전 아이들 때리고 싶지 않은데 저도 모르게 때리게 돼요.

상담자: 안 때리고 싶은데.

> 정　호: 제가 그렇게 누구 때리는 나쁜 사람은 아닌데.
>
> 상담자: 그래 정호가 착한 아이라는 건 선생님이 잘 알지.
>
> 정　호: 그렇게 친구를 때리니까 나쁜 사람인 것 같고 선생님이나 친구들도 그렇게 보고. (눈물을 글썽임)
>
> 상담자: 이런 정호가 나도 모르게 친구를 때리게 되니까 많이 힘들구나. 나쁜 사람처럼 느껴지고.
>
> 정　호: 네.

　　이렇게 정호에게 충분히 생각할 시간을 주면서 스스로 바꾸고 싶은 행동을 찾는 과정이 필요하다. 특히 대부분의 아동은 바로 자신의 문제나 어려움을 잘 떠올리지 못하는데, 이때 기다리지 못하고 상담자의 관찰 내용을 먼저 말하지 않는 것이 중요하다. 침묵이 길어지면 아동에게 자신을 관찰해 볼 과제를 줄 수도 있다. 이때 상담자도 다시 관찰을 통해 긍정적 행동 목록을 작성해 활용하는 것이 좋다. 앞서 상담자가 관찰하면서 작성한 부적응적 행동 목록을 그대로 사용한다면, 정호는 교사로부터 부정적 평가를 받고 있다고 느낄 수 있어 상담관계 형성을 방해하게 될 것이다.

　　문제행동을 구체화하는 단계에서 한 가지 더 고려할 점이 있다. 행동수정의 목표는 바람직한 행동의 증가와 바람직하지 못한 행동의 감소 두 가지가 모두 가능하다. 그런데 가능한 바람직하지 못한 행동을 하지 않거나 감소시키는 목표보다는 바람직한 행동을 향상시키는 목표를 설정하는 것이 권장된다. 따라서 아동이 가진 바람직한 행동을 찾도록 하고, 그것이 어렵다면 아동의 바람직하지 못한 행동(문제행동)과 동시에 발생할 수 없는 상반행동을 찾아 그 상반행동의 증가를 목표로 설정하는 것이 좋다. 두 가지가 모두 어렵거나 현재의 문제행동이 아동 자신 또는 타인에게 많은 피해를 입히는 경우 문제 행동 자체의 감소를 목표로 삼는다.

　　이와 같은 원리에 입각해 어떤 행동을 변화시킬 것인지에 대해 정호와 이야기를 나눠 봐야 할 것이다. 이를 위해 정호에게 스스로의 행동에 대해 어떻게 생각하는지, 어떤 행동을 바꿔 보면 좋을지, 지금까지 어떤 노력을 해 봤었는지 이야기를 나눌 수 있다.

상담자: 그럼 정호야, 혹시 안 때리려고 노력을 해 본 적은 있니?

정　호: 잘 안 돼요. 때릴 때는 저도 모르게 그렇게 되거든요. 다음부터는 그렇게 안 하겠다고 마음은 먹지만.

상담자: 그렇구나. 그냥 '안 때려야겠다'고 다짐을 하는 건 효과가 없다는 거네.

정　호: 맞아요.

상담자: 그럼 우리가 다른 방법을 찾아봐야 할 것 같구나.

정　호: 어떻게요?

상담자: 만약에 정호가 친구를 때리는 나쁜 아이가 안 되기 위해서 친구에게 다르게 행동하는 착한 아이가 되면 어떨까?

정　호: 양보하는?

상담자: 그렇지. 또 어떤 게 있을까?

정　호: 도와주는?

상담자: 정호가 평소에 친구들한테 잘하고 있는 행동을 좀 더 많이 해 보는 건 어때?

정　호: 그럼 친구들이랑 사이가 좋아질 것 같아요. 그럼 싸우지 않으니까 안 때리겠죠. 그런데 제가 잘할 수 있을지 모르겠어요.

상담자: 그래서 선생님이랑 같이 하는 거지.

정　호: 네, 좋아요.

## 2) 목표행동 구체화

앞 단계를 통해 정호와의 행동수정을 문제행동 감소가 아니라 친구들에게
하는 친사회적 행동을 증가시키는 것으로 정할 수 있었을 것이다. 현실치료
에서도 친구들에게 친사회적 행동을 늘려 나가는 것을 목표로 해 개입했는
데, 3회기부터 '정호가 취한 친사회적 행동'을 기록하는 과제를 주었다. 행동
수정에서는 스스로 바람직한 행동을 해 보려고 노력하고 그것을 기록하는 것
에 그치는 것이 아니라, 해야 할 바람직한 행동을 구체적으로 설정하고 의도
적으로 그 행동을 더 하기 위해 노력할 수 있도록 강화 체제를 활용한다.

행동수정을 적용하기 위해 '친구들에게 친사회적 행동하기'라는 목표행동
을 관찰 가능하고 더 나눌 수 없는 작은 단위의 행동으로 구체화·세분화하는
단계로 넘어간다. 즉, 아동의 행동을 개별 동사로 기술하고 기록이 가능한 행
동으로 표현해야 한다. '친구에게 잘하는' 또는 '착한 아이가 하는'을 동사로 표
현하면 정호가 답한 '양보하는' '도와주는'이 되는데, 여전히 관찰하고 기록하
기에 너무 큰 행동들이다. 그래서 누구라도 정확하게 이해할 수 있고, 더 이상
작은 단위로 나눠 빈도나 지속시간을 기록할 수 있는 행동으로 세분화해야 한
다. 예를 들면, 정호의 경우에는 '친구에게 먼저 말 걸기' '등교할 때 인사하기'
'친구의 이야기 끝까지 듣기' 등으로 세분화하는 것이 가능하다. 가능한 목표
를 한 가지 행동으로 실시하는 것이 좋기 때문에 이 가운데 '등교할 때 인사하
기'를 목표행동으로 정했다고 가정해 보고 이후 단계를 살펴보고자 한다.

## 3) 기초선 설정

목표행동을 구체화·세분화한 다음에는 정확한 관찰법을 선택해 일정한
기간 관찰하고 기록하는 기초선 설정 단계로 넘어간다. 아무런 처치를 하지
않은 상태에서 현재 행동이 일어난 횟수나 지속시간 혹은 발생률을 그래프에

그려 보는데, 실제로 이 행동을 어떤 정도로 변화시킬 것인가라는 행동수정 계획의 기초 자료이고 이후 얼마나 변화하는가를 정확하게 비교해 볼 수 있는 자료로도 사용된다.

정호의 경우, '등교할 때 인사하기'를 목표로 정했으므로 매일 등교할 때마다 몇 명과 인사를 나누는지 일주일 내외로 기록해 볼 수 있다. 이때 누구에게 인사하는 것까지 포함시킬 것인지, 어디에서 인사하는 것까지 포함시킬 것인지, 누가 관찰하고 누가 기록할 것인지 정해야 한다. 정호는 집에서 나와서 교실에 도착해 자리에 앉을 때까지 만난 사람 중 정호가 먼저 인사를 한 사람을 모두 기억해 기록한 다음 담임교사에게 제출하는 것으로 정할 수 있다. 이 과정을 통해 어떤 장면에서 인사가 잘되고 있고 어떤 장면에서 그렇지 않은지 알 수 있고, 관찰과 기록이 용이한지도 알 수 있다. 교실에 들어와서 친구들과 인사를 나누는 행동은 교사도 함께 관찰한 다음 정호가 보고한 내용과 비교하면 관찰의 정확도도 확인할 수 있다. 또한 이 자료를 바탕으로 실제 행동수정 계획을 세우는 방향 설정에도 도움이 될 것이다.

## 4) 행동계약서 작성

기초선 파악이 완료되면, 행동수정의 목표를 수량화하고, 언제 어떤 강화물을 제공할 것인지를 구체화해 행동계약서를 작성하는 단계로 넘어간다. 등굣길 인사 빈도를 기억해 담임교사에게 보고하는 것과 교실에 들어와서 친구들과 인사를 나누는 것을 교사가 관찰하는 것의 두 가지 기초선 자료를 비교해 어떤 행동을 목표로 설정할 것인지 정호와 함께 결정해야 할 것이다. 정호가 초등학교 3학년으로 아직 어리고 스스로 행동을 관찰하고 보고하는 것이 어려울 수 있다는 점을 고려해 교사 관찰방법이 선택될 가능성이 높을 것이다.

다음으로 목표를 수량화하는데, 목표를 세울 때는 아동이 크게 노력을 하지 않아도 도달할 수 있을 정도로 쉬운 목표에서 출발하는데, 기초선 측정의 평균값 정도가 출발점 목표로 적절하다. 교실에 들어와서 정호가 친구에게 먼저 인사하는 횟수가 평균 1.2로 나왔다면 '한 명에게 인사하기'를 첫 번째 목표로 설정하는 것이다. 그리고 최종적으로 몇 명과 인사를 하는 게 좋을지도 정하는데, 친하게 지내고 싶은 4명 정도가 목표가 될 수도 있고 10명처럼 더 많이 설정할 수도 있다. 최초 목표와 최종 목표를 정하면 중간단계 목표를 정하는데, 4명이 최종 목표라면 1명씩 늘려 가는 정도가 적절할 것이고, 10명이라면 2명씩 늘려 가는 중간단계 목표가 설정될 것이다.

행동수정은 강화계획 체제를 통해 행동변화를 촉진하므로, 목표를 달성했을 때 제공하는 강화물을 정하는 것이 행동계약서 작성을 위해 가장 중요한 부분이다. '등교할 때 인사하기'는 하루에 한 번 실천하는 행동으로 목표를 달성할 때마다 강화물을 제공하는 것이 가능한데, 보다 좋은 강화물을 받기 위해 몇 회 이상 목표를 달성했을 때 강화물과 교환하는 토큰 강화계획을 세울수도 있다. '등교할 때 인사하기' 목표를 달성할 때마다 정호가 좋아하는 '초콜릿'을 매번 주는 방식도 가능하고, 목표를 달성할 때마다 점수를 부여하고 일정 점수가 쌓이면 '과자 1봉지, 필통, 동화책 1권, 가족 외식' 등으로 강화물을 제공할 계획을 세울 수 있을 것이다. 이렇게 토큰 강화계획을 적용할 경우 토큰을 강화물로 바꾸는 데 너무 많은 시간이 걸리지 않도록 주의해야 한다. 적어도 행동수정 프로그램이 시작된 지 2~3일 내에는 모은 토큰으로 강화물을 교환할 수 있도록 하는 것이 좋다.

## 5) 행동수정 실시와 종결

행동계약서를 작성하고 기록과 강화물 제공에 대한 준비를 마치면 행동수정 프로그램이 본격적으로 시작될 것이다. 행동수정은 기록과 관찰을 체계적으로 해 스스로 행동변화를 목격할 수 있다는 점과 그 행동변화에 대한 강화를 제공해 행동변화 동기를 높인다는 장점을 갖는다. 이러한 변화 기제가 잘 작동할 수 있도록 하면서, 일반적인 행동수정의 절차(황매향, 2016a)를 따라 행동수정을 실시하고 종결하고 추수점검을 실시하게 될 것이다.

정호의 사례라고 해서 그 과정에서 특별히 다르게 접근해야 할 사항은 별로 없다. 다만, '등교할 때 인사하기'는 하루에 한 번 등교 시에만 일어나는 일이므로 관찰과 기록, 점검을 방과 후에 하기보다는 등교 시 바로 이루어지는 것이 좋다. 즉, 행동이 일어났을 때 즉시 강화한다는 효과적 강화의 원리가 적용될 수 있도록 해야 한다. 변화가 더디거나 너무 빠를 경우 단계별 목표나 강화물을 변경에 대해 이야기를 나누고 행동계약서를 다시 작성해 적용해야 할 것이다. 또한 순조롭게 잘 진행될 때에도 긍정적 행동을 늘리기 위해 정호는 어떤 노력을 하는지와 또래관계에서 어떤 효과를 발휘하는지에 대한 이야기를 꾸준히 나누어 행동변화를 내면화하고 일상생활 속에서 실천할 수 있도록 돕는 것을 잊지 않아야 할 것이다. 담임교사가 상담을 맡을 경우 평소 관찰이 가능하기 때문에 수시로 관찰한 내용을 피드백할 수 있을 것이다. 상담자가 직접 정호의 일상을 관찰하기 어려운 경우, 정호의 보고를 통해 정호 스스로 자신의 변화를 인식하고 자신의 노력을 알아차릴 수 있도록 도울 수 있다.

제5장

# 폭력을 사용하며 군림하는 아동

초등학교 6학년 남학생인 재민이는 반의 모든 아이가 무서워하는 대상이다. 재민이는 급식 시간에 반 친구들의 급식을 빼앗아 먹기도 하고 마음에 안 들면 욕을 하고 침을 뱉기도 한다. 최근 교실에서 담임교사가 없는 시간에 재민이가 자신과 어울리는 승현이에게 반의 한 아이와 싸우도록 한 일이 발생하면서 상담에 의뢰되었다. 재민이는 승현이가 자신의 물을 마음대로 마셔서 화가 나서 그랬다고 하면서 별다른 미안함이나 반성의 태도를 보이지 않았다.

이 장에서는 재민이에게 현실치료 접근을 사용한 과정을 소개하고, 대안적 접근으로 회복적 정의를 적용한 학급 단위 개입을 제시한다.

재민이는 또래에 비해 체격이 크고 싸움을 잘하는 편이다. 학급에는 재민이와 어울려 다니는 남학생이 2명 있는데, 주로 이 아이들을 시켜서 학급의 다른 아이들을 괴롭히고 당사자가 싫어하는 일을 하도록 지시하는 경우가 많다. 재민이는 반 친구들의 급식을 뺏어 먹거나 기분이 상하면 욕을 하고 침을 뱉기도 해서 담임교사에게 여러 번 야단을 맞았다.

최근에는 운동장에서 체육활동을 하고 교실로 먼저 들어온 승현이(재민이와 어울리는 2명 중 1명)가 목이 말라 재민이의 물을 마셨는데, 이를 알게 된 재민이가 승현이와 다른 아이가 싸우기를 종용하면서 승현이가 싸움에서 이기면 물을 마신 걸 용서해 준다고 하였다. 승현이의 싸움의 대상이 된 아이가 멍이 들면서 싸움이 멈췄으며, 이를 알게 된 담임교사가 재민이를 상담에 의뢰하였다. 담임교사는 평소 재민이가 반의 학생들을 괴롭히고 학생들이 재민이를 무서워한다고 하면서, 상담을 통해 재민이의 싸움과 괴롭힘이 중단되기를 희망하였다.

## 1. 내담자 정보

### 1) 호소문제

상담자가 재민이에게 교실에서 일어난 일을 물어봤을 때, 재민이는 승현이가 자신의 물을 마음대로 마셔서 화가 나서 그랬다고 했으며 맞은 아이가 멍이 들 줄은 몰랐다고 하였다. 허락도 받지 않고 남의 물을 마음대로 마신 승현이가 제일 잘못한 것 아니냐며 그 일에 대해서 미안하거나 반성하는 태도를 보이지 않았다. 재민이는 이전에도 승현이를 시켜 다른 아이의 급식을 뺏어 오게 하는 등 학급의 친구들을 지속적으로 괴롭혀 왔다. 상담자가 이런 일

들에 대한 생각을 물어봤을 때 재민이는 "그냥 재미로 그랬어요. 재밌잖아
요."라고 대답하였다. 상담에서 도움받고 싶은 점을 물어봤을 때 재민이는
상담을 받으면 전학가지 않아도 된다고 해서 온 거라고 했으며, 지난번에 전
학 갔었을 때 학교도 멀어지고 친구들이 없어서 다니기 힘들었다고 하면서
또 전학을 가고 싶지는 않다고 하였다.

## 2) 내담자의 인상 및 행동 특성

상담자가 재민이를 처음 만났을 때 재민이는 또래에 비해 키도 크고 외모
도 잘생긴 편이어서 중학생 정도로 보였다. 학교폭력 문제로 상담에 의뢰된
것이 두 번째였기 때문에(첫 번째는 5학년 때 다른 상담자와 진행함) 재민이는
첫 상담에서도 낯설어하지 않았고 상담자의 질문에 대해서도 곧잘 대답하였
다. 재민이는 자신의 문제에 대해서 얘기하고 있을 때에도 줄곧 웃거나 별일
아니라는 태도로 응답하였다. 상담에 온 이유와 관련해서 자신이 잘못했다
거나 피해자가 다쳐서 미안하다는 태도는 보이지 않았으며, 상담을 몇 회나
받아야 하는지 확인하였다.

## 3) 가족관계 및 성장 배경

재민이는 외동이며, 부모님은 함께 음식점을 운영하고 있다.

• 아버지(45세, 음식점 운영): 재민이가 어렸을 때부터 부부가 함께 식당을
  운영하였다. 식당 일이 밤늦게 끝나 집에서 재민이와 함께 보내는 시간
  이 거의 없는 편이다. 초등학교 저학년 때까지는 재민이가 잘못하면 체
  벌을 하기도 했지만, 재민이가 5학년 때 학교폭력으로 전학을 가게 된
  이후에는 체벌은 하지 않고 있으며, 그 이후에는 재민이의 교육이나 양

육에 거의 개입하지 않고 어머니에게 맡기는 편이다.

- 어머니(43세, 음식점 운영): 부부가 함께 식당을 운영하고 밤늦게 끝나기 때문에 재민이는 어렸을 때부터 방과 후에 집에서 혼자 시간을 보내는 경우가 많았다고 하였다. 재민이가 외동으로 어렸을 때부터 혼자 외롭게 자라서 친구들과 어울리는 것을 좋아하며, 남자애들끼리 어울리면서 장난으로 하는 일들을 학교에서 너무 심각하게 생각하고 재민이를 이해하지 못하고 무조건 잘못했다고 말해서 섭섭한 적이 많았다고 호소하였다. 별것도 아닌 일로 담임교사가 자주 전화하는 것에 대해 부담을 느끼고 있었다. 한 번 전학을 갔다가 현재 학교로 돌아온 만큼 재민이가 지금 학교에서 별문제 없이 졸업할 수 있기를 희망하였다.
- 재민(13세): 5학년 때 친구들을 시켜서 특정한 아이를 괴롭히게 하는 행동을 지속해서 학교폭력 대책심의위원회에 회부되었고, 심의 결과 다른 학교로 전학을 가게 되었다. 이후 그런 행동을 다시 하지 않겠다는 다짐을 하고 원래 학교로 6학년 때 다시 전학 온 상태였다. 부모님이 밤에 늦게 오셔서 어렸을 때부터 집에서 혼자 시간을 보낸 적이 많고, 학년이 올라가면서 밖에서 친구들과 어울리면서 주로 시간을 보냈다.

## 4) 심리평가

담임교사의 관찰, 상담자의 면접과 관찰, 심리검사 결과에 기반해 재민이의 심리적 특성을 다음과 같이 평가하였다.

### (1) 심리검사(문장완성검사의 일부)

- 내가 가장 무서워하는 것은 (아빠가 화내는 것이다.)
- 내가 가장 가지고 싶은 것은 (사랑이다.)
- 나를 가장 화나게 하는 것은 (무시하는 것이다.)

- 내 소원이 마음대로 이루어진다면 (엄마 아빠를 바꿀 거다.)

## (2) 심리평가

재민이의 정서적·인지적·행동적 특성을 구체적으로 보면 다음과 같다.

- 정서: 재민이는 자신의 행동에 대해서 "화가 나서"라는 표현을 자주 사용했고, 화가 나서 한 행동의 결과 타인이 곤란을 겪게 되는 상황에 대해서 "재미있다."라고 하였다. 문장완성검사에서 가장 가지고 싶은 것이 사랑이며 '엄마 아빠를 바꾸고 싶다'고 응답한 점에서 가족관계나 친구관계에서 친밀감을 경험하지 못하는 것으로 보인다. 재민이는 자신의 화에는 민감하지만 자신으로 인한 타인의 고통에 대한 민감성이나 공감은 잘 표현하지 않았으며, 자신으로 인해 친구가 피해를 입었을 때에도 미안함이나 죄책감을 표현하지 않았다.
- 인지: 친구들이 자신의 기분을 거스를 때 무시해서 그렇다고 생각하고, 자신이 '심심하다'고 생각하면 고의로 친구에게 곤란한 상황을 만들어 괴롭히는 등 자기중심적인 사고를 드러내는 경우가 많았다. 이런 자신의 행동으로 인해 학급의 아이들이 자신을 어떻게 생각할지에 대해서는 잘 인지하지 못하였다.
- 행동: 무시당했다고 느낄 때 심하게 화를 내거나 폭력을 사용하는 경우가 많다. 학급의 친구들을 대상으로 다양한 괴롭힘 행동을 나타냈는데, 급식을 뺏어 먹거나 침을 뱉거나 큰 소리로 욕을 하기도 하였다. 자신보다 힘이 약하고 재민이의 말을 잘 듣는 친구 두 명을 데리고 다니면서 친구들을 괴롭히도록 지시할 때가 많다.
- 학업: 학업 성적이 반에서 중간 정도이며, 수업시간에는 교사의 지시를 따르는 편이다.

## 2. 사례개념화

　　재민이는 외동으로 어렸을 때부터 집에 혼자 있을 때가 많았고, 학교에 다니면서 친구들과 어울려 시간을 보낼 수 있게 된 이후에는 늘 친구들과 어울리는 것을 좋아하였다. 5학년 때 학교폭력으로 전학 가게 되었을 때, 학교가 먼 것도 힘들었지만, 친구가 없어서 그 학교에서는 다니기 힘들고 재미도 없었다고 하였다. 문장완성검사 중 "내가 가장 가지고 싶은 것은 사랑이다."라는 내용은 재민이에게 사랑과 소속에 대한 욕구가 중요한 동기가 됨을 추측하게 한다. 이러한 욕구에도 불구하고 재민이의 주요한 관계를 보면 부모와의 관계에서는 아버지를 무서워하고, 엄마 아빠를 바꾸고 싶다고 하며, 또래 관계에서는 "친구가 나를 무시해서 그랬다."고 하는 등 타인에 대한 감정이나 생각이 좋은 관계를 형성하는 데에는 도움이 되지 않는 경우가 많은 것으로 평가되었다. 학급에서도 친구들을 일방적으로 괴롭히거나 놀리는 행동을 자주함으로써 친구 집단에 친밀하게 소속되는 데에는 도움이 되지 않는 방식으로 생활하였다. 따라서 상담에서는 재민이의 욕구(사랑과 소속의 욕구)를 확인하고, 현재 재민이의 생각과 행동들을 평가한 후 자신의 욕구를 충족하는 데 좀 더 도움이 되는 방식으로 행동할 수 있도록 돕는 현실치료를 개입방법으로 채택하였다.

　　한편, 재민이는 친구들을 괴롭히는 자신의 행동에 대해서 "재미있잖아요."라는 말을 할 때가 많은데 이에 따라 현실치료에서 기본적인 욕구 중 하나로 간주하는 즐거움의 욕구도 재민이의 행동에 영향을 주는 중요한 부분으로 가정하였다. 재민이가 친구관계에서 재미있어서 하는 활동들이 현실에서는 학급에서 좋은 관계를 만드는 데는 방해가 되는 경우가 많기 때문에 상담에서는 재미있는 시간을 보내면서 어떻게 동시에 사랑과 소속에 대한 재민이의 욕구가 충족될 수 있는지를 탐색하면서 방법을 찾아 나갔다.

## 3. 상담의 목표 및 전략: 현실치료

### 1) 상담목표

재민이와의 상담에서 설정한 상담목표는 다음과 같다.

- 상담에서 도움받고 싶은 내용을 구체화한다.
- 친구들과 잘 지내기 위해 도움이 되는 행동들을 인식하고 실천할 수 있다.
- 친구들을 괴롭히는 대신에 함께할 수 있는 즐거운 활동을 확인하고 적용한다.

### 2) 상담전략

상담에서는 재민이가 어떤 도움을 필요로 하는지를 먼저 확인하였다. 재민이가 도움받고 싶은 내용을 확인한 후에는 지속적으로 보이는 괴롭힘 행동을 포함한 다양한 공격행동이 자신이 원하는 것을 얻는 데 도움이 되는지를 평가하고, 공격행동 대신에 본인의 욕구를 충족하는 데 도움이 되는 행동들을 평가하고 실행해 나가도록 하였다. 재민이는 화가 난다거나 사랑이 필요하다고 하는 등 자신의 감정과 관련된 얘기는 하지만, 타인에 대한 이해나 공감능력은 높지 않았다. 따라서 상담에서는 재민이의 감정을 중심으로 상담을 진행하기보다는, 인식하기 쉬운 행동이나 인지를 중점적으로 다루면서 행동 중심의 변화 전략을 사용하는 현실치료 기법이 도움이 될 것으로 판단하고 적용하였다.

현실치료의 WDEP[욕구 탐색(W), 현재의 행동 검토(D), 현재의 행동 평가(E), 새로운 행동의 계획 및 실천(P)]를 적용하여 재민이가 학교에 잘 다니기 위해서 도움이 필요한 영역, 원하는 것을 얻기 위해 도움이 되는 행동과 해가 되는 행동의 구분, 재미를 위해서 한 행동들이 실제로 자신이 원하는 것을 얻는 데 도움이 되는지 등을 평가하고 행동 변화를 할 수 있도록 조력하였다.

## 4. 상담과정

## 1) 상담 초기

재민이는 학교폭력의 가해자로 상담을 받으라는 지시에 따라 상담에 오게 되었다. 재민이가 상담을 받으려는 동기를 가지고 온 것이 아니기 때문에 상담 초기에는 상담에서의 관계 형성, 도움받고 싶은 문제의 확인, 욕구 충족에 도움이 되는 행동의 탐색 등이 다루어졌다. 현실치료 모형의 소개와 재민이가 현재 경험하는 어려움에서 재민이의 책임 인식 등도 상담 초기에 중요하게 다루어졌다. 재민이에게 사랑과 소속의 욕구가 중요하다는 점을 고려할 때, 상담관계에서 이 부분이 일부라도 충족될 수 있도록 관계 형성에 유의하였다. 상담목표 설정을 위한 과정은 다음과 같다.

### (1) 상담목표 설정

재민이와 상담목표를 설정해 가는 과정은 다음과 같다. 재민이는 처음에는 상담에서 원하는 것을 구체화하지 못했지만, 상담자의 상담구조화, 공감, 탐색질문에 따라 승현이와 어색하지 않게 잘 지내기를 원한다는 목표를 구체화하였다.

> 상담자: 오늘은 첫 시간이니까 상담에서 재민이가 어떤 도움을 받고
>         싶은지 확인하고, 앞으로 우리가 상담에서 무엇을 할지 결정

하는 시간을 가졌으면 해. 재민이는 오늘 상담에서 어떤 얘기를 하고 싶었어?

재 민: 모르겠어요.

상담자: 상담에서는 재민이가 어떤 얘기를 하고 싶어 하고, 어떤 도움을 받기를 원하는지가 중요해. 작은 거라도 재민이가 요즈음 학교 생활하면서 도움받고 싶거나 변하고 싶은 부분이 있을까?

재 민: (침묵)

상담자: 그럼 담임선생님은 어떤 이유로 재민이가 상담받기를 원하신 것 같아?

재 민: 지난번 교실에서 있었던 일 때문에요.

상담자: 교실에서 어떤 일이 있었는지 좀 더 자세히 말해 줄 수 있어?

재 민: 체육시간 끝나고 교실로 들어왔는데 승현이가 제 물을 마시고 있었어요. 물을 마음대로 마신 게 화가 나서, 승현이랑 다른 애가 싸워서 이기면 용서해 준다고 했거든요. 근데 저도 화가 나서 그런 건데, 저한테만 상담받으라고 했어요.

상담자: 재민이만 상담받으라고 해서 억울한 모양이구나.

재 민: 네. 무슨 일 있으면 다른 애가 잘못했는데도 저한테만 뭐라고 하세요. 이번에도 허락도 안 받고 남의 물을 마음대로 마신 건 승현인데, 승현이는 상담받으라고 안 했잖아요.

상담자: 선생님이 나한테만 뭐라고 한다는 생각이 들면 억울할 것 같아. 그런데 억울하면서도 재민이가 상담에 올 수 있었던 이유가 있을까?

재 민: 전학 안 가려면 상담받아야 된다고 했어요.

상담자: 전학 가는 것보다는 상담을 받는 것이 좋다고 생각했구나. 상담받는 것이 어떤 점에서 더 좋은지 궁금하네.

재　민: 상담받으면 지금 학교 친구들과 계속 놀 수 있어서요. 작년에 전학 갔을 때 학교에서 친한 친구들이 없어서 심심하기도 하고, 또 학교가 멀어서 다니기 힘들었어요.

상담자: 친한 친구들과 학교에서 계속 만나기 위해서 상담받기로 선택했다는 거구나.

재　민: 네.

상담자: 학교에서 친한 친구들과 지내는 게 재민이한테는 중요한 것 같은데, 그럼 친구들과 잘 지내는 방법에 대해서 상담에서 얘기해 보면 어떨까?

재　민: 근데 어차피 얘기해도 선생님도 제가 잘못했다고 하실 거잖아요.

상담자: 재민이가 그렇게 생각하고 있었구나. 어떤 이유로 그렇게 생각하는지 궁금한데?

재　민: 그냥……. 지금까지 선생님들이 늘 그랬어요. 애들이 잘못해서 제가 화낸 것도 늘 제가 잘못했다고 했어요.

상담자: 그런 생각을 했다면 상담에서 어떤 얘기를 할지 결정하기 어려웠을 것 같아. 그런데 상담에서는 선생님이 재민이를 잘못했다고 야단치기보다는 재민이가 친구들과 친하게 지내고 싶은데 어렵거나 잘 안 될 때가 있는지, 그럴 때 어떻게 하는 것이 도움이 될지를 같이 찾아보려고 해. 어떻게 생각해?

재　민: 네. 좋아요.

상담자: 재민이가 친구들과 잘 지낸다고 할 때 지금 반에서는 누구랑 잘 지내고 싶어?

재　민: 승현이요. 저랑 승현이, 정우, 이렇게 셋이 늘 같이 다녔는데, 지난번 일 이후에 승현이가 예전과는 좀 달라졌어요. 승현이랑 셋이 같이 다녀야지 재밌는데…….

상담자: 승현이가 어떻게 달라졌어?

재　민: 쉬는 시간에 저한테 먼저 오지도 않고, 제가 집에 갈 때 같이
　　　　가자고 해도 같이 안 갈 때도 있어요. 예전에는 늘 같이 다녔
　　　　거든요.

상담자: 그럼 재민이는 승현이랑 어떻게 지내게 되면 잘 지내는 거라
　　　　고 생각할 것 같아?

재　민: 안 어색했으면 좋겠어요. 지금은 좀 어색해요.

상담자: 안 어색하면 뭘 할 것 같아?

재　민: 예전처럼 쉬는 시간에도 저한테 와서 게임도 같이 하고, 또
　　　　집에 갈 때도 정우랑 셋이서 같이 가고요.

상담자: 그래, 승현이랑 어색하지 않게 잘 지낼 수 있는 방법을 상담
　　　　에서 같이 찾아보기로 하자.

재　민: 네.

### (2) 내담자에게 도움이 되는 행동의 탐색과 평가

　같은 반의 승현이와 예전처럼 잘 지내기를 원하는 재민이의 바람을 토대로
이를 위해서 재민이가 하고 있는 행동과 생각들을 탐색하고, 재민이의 행동
들이 도움이 되는지를 함께 평가하였다. 재민이가 승현이와 잘 지내기 위해
노력하는 행동들을 탐색하는 과정의 예는 다음과 같다. 이 과정에서 내담자
가 하는 행동들이 내담자의 선택임을 강조하였다.

상담자: 승현이랑 예전처럼 같이 시간을 보내면서 재미있게 지내고 싶
　　　　다고 했는데, 그렇게 하기 위해서 재민이가 어떻게 하고 있어?

재　민: 네? 제가 뭘 어떻게 해야 해요?

상담자: 우리가 보통 원하는 게 있으면 그걸 얻기 위해서 노력하잖아.
　　　　재민이가 승현이랑 잘 지내기 위해서 지금 노력하고 있는 것

이 있을까?

재　민: (생각을 하다가) 그전에는 같이 다니면 진짜 재미있었거든요. 근데 승현이가 말도 없이 제 물을 마시는 바람에…… 승현이가 그런 식으로 저한테 대들지만 않으면 돼요. 저는 다른 애랑 싸워서 이기면 물 마음대로 마신 것도 용서해 준다고도 했고요.

상담자: 승현이가 재민이 물을 마음대로 마시지 않았으면 좋았겠지. 그런데 지금은 승현이가 어떻게 했는지에 대한 얘기보다 재민이가 승현이랑 앞으로 잘 지내기 위해서 어떤 방법이 도움이 될지를 얘기하는 시간이잖아. 그러니까 재민이가 어떻게 노력하고 있는지를 찾아보는 게 도움이 될 것 같아.

재　민: 저는 진짜 승현이가 이기면 용서해 준다고 했어요. 그날 승현이가 다른 애랑 싸우고 나서는 원래처럼 대해 주려고 했고요.

상담자: 승현이에게 싸워서 이기면 용서해 준다고 했고, 또 싸움 이후에는 원래처럼 대해 주려고 했고. 원래처럼 대해 주는 건 어떻게 하는 거야?

재　민: 그냥 그전처럼요. 근데 원래 쉬는 시간마다 승현이랑 정우가 제 자리로 와서 뭐든 같이 했었는데 요즈음은 승현이가 안 와요. 저도 좀 그래서 혼자 있거나 정우랑 있어요.

상담자: 혼자 있을 때는 뭘 해?

재　민: 그냥 있어요. 승현이가 뭐하나 쳐다보기도 하고요.

상담자: 그렇구나. 지금 우리가 승현이랑 잘 지내기 위해서 어떻게 하고 있는지 같이 알아보고 있는 중이잖아! 재민이는 승현이에게 다른 애랑 싸워서 이기면 용서한다고 했고, 요즈음은 혼자 있기도 하고 또 정우랑 시간을 보내기도 하고 있구나.

재　민: 그건 승현이가 안 와서 그런 거죠.

> 상담자: 승현이가 오지 않을 때 재민이가 선택한 건 혼자 있거나 정우
>        랑 있는 거지?
> 재  민: 제가 선택한 게 아니라 어쩔 수 없는 거죠.
> 상담자: 승현이가 오지 않을 때 재민이가 다르게 할 수도 있었을 것
>        같은데 혼자 있기를 선택한 것 같은데?
> 재  민: 어떻게 다르게 해요?
> 상담자: 그 부분이 우리가 상담에서 얘기해 보면 좋은 부분일 것 같
>        아. 지금은 먼저 재민이가 선택한 행동들이 승현이랑 잘 지
>        내는 데 도움이 되는지 확인해 볼까?
> 재  민: 네.

　재민이가 승현이와의 관계에서 최근에 하고 있는 행동들을 탐색한 이후에
는 그 행동들이 승현이와 재미있게 지내는 데 도움이 되는지를 평가해 보도
록 하는 자기평가 과정을 진행하였다. 승현이에게 다른 아이와 싸우라고 한
일은 재민이가 화가 났을 때 보이는 전형적인 공격행동의 한 예로 볼 수 있어
서, 재민이가 화났을 때 하는 행동들이 원하는 친구관계를 유지하는 데 도움
이 되는지를 평가하고 보다 도움이 될 수 있는 행동을 찾아보도록 하였다.

> 상담자: 요즘 어색해진 게 승현이에게 다른 아이와 싸우라고 한 이후
>        에 그런 거니까 그때 일부터 얘기해 보면 좋을 것 같아. 재민
>        이가 승현이에게 다른 아이랑 싸워서 이기면 용서해 준다고
>        한 건 도움이 된 것 같아?
> 재  민: 처음에 너무 화가 나서 그랬는데, 둘이 싸우는 걸 보면서 재
>        밌어서 나중에는 화가 안 났어요.
> 상담자: 승현이랑 잘 지내는 데는 도움이 되었던 것 같아?
> 재  민: 모르겠어요.

상담자: 그때 이후에 관계가 어색해진 걸 보면 싸우라고 한 게 승현이랑 잘 지내는 데는 도움이 되진 않은 것 같은데, 네 생각은 어때?

재　민: 제 물을 마음대로 마신 건 저한테 대드는 거잖아요. 그렇게 못하게 해 줘야 해요.

상담자: 승현이가 물을 마신 걸 대드는 걸로 생각하고, 화가 나서 다른 아이랑 싸우라고 한 거구나.

재　민: 맞아요.

상담자: 친구가 말도 없이 내 물을 마셨으면 화가 날 수 있을 것 같아. 그럼 그때 화가 나서 싸우라고 한 행동이 지금 승현이랑 잘 지내는 데는 도움이 되는 것 같아?

재　민: 제가 화도 풀고 용서했는데. 그전하고는 달라졌어요.

상담자: 재민이가 화도 풀고 또 용서하려고 한 일이 오히려 승현이랑 관계에는 도움이 안 되었다는 거네?

재　민: 그렇죠.

상담자: 그때를 다시 생각해 보면, 승현이가 물을 마신 걸 알고 나서 어떻게 했으면 도움이 됐을까?

재　민: 그냥 내버려 둬요?

상담자: 아무말도 안 하고 내버려 뒀으면 싸움은 하지 않았겠지만 재민이가 화난 건 풀어지지 않을 것 같은데? 어떻게 하면 화도 풀어지고, 또 지금 승현이랑도 어색하지 않게 지낼 수 있을까?

재　민: (잠시 침묵) 승현이가 자기 잘못을 깨닫고 미안하다고 하고, 먹은 만큼 물도 채워 줘야 해요.

상담자: 승현이가 그렇게 하도록 하려면 재민이가 어떻게 했으면 좋았을까?

재　민: 물 마신 것 사과하라고 하고, 물도 채워 두라고 해야죠.

상담자: 그렇게 했으면 지금 승현이랑은 지금 어떻게 지내고 있을까?

재  민: 승현이가 싸움은 안 했겠죠. 저랑 승현이도 지금하고는 다르
겠죠.

상담자: 지금처럼 어색하지 않고 잘 지내는 데 도움이 되었을 것 같아?

재  민: 음, 그럴 것 같아요.

이와 유사한 방식으로 재민이가 승현이와의 관계에서 지금 하고 있는 행동
들—쉬는 시간에 혼자 있기, 승현이가 뭘 하고 있는지 확인하기, 정우랑 둘
이서 시간을 보내기—이 승현이와 잘 지내는 데 도움이 되는지를 지속적으
로 평가해 보도록 하였다. 이 과정을 통해 지금 하는 행동들이 승현이와의 관
계를 회복하는 데 도움이 되지 않으며 다른 행동을 선택할 필요가 있음을 확
인하였다.

## 2) 상담 중기

상담 중기에도 WDEP를 적용한 과정이 진행되었다. 친구관계에서 재미있
게 잘 지내고 싶다는 내담자의 바람에 따라 재민이의 행동의 탐색과 평가, 새
로운 행동 계획, 새로운 행동의 실천과 평가의 과정이 순환적으로 이루어졌
다. 승현이와의 관계 회복이 중점적으로 다루어졌다. 재민이가 승현이와 늘
함께 다니면서 친하게 지내기는 했지만, 재민이가 주로 지시하고 승현이가
따르는 관계였고 이 관계 또한 바람직하지 않기 때문에 상담자는 재민이가
원하는 관계가 지시—복종의 관계로 돌아가지 않도록 주의하였다. 이를 위해
승현이와의 관계에서 의견이 다를 때 강요하기보다는 멈추기, 원하는 대로
되지 않을 때 화를 내는 대신에 자기 조절하기 등의 과제를 다루었다.

반 친구들과의 관계에서도 재민이가 화가 났을 때 하는 생각과 행동을 검토
하고 대안적인 행동의 실험과 그 결과를 평가하였다. 승현이와 싸워서 다친
피해학생에 대한 재민이의 책임의 확인 및 치료에 대한 보상도 이루어졌다.

## (1) 승현이와의 관계 회복을 위한 노력

현재 하고 있는 행동들이 승현이와 잘 지내는 데 도움이 되는지를 탐색한 결과, 승현이가 예전처럼 쉬는 시간이나 집에 갈 때 먼저 와 주기를 기다리는 행동이 도움이 되지 않는다고 평가하였고, 이에 따라 새롭게 해 볼 수 있는 행동을 탐색하였다. 재민이는 승현이가 왜 예전처럼 쉬는 시간에 자신에게 오지 않고 집에 갈 때도 같이 가려고 하지 않는지 이유를 알고 싶은데 자신이 물어봐도 특별한 대답이 없어 답답하다고 하여 같이 어울리는 친구인 정우가 승현이에게 물어봐 줄 것을 부탁하였다.

정우가 승현이에게 확인한 결과, 승현이는 그날 물어보지도 않고 물을 마신 것은 잘못했지만 그것 때문에 싸움을 하라고 한 것도 그렇고, 싸우는 과정에 자신도 다쳤는데 마치 아무 일도 없었다는 듯이 대하는 재민이를 이해하기 어렵다고 하였다. 그날 마음대로 물 마신 걸 미안해하면서 사과도 했는데, 재민이는 지금까지 사과도 하지 않았다는 것이다. 자신은 재민이와 친하다고 생각하고 재민이가 뭘 하자고 했을 때 싫으면서도 해 준 적도 많았는데, 목이 말라서 물 좀 마신 걸로 재민이가 이렇게까지 할 줄은 몰랐다고 하였다. 재민이에게 원하는 것이 있는지 물어봤을 때 다른 아이랑 싸우라고 강압적으로 한 행동을 사과했으면 좋겠다고 하였다. 정우가 승현이의 마음을 재민이에게 전하고 나서 재민이에게 어떻게 하고 싶은지 확인한 결과, 재민이도 그날 싸우도록 한 일은 사과하고 싶다고 하였고 상담 시간에 사과 편지를 작성하였다. 편지를 전달한 후에는 재민이가 직접 승현이에게 사과하였다.

이 과정에서 재민이는 지금까지 승현이와 반의 다른 아이들을 놀리기도 하고 장난친 일들이 같이 재미있어서 한 일이라고 생각했는데, 승현이가 싫으면서도 같이 해 준 적이 많다는 것을 알고 당황하였다. 이 상황을 상담에서 다루면서, 재민이는 승현이가 싫었으면 그렇다고 말을 했으면 좋았겠다고 얘기했지만, 실제로는 승현이가 싫다고 했을 때에도 계속해서 강압적으로 하자고 강요해 왔음을 인정하였다.

재  민: 급식시간에 다른 애들 거 뺏어 먹은 건 승현이도 좋아서 같이 했다고 생각했거든요. 싫은데 저 때문에 한 줄은 몰랐어요.

상담자: 승현이가 사실은 싫어했다는 걸 알게 되어 재민이가 놀라고 당황한 것 같네.

재  민: 네. 재미있어서 같이 한 거라고 생각했는데.

상담자: 재미있어서 같이 했다고 생각했었구나.

재  민: 싫으면 싫다고 했어야죠.

상담자: 그렇게 말했으면 재민이가 어떻게 했을 것 같아?

재  민: …….

상담자: 재민이가 뭘 같이 하자고 했을 때 승현이가 싫다고 한 적도 있었어?

재  민: 네.

상담자: 그때는 재민이가 어떻게 했어?

재  민: 재미있을 것 같은데 안 한다고 하면 계속 하자고 했어요.

상담자: 승현이가 싫다고 했을 때 그럼 하지 말자고 한 적도 있어?

재  민: …….

상담자: 재민이는 키도 크고 목소리도 크니까 화내면서 "야. 같이 해!"라고 하면 승현이가 무서워했을 수도 있을 것 같은데?

재  민: 애들이 저를 좀 무서워해요. 저를 무서워하면 제 말을 잘 들으니까요.

상담자: 어차피 재민이가 화내면서 계속 하자고 하니까 승현이가 싫다는 말도 안 하고 같이 했을 수도 있었겠다는 생각이 드네. 재민이가 화를 내면 무섭기도 하고. 우리가 상담에서 승현이랑 잘 지내는 데 도움이 되는 행동들을 평가해 보고 있잖아. 승현이가 싫다고 하는데 화내면서 계속 하자고 하는 건 승현이랑 잘 지내는 데 도움이 될까?

재　민: 근데 승현이도 처음엔 싫다고 해도 하다 보면 재밌을 수도 있어요.

상담자: 그럴 수도 있겠지. 그럼 상대가 싫다고 할 때 안 하는 거랑, 화 내면서 계속 하자고 하는 것 중에서는 어느 쪽이 승현이랑 계속 잘 지내는 데 도움이 될까?

재　민: 음, 아무래도 싫다고 하면 안 하는 거겠죠.

상담자: 지금 재민이가 승현이와의 관계에서 새로운 생각을 해 보게 된 것 같은데? 지금 얘기한 것처럼 승현이가 싫다고 하면 그만두는 걸 시도해 볼 수 있을까?

재　민: 한번 해 볼게요.

　이후 상담에서는 새로운 생각과 행동들을 승현이와의 관계에서 적용해 보는 과제들이 다루어졌다. 재민이는 승현이가 하기 싫은 것은 싫다고 해 주면 좋겠고, 그럴 때 계속 같이 하자고 강요하지 않겠다고 승현이에게 얘기하였다. 상대가 싫다고 할 때 강요하는 대신에 멈추기에 더해서, 승현이와의 관계에서 마음에 안 드는 일이 있을 때 화를 내서 재민이 뜻대로 하려고 하는 행동에 대해서도 지속적으로 개입하였다. 주말에 같은 반 남학생들 몇 명이 학교 운동장에서 축구를 하던 중 승현이가 패스 실수를 해서 점수를 잃게 되자 재민이가 욕을 하면서 화를 낸 일이 있었는데, 이에 대한 자기평가 과정은 다음과 같다.

재　민: 토요일에 같이 축구하는데, 승현이가 패스를 저한테 제대로 안 해서 진짜 화나서 욕해 줬어요.

상담자: 재민이가 화가 난 이유가 뭘까?

재　민: 저한테 패스를 제대로 해야 우리가 이기는 건데, 승현이가 실수하는 바람에 점수를 잃었어요. 그럴 때 너무 화가 나요.

상담자: 화가 나서 욕한 후에는 어떻게 됐어?

재  민: 승현이가 왜 욕을 하냐고 했는데, 제가 "아, 제대로 좀 하라고!"라고 해 줬어요.

상담자: 그렇게 된 거였구나. 우리가 상담에서 승현이랑 재미있게 잘 지내기 위해서 어떻게 하는 것이 도움이 되는지를 찾아보고 있잖아? 주말에 있었던 일이 승현이랑 좋은 관계로 지내는 데 도움이 되는지 확인해 볼까? 승현이랑 오랜만에 같이 축구한 것, 축구하면서 승현이가 패스 실수를 하지 않고 제대로 해야 한다고 생각한 것, 또 재민이가 화가 나서 욕을 한 것 이렇게 여러 가지를 평가해 볼 수 있을 것 같아. 먼저 오랜만에 승현이와 축구한 건 잘 지내는 데 도움이 될까?

재  민: 네. 오랜만에 애들이랑 모여서 같이 축구해서 재미있었어요. 승현이와 정우 다 같이 했는데 자주 하면 좋겠어요.

상담자: 그래. 그럼 승현이가 패스 실수를 하지 않고 제대로 해서 이겨야 한다고 생각하고 화를 낸 건 언제?

재  민: 그건 승현이가 실수하지 않고 제대로 해야 우리가 이길 수 있어서 그런 거죠.

상담자: 재민이가 원하는 대로 승현이가 못했을 때 '승현이가 제대로 해야 돼.'라고 생각하면서 화를 낸 행동이 승현이랑 잘 지내는 데는 도움이 되었을까?

재  민: 아, 정신 차리라고 한 거죠. 근데 승현이도 왜 욕을 하냐고 하고 분위기 안 좋아졌죠. 좋지는 않았어요.

상담자: 같이 축구를 하는 건 좋았지만, 재민이가 원하는 대로 승현이가 안 했다고 해서 화를 내는 건 도움이 안 된다는 거지.

재  민: 그때는 이기고 싶어서 그런 건데……. 상담받으면서 승현이에게 화내지 않으려고 참기도 하는데 저도 모르게 화를 내게

돼요.

상담자: 재민이가 화가 날 때 소리를 지르고 화를 내는 대신에 그 순간에 더 도움이 되는 다른 방법이 있는지 찾아보고 시도해 보면 좋을 것 같아.

이 대화에서는 재민이가 자신의 화가 정당하며 화를 내서 상대를 통제하려고 하던 입장에서, 화내는 행동의 문제를 받아들이고 조절해 보려는 방향으로의 변화를 확인할 수 있다. 이후 상담에서는 분노조절에 도움이 되는 행동 중심의 대처방법들을 교육하고 적용 및 평가하는 작업이 진행되었다. 관계에서 승현이가 싫다고 할 때 더 강요하지 않고 멈추기, 승현이가 원하는 것을 물어보기, 뜻대로 되지 않을 때 화내는 대신 조절하기 등을 연습하였고, 이런 행동이 관계에 어떻게 도움이 되는지를 관찰하고 평가하였다. 쉬는 시간에 승현이와 게임도 하고, 같이 하교하는 날도 늘어감에 따라 재민이는 이와 같은 자신의 노력이 도움이 되는 것으로 인식하였다.

## (2) 승현이와 싸워서 다친 피해학생에 대한 책임

담임교사가 승현이와 싸워서 다친 피해학생 및 부모와 확인한 결과, 피해학생과 부모는 재민이의 진심 어린 사과와 치료비 등 피해를 보상해 줄 것을 원하였다. 이에 따라 담임교사는 재민이에게 사과하도록 하였으며, 재민이는 사과편지를 통해 사과하였고, 재민이의 부모는 피해학생의 치료 과정에서 치료비를 부담하였다.

## (3) 학급의 다른 아이들과의 관계에서 분노조절하기

재민이는 상담을 받는 기간 동안 급식시간에 급식을 뺏어 먹는 것과 같은 이전에 했던 괴롭힘 행동들은 더 이상 보이지 않았다. 하지만 여전히 복도나 교실에서 다른 아이에게 욕설을 하면서 화를 내고 담임교사에게 야단을 맞는 일들이 일어났다. 상담자는 재민이가 화나는 상황에서 '나를 만만히 보거나 무시해서 그렇다.' 또는 '다시 무시하지 못하게 갚아 줘야 한다.'라는 생각과 행동을 선택하고 있음을 확인하고, 재민이의 그런 생각과 행동이 학급의 다른 아이들이 재민이를 무섭게 느끼도록 해서 재민이가 원하는 재미있고 친한 관계로 지내는 데는 도움이 되지 않음을 반복적으로 확인하였다. 화나는 상황에서 재민이가 욕설을 하거나 몸을 밀치는 대신에, 감정이나 생각을 말로 표현하는 것을 실험하도록 하고 그 결과를 확인하는 과정을 반복하였다. 재민이는 자신이 화를 낼 때 다른 아이들이 가만히 있는 것이 자신이 옳아서 그런 것이 아니라, 싫으면서도 참고 있었음을 알게 되면서 점차로 화나는 상황에서 자기 조절을 위한 다른 행동들을 시도해 보게 되었다.

### (4) 부모상담을 통해 재민이의 행동을 모니터링하도록 돕기

재민이가 학교에서 학생들을 괴롭히는 행동을 멈추고 현재의 변화를 유지하기 위해서는 재민이의 행동에 대한 지속적인 모니터링과 노력에 대한 지지가 도움이 되므로 이를 위해 부모상담(어머니)을 진행하였다. 재민이의 어머니는 재민이가 다른 아이들을 더 이상 괴롭히지 않겠다는 약속을 하고 현재 학교로 전학 올 수 있었기 때문에 당연히 잘 지낼 것으로 생각했는데 이런 일이 다시 생겼다며 속상해하였다.

재민이의 어머니는 이번 일은 재민이가 잘못했지만 다른 경우에는 "남자애들이 놀면서 장난치고 좀 다치고 할 수 있는데 학교에서 너무 심각하게 생각한다."고 하면서 불만스러워하였다. 상담자는 괴롭힘 행동과 아이들끼리의 장난의 차이에 대해 설명하였고, 재민이의 행동이 다른 학생들에게 위협이 될 수 있음을 설명하였다. 또 재민이가 방과 후 혼자 있는 시간이 많아 그 시간에 친구들과 어울리면서 문제가 생기는 경우가 많아, 재민이의 방과 후 시간 사용에 대해 의논하였다. 상담자는 재민이가 사람들과 같이 있는 것을 좋아하는데, 여기에는 부모님과의 시간도 포함될 수 있음을 설명하였다. 재민이의 어머니는 일이 좀 한가해지는 3~4시경 집으로 돌아와 재민이와 함께 한두 시간을 보내기로 하였고, 매일은 아니지만 이를 지키려고 하였다. 상담 자는 재민이도 지금 행동을 바꾸기 위해 노력하고 있다는 것을 알리고 노력 에 대한 관심과 지속적인 지지를 요청하였다.

## 3) 상담 종결

상담이 진행됨에 따라 재민이는 승현이와의 관계가 쉬는 시간에 가끔씩 같 이 게임을 할 정도로 회복되었고, 승현이와 정우를 시켜 반의 다른 아이들을 괴롭히는 행동도 하지 않게 되었다. 화나는 상황에서 재민이가 욕설을 하거 나 심하게 화내는 행동이 줄어들면서 담임교사에게 야단 맞는 횟수도 줄어들 고, 또한 반 아이들과의 관계에도 변화가 생겼다. 재민이가 운동을 잘하기 때 문에 반 아이들은 체육 시간에 팀을 나눌 때 재민이를 자기 편으로 하려고 하 기도 하였는데, 이런 변화에 대해서 재민이도 만족하였다.

## 5. 대안적 접근: 회복적 정의를 적용한 학급단위 관계회복[1]

재민이는 여러 차례 학교폭력 사건에 연루되었고, 학급에서 일어난 사건 으로 상담에 오게 되었다. 앞서 살펴본 현실치료 접근을 통해 상담자는 친구 들과 잘 지내고 싶지만 오히려 친구들을 멀어지게 하는 재민이의 욕구와 행 동의 불일치를 확인하고, 특히 친하게 지내다가 이번 사건으로 관계가 서먹 해진 승현이와의 관계를 개선할 수 있도록 도왔다. 뿐만 아니라 학급 아이들

---

[1] 이 내용은 현장에서 회복적 정의를 적용한 학교폭력 개입 활동을 활발하게 진행하고 있는 '회복적 정의 평화배움연구소 에듀피스'의 서정기 대표의 도움을 받아 작성된 것임.

을 괴롭히거나 학생들이 싫어하는 분노표출 행동을 줄여 나가면서 학급에서도 수용되는 성과를 보였다. 이와 같은 개인상담 접근과 함께 재민이가 속한 학급에 대한 개입도 필요할 수 있는데, 재민이가 상당 기간 학급의 대장 노릇을 하면서 많은 학생이 피해자, 동조자 및 방관자로 상처를 받았을 가능성이 있기 때문이다. 뿐만 아니라 재민이 역시 대장 노릇을 하면서 친구들 위에 군림할 뿐 제대로 된 교우관계를 형성하지 못했을 수 있다. 따라서 학급 전체의 관계회복을 목표로 하는 회복적 정의의 접근을 통해 재민이의 문제를 추가적으로 조력할 수 있을 것이다.

재민이의 학급은 겉으로는 평화로워 보였지만 누구도 교실에서 행복하지 않은 상태를 유지하고 있는데, 이러한 역기능적 관계를 회복하는 것에 집중하는 접근이 바로 응보적 정의에 대비되는 회복적 정의다. 회복적 정의는 누가 더 잘못했으니 더 책임을 지고 벌을 받아야 한다는 것이 아니라, 깨진 관계를 회복하고 바로 잡아 각 구성원의 행복을 증진시키는 것이 정의라고 본다. 즉, 회복적 정의를 적용한 학급관리에서는 학급 공동체와 학생들이 갈등 상황을 자발적으로 극복하고 성장과 변화의 기회를 가지도록 하며, 스스로 바른 행동을 선택할 수 있는 힘을 키워 주는 것(empowerment)을 목적으로 한다.[2]

이러한 회복적 정의를 적용한 학급운영인 회복적 생활교육이 초·중·고등학교 현장에서 자리잡아 가고 있는데, 재민이가 속한 학급에 적용해 볼 수 있어 살펴보고자 한다. 재민이의 학급과 같이 집단괴롭힘 문제가 발생할 경우에 회복적 정의 접근으로 학급단위 개입을 할 수 있다. 회복적 정의 접근에서는 기본적으로 학급 전체가 참여해 그동안에 있었던 사건에 대해 함께 이야기하는 것에서 출발한다. 발생한 사건이 학급 전체 학생 모두가 연관되어

--------○

2) 에듀피스 홈페이지(https://www.edupeace.net/02_sub/02_sub.html)의 회복적 생활교육 소개 글에서 인용함.

있고 함께 책임져야 할 문제라는 것을 이해하고 해결에 함께 참여하도록 하였다. 현재 문제가 촉발된 것은 쉬는 시간 동안 싸우라고 시킨 재민이, 때린 승현이, 부상을 입은 동수의 문제로 보이지만, 그들만의 문제가 아니라 이런 일이 일어난 학급 전체의 문제라는 관점을 갖게 하는 것이 일차적 접근이다. 그리고 이번 일에 대한 영향을 당사자들의 이야기를 통해 확인하고 해결을 위한 필요를 찾도록 한 다음, 그 안에서 모두가 함께 학급에서의 생활을 위한 약속을 만들고 이를 통해 같은 일이 재발되지 않도록 구체적인 실천방안을 마련한다. 이것이 기본적인 회복적 정의 관점에서 갈등과 문제를 다루는 과정(학교폭력 '관계회복 프로그램'[3])으로 재민이 문제도 이러한 절차에 따라 개입을 진행할 수 있다.

## 1) 사전 개별 면담

학교폭력 관계회복 프로그램의 출발은 서로의 입장을 충분히 이야기하고 듣는 것인데, 이 과정을 순조롭게 진행하기 위해 상담자는 당사자들과 개별적인 사전 모임을 갖는 것이 일반적이다. 재민이 학급에 대한 개입에서는 쉬는 시간 사건에 직접 가담했거나 지켜봤던 학생들과의 개별 면담이 진행될 수 있는데, 모두 불편한 마음을 가지고 있음을 다음과 같이 확인할 수 있을 것이다. 이런 학생들의 이야기를 충분히 들어 주면서 학급 전체에서도 솔직하게 이야기할 수 있도록 준비시킨다.

---

3) 교육부에서는 초 · 중 · 고 학교급에 따라 '학교폭력 관계회복 프로그램(https://www.moe.go.kr/boardCnts)'을 개발하여 보급하고 있다. 교육부 제공 자료를 활용할 수 있고, 운영안내서에는 운영자가 사용할 대사도 구체적으로 제시되어 있다.

승현(가해자): 때리려고 하지도 않았고 싸우려고 하지도 않았는데, 그냥 재민이가 자기 물을 먹었다는 이유로 싸우라고 하니까 싸우게 되었어요. 동수가 그렇게 다칠 줄은 몰랐죠.

동재(동조자): 동수가 혼자서 넘어져서 다쳤다고 거짓말을 한 제가 가장 나빠요. 제가 동수 부모님께 사실대로 얘기할게요. 정말 많이 후회하고 있어요.

준서(방관자): 옳지 않은 일을 지켜보는 것이 짓눌린 것 같고 한심했어요. 그런데 우리 반에는 재민이가 제일 위에 있고 그 밑에 승현이, 정우 그리고 동재, 이런 식으로 있어서 다들 가만히 있을 수밖에 없어요.

## 2) 서클 프로세스를 통한 공동체 형성

이렇게 사전 개별 면담을 통해 학급 전체와 만날 수 있겠다는 준비를 마치면 본격적인 학교폭력 관계회복 프로그램에 들어간다. 소속감와 유대감을 만들고 공동체로서 존중과 신뢰의 관계를 만드는 것을 목적으로 진행되는 학교폭력 관계회복 프로그램에서 가장 일반적으로 사용하는 방법은 '서클 프로세스'라는 대화의 방법이다. 이 과정은 상담자들에게 익숙한 집단상담을 학급 전체를 단위로 진행하는 것이라고 이해할 수 있다. 모든 학생이 하나의 원 또는 몇 개의 원으로 둘러 앉아 솔직한 이야기를 나누는 과정이다. 여기에서 참여한 학급의 모든 학생이 동등한 기회를 가지고 참여해 공감과 경청이 일어나도록 하며, 그 안에서 모두가 동등한 힘과 권한을 가지고 평등하게 살아가는 존재라는 것을 느끼도록 하는 것이 목적이다. 누군가에게 권력이 독점되는 것이 아니라 모두가 민주적인 관계 안에서 각자가 가치 있는 존재라는 것을 느끼고 배우도록 하는 과정이기도 하다. 재민이의 학급에서는 비밀보장과 안전(보복 없음, 처벌 없음)의 원칙을 안내하고 쉬는 시간 싸움의 당사자들부터 이야기를 시작할 수 있는데, 싸움을 지켜봤던 학생들 마음 한구석에 불편함과 미안함이 있었음을 토로하는 기회도 제공되어야 한다. 예컨대, 다음과 같은 학생들의 이야기를 들을 수 있을 것이다.

> 상담자: 이렇게 당사자들 이야기를 들어 봤는데, 그 상황을 지켜봤던 친구들 이야기도 들어 보면 좋을 것 같아.
>
> 학생 1: 재민이가 시켜서 그런가 보다 했죠. 맞는 동수가 불쌍하기도 하고, 괜히 학급에서 싸우니까 그게 좀 안 좋았어요.
>
> 학생 2: 강제적으로 싸우는 거니까 아무래도 둘 다 안쓰럽고.
>
> 상담자: 그랬구나. 다른 친구들도 모두 그런 마음이었는지 궁금하네.
>
> 학생 3: 이런 일이 있을 때마다 짜증나는데 별로 할 수 있는 게 없으니까 그냥 있는 거죠. 싸움은 그만하면 좋겠어요.
>
> 학생 4: 전 사실 그렇게 싸움이 일어나면 무서워요.
>
> 상담자: 무섭기도 하구나. 그리고 또?
>
> 학생 5: 사실 저는 재민이가 무서워서 재미있는 척했어요. 하나도 재미없는데. 오히려 괴롭죠. 그런데 안 그러면 제가 맞을 수도 있으니까요.

이런 방관자들의 이야기는 싸움을 시키는 것에 앞장섰던 학생들에게 미안한 마음을 불러일으킬 것이다. 그리고 그런 마음을 이야기할 수 있도록 기회를 주고, 나아가 동수에게 직접 사과하고 용서를 받는 계기로 작용할 수 있도록 이끌어야 한다. 이러한 과정을 통해 재민이를 필두로 한 교실 내 힘의 피라미드 구조를 무너뜨리고 서로 평등하고 존중하는 새로운 구조를 만드는 작업으로 나아가게 된다. 상당 기간 동안 '재민이가 가장 높아.' '다음은 ○○야.' '○○이가 가장 밑에 있지.'라는 방식으로 학급의 힘의 관계를 지각하고 있던 학생들이 '우리는 모두 6학년이고 똑같은 권리가 있지.' '서로의 권리를 존중해야지.'라는 생각으로 바꾸는 것이다. 이와 같은 목표를 이루는 것은 상당히 어려운 과제이기 때문에 전문가[4]가 진행하는 것이 바람직하다. 한 번으로 끝나지 않고 지속해야 하는데, 그 중간 단계에서도 학생들을 개별적으로 만나는 작업들이 진행될 수 있다.

## 3) 갈등해결 교육

공동체 형성이 어느 정도 되고 나면 다음 단계로 예방 차원의 갈등해결 교육을 진행할 것이다. 공동체는 언제라도 갈등 상태에 놓일 수 있는데, 대안이 없다면 또다시 힘에 의한 해결이 작동할 수 있기 때문이다. 지금까지와는 다른 방식으로 갈등을 해결할 수 있는 방안에 대한 교육이 이루어져야 이전의 힘의 논리로 갈등을 해결하던 방식을 중단할 수 있다. 학교 구성원들에게 갈등에 대한 이해와 함께 갈등이 발생했을 때 이를 다룰 수 있는 구체적인 지식과 기술, 방법을 가르치는 단계라고 할 수 있다. 재민이의 학급의 경우에도 평화 규칙을 만들고 이를 실천할 다짐을 해야 하는데, 학생들이 자유롭게 의견을 내고 선택을 할 수 있도록 진행하는 것이 필요하다. 또한 갈등에 대응할 수 있는 개입과 집단의 효능감을 높이는 것을 목적으로 진행되는 갈등해결 교육을 실시할 수 있는데, 또래조정 교육, 갈등해결 훈련, 갈등 분석, 공동체 안에서 일어나는 갈등 대응방식과 유형을 찾아보고 이해하는 훈련으로 구성된다(강정희, 2019; 김은아, 2015; 이월용, 2018). 학생들이 공동체를 이루어 살아가는 교실에서는 언제라도 서로의 이해가 상충하는 갈등이 발생할 수 있는

---

4) 회복적 정의에 입각한 서클 프로세스 운영을 수행할 수 있는 전문가는 '회복적 생활교육' 연수, '회복적 정의 전문가' 양성 과정, '학교폭력 관계회복 프로그램' 연수 등을 통해 회복적 정의 개입 관련 전문성을 갖춘 교사, 상담사, 청소년 활동가 등으로 학교 내 전문가에게 의뢰하거나 학교에 전문가가 없을 경우 외부 전문가를 초빙해야 할 것이다.

데, 이제 서로 평등한 상태에서 어떻게 갈등을 해결할 것인가의 문제를 함께 고민하고 방안을 찾는 것이다. 지금까지 그 갈등을 힘을 가진 재민이가 시키는 대로 해결해 온 대응방식을 대신할 해결책을 찾고 거기에 익숙해질 수 있도록 연습하는 과정을 거친다. 폭력으로 문제를 해결하는 데 익숙한 재민이를 비롯한 피라미드의 위에 있었던 학생들에게는 갈등해결의 대안에 대한 학습이 특히 더 중요하다. 이 과정 역시 한 번의 학습으로 이루어지는 것이 아니고, 반복해서 연습하고 적용하는 과정이 필요하다. 뿐만 아니라 학급 스스로 갈등을 잘 해결하지 못할 때 담임교사나 상담자는 조정자로 개입해 도움을 주어야 한다.

# 제6장

# 학교에서 따돌림당하는 아동

초등학교 5학년 여학생인 소망이는 웅얼거리는 작은 목소리로 간신히 자기 마음을 드러낸다. 소망이는 전학 온 2학년 때부터 지금까지 4년에 걸쳐 집단 따돌림을 당하고 있다. 같은 반 아이들뿐만 아니라 다른 반 아이들도 소망이를 따돌린다. 소망이는 친구들이 놀릴 때 선생님에게 이르지 않고 그냥 참는다. 2학년 때, 아이들이 다리 사이로 기어 보라고 하자 싫은 내색 없이 기어 나와 웃었다. 4학년 때는 괴롭히는 아이들이 머리카락을 먹으라고 하자 순순히 따르는 일조차 있었다. 무엇을 어떻게 해야 소망이가 이 괴로움에서 벗어날 수 있을까? 집단 따돌림은 근본적으로 사람과 사람 사이의 문제이므로 소망이뿐만 아니라 또래 아이들이 함께 변화해야 해결될 수 있다.

이 장에서는 현실치료, 또래 네트워크 구축, 이타적 학급문화 만들기 등의 다각적 시도를 통해 소망이를 돕는 과정을 소개하고, 대안적 접근으로 가족관계 개선을 통해 지지자원을 강화하는 방안을 제시한다.

소망이는 2학년 때부터 시작해서 지금까지 이어지고 있는 따돌림 탓에 소속된 학급을 넘어 학년 전체에게 '오염물질'이라고 불리며 따돌림을 당하고 있다. 소망이를 돕기 위해서는 소망이 개인의 변화뿐 아니라 또래 아동들의 변화가 함께 요구되는 상황이었다. 이 작업을 수행하기에 가장 유리한 위치에 놓인 사람은 외부기관의 전문가가 아니라 소망이의 학교생활을 보살피는 담임교사라고 판단하여 상담을 시작하게 되었다.

## 1. 내담자 정보

### 1) 호소문제

고민 다섯 개를 적고 괴로운 정도를 1점(전혀 괴롭지 않다)에서 5점(너무 괴롭다)까지의 점수로 표시해 달라고 소망이에게 부탁했다. 학교생활에 대해서는 '친구들에게 감정을 표현하지 못하는 것(5점)'과 '다른 아이들이 기분 나쁜 말을 하는 것(4점)'을 적었다. 이에 대해 나눈 대화 일부를 살펴보자.

> 상담자: 상민이가 나쁜 말을 했을 때 가만히 있던데, 소망이 마음이 어땠길래 가만히 있었을까?
>
> 소망이: 저도 모르게 가만히 있었어요.
>
> 상담자: 소망이의 마음을 다 아는 요정이 있다면, 뭐라고 이야기해 줄까?
>
> 소망이: 감정을 잘 못 표현해서 그렇다고……

> 상담자: 감정을 표현하는 게 어떤 거지?
>
> 소망이: 속상한 걸 속상하다고 말하는 것.
>
> 상담자: 만약 감정표현을 잘하게 되면 아까 그 상황에 뭐라고 할까?
>
> 소망이: 그런 말하면 나 기분 나쁘다고…….
>
> 상담자: 상민이 말에 화가 났구나. 왜 화난 마음을 이야기하지 못할까?
>
> 소망이: (한참 주저하다가) 친구들이 있으니까…….
>
> 상담자: 감정을 표현하면 친구들이 어떻게 할 것 같아?
>
> 소망이: 나쁜 말을 할까 봐…….
>
> 상담자: 감정을 표현하면 친구들이 나쁜 말을 할까 봐 무섭니?
>
> 소망이: (고개를 끄덕인다)

상담자와의 첫 만남에서 진행된 이 대화에서 소망이는 귀를 기울여야만 들릴 정도의 작고 위축된 목소리로 말했다. 소망이가 또래들에게 감정을 표현하지 못하는 이유는 적대적인 반응이 돌아올 것에 대한 두려움 때문임을 알 수 있다.

가족과 관련해서는 '공부방에 있다가 집에 늦게 들어가서 혼나는 것(5점)' '엄마 때문에 속상한 것(4점)' '동생이 시비 거는 것(4점)'이라고 적었다. 소망이가 감정표현을 힘들어해서 종이에 감정 단어들을 적어 주고, 각 답변과 관련된 감정을 골라 보도록 하자, 혼나는 것에 대해서는 '무섭다', 엄마에 대해서는 '슬프다', 동생에 대해서는 '화난다'를 선택했다.

상담자가 소망이의 가족과 전화 또는 면담을 했을 때, 소망이의 어머니는 대화를 회피했으며, 실질적 양육자 역할을 하는 외할머니는 소망이에게 별다른 문제가 있다고 여기지 않았다. 소망이의 성장을 곁에서 지켜본 외삼촌은 소망이가 나이보다 어리고 자신감이 없는 것을 걱정했다.

## 2) 내담자의 인상 및 행동 특성

- 목소리가 거의 들리지 않을 만큼 작고 발음을 분명하게 하지 않는다.
- 옷에 치약, 김칫국물 등이 묻어 있고 머리를 감고 오지 않을 때가 많으며, 액취증 때문에 가까이 가면 몸에서 냄새가 난다. 냄새는 2학년 때 집단 따돌림이 시작되는 계기가 되기도 했다.
- 덩치가 매우 크고, 위아래로 진한 분홍색 옷을 입고, 짧은 머리를 양 갈래로 묶고 오는 등 옷차림이 또래와 달라 눈에 띈다.
- 손톱을 자주 깨물고 자세가 구부정하다.
- 숙제와 준비물을 잘 챙기지 않으며, 지각이 잦다.

## 3) 가족관계 및 성장 배경

소망이는 2녀 중 장녀이며, 부모가 이혼한 후 어머니 및 동생과 함께 외가에서 지내고 있다.

### (1) 가족 구성원 및 특징

- 아버지(41세, 대리운전): 소망이 어머니에게 자주 폭력을 행사했으며, 소망이가 초등학교 1학년 때 이혼하여 따로 살고 있다. 명절이나 어린이날 등 일 년에 한두 번 정도 자녀를 만난다.
- 어머니(41세, 무직): 경도의 지적장애를 가지고 있으며 가끔 폐지 줍는 일을 한다. 교사와 대화할 때 "제 꼬라지가 이래서요."라고 말하는 등 자기 비하적 발언이 눈에 띈다. 동거하는 남자가 있으며 수시로 기도원에 가서 며칠씩 보내는 탓에 소망이가 사는 외할머니 집에는 가끔만 들른다.
- 여동생(9세): 소망이와 정반대의 성격이다. 자기주장이 강하고 자기가 하고 싶은 대로 한다. 언니인 소망이를 무시하는 언행을 보이며 자주 다

툰다.

- 외할머니(68세, 방앗간 운영): 소망이의 양육자 역할을 하고 있으나 아직 어린 여동생을 편애한다. 심장병을 앓는 등 병치레가 잦아 양육을 힘들어한다.
- 외할아버지(72세, 방앗간 운영): 손주 양육에 별다른 관여를 하지 않고 있으며, 암 수술을 받은 적이 있다.
- 외삼촌(43세, 방앗간 운영): 최근 베트남 여성과 결혼해 분가했다. 이제는 소망이와 한 집에 살지 않지만, 방앗간 운영을 책임지고 있으므로 소망이의 모습을 날마다 본다.

### (2) 내담자의 발달사

소망이의 부모는 소망이가 초등학교에 입학하고 나서 얼마 지나지 않아 이혼했다. 부모 모두 자녀양육 의사가 없어서 소망이는 동생과 함께 쉼터에서 지내야 했다. 하지만 소망이는 쉼터 생활에 적응하지 못하고 힘들어했으며, 이전에는 없던 배변을 제대로 가리지 못하는 모습을 종종 보이기도 했다. 결국 외가에서 소망이를 양육하기로 하여서, 2학년 때 현재의 학교에 전학 오게 되었다. 외할머니댁은 방앗간을 운영하고 있으며, 방앗간 안쪽의 방 두 칸에서 가족 모두가 함께 생활한다. 소망이는 어머니의 관심과 사랑을 원하지만 어머니와 자주 만나지 못하며, 동생이 자기를 무시한다고 여겨서 다툼이 잦다. 외할머니와 외할아버지는 건강이 좋지 않아 양육을 부담스러워하고 있으며, 소망이보다 어리고 자기주장이 강한 동생에게 더 많은 관심을 보인다.

또래들 말에 따르면, 소망이가 전학 온 직후 같은 반 남자아이들 서너 명이 주동하여 소망이에게 '똥' '오염물질' 등의 별명을 붙이고 "소망이 만지면 오염된다."고 말하며 놀렸는데, 그것이 계기가 되어 학급 아이들 모두가 소망이를 피하게 되었다. 급식실에서는 전교생이 소망이 옆에 앉기를 꺼리며, 소망이가 앉으면 다른 자리로 옮긴다. 심지어 저학년 아이들도 소문을 듣고 소망이 곁에 오지 않으려 한다. 소망이에게 공격적인 언행을 하며 괴롭히는 것은 주로 남자아이들이지만, 여자아이들도 대부분 소망이와의 대화와 놀이를 꺼린다.

소망이를 바라보고 있으면, 힘 있는 또래의 요구를, 설령 그것이 부당한 것이라 하더라도, 아무런 저항 없이 따르는 것처럼 보인다. 2학년 때는 남자아이들이 다리 사이로 기어 보라고 하자 싫은 내색 없이 기어 나와 웃는 표정을 지었다. 4학년 때는 남자아이들이 머리카락을 먹으라고 하자 순순히 따랐다.

소망이는 또래들이 놀려도 선생님에게도 이르지 않고 그냥 참는다. 자기를 수용해 줄 것 같은 친절한 사람이 아니면, 부탁이나 거절도 하지 못한다. 최근 연필을 가져오지 않은 적이 있었는데 머뭇거리며 아무에게도 빌려 달라는 말을 하지 못하다가 담임교사에게 빌려 갔다. 교내 복지부 활동으로 여행을 갔을 때는 인솔 교사에게 화장실에 가고 싶다는 말을 하지 못하고 참다가 바지에 소변을 보고는 어색하게 웃었다. 학교생활 중에 소변을 실수한 것은 이것이 처음이며, 이런 일이 다시 일어나지는 않았다.

## 4) 심리평가

외삼촌이 작성한 아동·청소년 행동평가척도(K-CBCL)의 문제행동 증후군 척도 중 T점수 60점 이상이 확인된 것은 위축(65점), 사회적 미성숙(73점), 주의집중 문제(68점)였다. 하지만 소망이가 직접 기입한 검사에서는 예상 밖의 결과가 나타났다. 소아우울척도(CDI: 조수철, 이영식, 1990)는 19점, 소아특성불안척도(TAIC: 조수철, 최진숙, 1989)는 31점으로 나타나 모두 정상 수준을 가리킨 것이다.[1] 상담자가 소망이의 학교생활과 면담 중 행동을 관찰한 바에

---

1) 일반 아동 중 상위 15%에 해당하는 점수는 CDI 22점 이상, TAIC 39점 이상이다.

따르면, 소망이가 검사 문항에 방어적으로 응답했을 가능성이 높아 보인다.

문장완성검사와 동그라미 중심 가족화도 함께 실시했다. 문장완성검사의 학교생활과 관련된 응답에서 소망이는 담임교사가 관찰한 모습과 상당히 다른 긍정적인 내용들을 일관되게 기술했다. 학교생활에서 경험한 부정적 감정을 회피하려는 태도가 반영된 것으로 보인다('내가 가장 싫어하는 사람은 없다.' '나는 친구가 많은 것 같다.' '다른 사람들은 그래도 나를 좋아하는 것 같다.' '나는 때때로 학교생활이 재미있다.' '나는 공부를 잘한다.').

가족에 관한 응답에서는 가족 구성원 간의 갈등을 표현한 내용이 두드러졌다('우리 아빠는 내가 어렸을 때 엄마 머리를 때렸다.' '우리 엄마, 아빠는 친하지 않다.' '나를 가장 화나게 하는 것은 엄마의 잔소리' '내가 제일 걱정하는 것은 동생이랑 싸우는 것').

현실치료에서 언급되는 사랑과 소속의 욕구('나는 다시 태어나면 우리 담임선생님의 딸로 태어나면 좋겠다.' '내가 먼 외딴곳에서 혼자 산다면 엄마와 제일 살고 싶다.')와 힘의 욕구('내가 꾼 꿈 중에서 제일 좋은 꿈은 목사님이 되는 꿈' '나는 커서 목사님이 되고 싶다. 왜냐하면, 목사님이 되면 유명해질 수 있기 때문이다.')가 함께 표현되었다.

사랑과 소속의 욕구를 충족시키기 위해 힘의 욕구를 억압하기로 선택한 것처럼 보이는 응답도 있었다('내가 동물로 변한다면 강아지가 되고 싶다. 왜냐하면, 강아지는 산책도 할 수 있고, 훈련을 받아서 주인이 하는 말을 알아들을 수 있고 주인이 한 말에 복종해야 하기 때문이다.'). 즉, 주인과 산책을 하는 것은 사랑받고 싶은 마음을, 주인에게 복종하는 것은 힘의 욕구를 억압하는 모습을 상징적으로 보여 준다.

동그라미 중심 가족화에는 종이 왼쪽에서 오른쪽으로 외삼촌-외할머니-외할아버지-소망이가 나란히 정면을 바라보고 그려져 있었다. 소망이는 제일 먼저 자기를 오른쪽 구석에 그렸는데 머리가 원에 닿고 한쪽 발끝이 원 밖에 나올 만큼 구석에 몰려 있었다. 그다음에는 정중앙에 외할머니를 그리고,

외삼촌과 외할아버지를 할머니의 양옆에 차례로 그려 넣었다. 이 세 사람은 서로 가깝게 붙어 있었지만 소망이와는 거리가 떨어져 있었다. 인물들의 위치 및 거리로 미루어 보건데, 소망이는 가족 안에서 소속감을 충분히 느끼지 못하며 가족 구성원들과 거리감을 느끼고 있는 것으로 보인다.

소망이가 동생을 그리지 않아서 상담자가 동생이 어디 있는지 물었더니, 그제야 학원에 갔다며 동그라미 안의 왼쪽 구석에 작게 막대기 사람 모양으로 그려 넣었다. "엄마는 어디 있어?"라고 물으니 "종이가 부족해서요."라고 말하며 끝내 그리지 않았다. 소망이가 동생과 어머니에게 불편한 감정을 강하게 느끼고 있음을 유추할 수 있다.

소망이가 자기를 그린 것을 보면, 무표정한 얼굴에 눈이 크고 귀가 강조되어 있는데 혼이 나지 않을까 눈치를 보며 경계하는 모습이 반영된 것으로 보인다. 팔 길이가 짧은데다 상체에 딱 붙여 그려진 것은 자신감이 부족하고 경직된 소망이의 평소 모습과 일치하는 부분이다.

## 2. 사례개념화

### 1) 내담자의 주요 문제 및 강점

소망이는 수년간 따돌림당한 탓에 학교에서 매우 위축된 모습을 보인다. 또래들은 소망이가 말을 하지 않고, 어쩌다 말을 해도 말소리가 들리지 않는다고 불평한다. 현실치료의 관점에서 보면, 소망이는 또래관계에서 사랑과 소속의 욕구와 힘의 욕구 등 자신의 바람을 충족시키는 효율적인 행동을 취하지 못하고 있다고 할 수 있다. 따돌림으로 위축된 아동들에게서 빈번히 관찰되는 다음과 같은 행동 특성이 소망이에게서 나타나고 있다(이한종, 2017).

첫째, 소망이는 또래들과 친해지고 싶지만, 또래집단에서 정상으로 받아

들여지는 행동규준으로부터 현저히 벗어난 행동을 한다. 즉, 연령에 비해 **미성숙**하거나 상황에 맞지 않는 **부적절**한 행동을 한다. 이에 대해 또래들은 혐오감을 표현하며 소망이를 대화 및 놀이 등의 사회적 상호작용에서 배제시키고 있을 뿐만 아니라 경멸적인 별명을 붙여 조롱의 대상으로 삼고 있다.

둘째, 소망이의 또 다른 바람은 자신감이 생기고 강해지는 것이지만, 또래들에게 자신의 의사를 표현하거나 권리를 주장하지 못한다. 힘이 있는 아이들이나 교사 앞에서 더욱 그러하다. 특히 갈등 상황에서는 **회피적**이거나 극도로 **순종적**인 모습을 보인다. 그래서 또래들은 소망이의 저항을 걱정할 필요 없이 공격적인 언행을 반복하고 있다.

하지만 소망이는 자신의 바람을 성취하는 데에 도움이 될 만한 강점도 지니고 있다. 우선 운동신경이 좋고 몸을 움직이며 활동하는 것을 좋아한다. 비록 사회적 상황에 대한 이해가 필요한 국어, 영어, 사회의 성적은 평균에 미치지 못하지만, 수학에서는 꾸준히 또래들보다 우수한 성취도를 보인다. 같은 반 또래들에게는 친사회적 행동을 취하는 일이 드물지만, 자기보다 어린 아이들이나 도움반 친구들을 잘 돌봐 준다. 같은 반 여자아이들 중 다섯 명은 함께 공기놀이를 하는 등 소망이와 어울리는 일이 가끔 있다.

## 2) 문제 발생에 영향을 미친 환경적 요인

성장 과정에서 소망이는 부모와 같은 주요 타자로부터 적절한 사회기술을 보고 배울 기회를 제대로 얻지 못한 것으로 보인다. 폭력적인 아버지와 지적장애를 지닌 어머니 사이에서 유아기를 보냈고, 초등학생이 된 후에는 가족의 곁을 떠나 쉼터에서 1년을 보내야 했다. 지금은 외가에서 살고 있지만, 손주 양육을 부담스러워하는 병약한 외조부모 밑에서 자라며 먹고 자는 것 말고는 그 나이의 아동으로서 마땅히 받아야할 돌봄과 훈육을 제대로 못 받고 있다.

또래들은 소망이의 문제행동을 직접 경험하거나 소망이에 대한 부정적 평판을 지속적으로 접했기 때문에 소망이에 대해 부정적 감정을 공유하고 있다. 뿐만 아니라 또래집단의 구성원 대부분이 소망이를 따돌리는 상황이 여러 해 지속되면서 자기도 이에 동조하지 않으면 또래집단에서 배척당할지 모른다는 두려움, 즉 또래압력이 학급 아동들 사이에 강하게 작용하고 있다.

## 3. 상담의 목표 및 전략: 현실치료와 또래 네트워크 구축

### 1) 상담목표

#### (1) 소망이의 변화

현실치료의 관점에서 보았을 때, 소망이는 또래관계에서 사랑과 소속의 욕구와 힘의 욕구가 심각하게 좌절된 상태에 놓여 있다. 하지만 소망이는 따돌림을 당하는 것에 대한 두려움 때문에 문제를 해결하려는 시도조차 하지 못하고 있다. 따돌림을 벗어나기 위해 소망이에게 가장 필요한 것은 두려움을 극복하는 것, 그리고 욕구 충족을 촉진하는 행동을 선택하고 시도하는 것이다.

#### (2) 또래의 변화

집단 따돌림의 해결을 위해서는 소망이뿐만 아니라 소망이를 따돌리는 또래집단 역시도 달라져야 한다. 또래들이 소망이를 공격하거나 회피하는 것을 그만두고, 소망이에 대한 사교적 행동과 이타적 행동을 늘리는 것을 또래에 대한 목표로 삼았다.

## 2) 상담전략

세 가지 방향의 전략을 통해 상담목표를 성취하고자 시도했다. 첫째, 소망이의 변화를 돕기 위해, 욕구 탐색(W), 현재의 행동 검토(D), 현재 행동의 효율성 평가(E), 새로운 행동 계획 및 실천(P)의 절차를 밟는 현실치료를 적용했다. 둘째, 두려움에 압도된 소망이가 좌절하지 않도록 조력하는 또래들의 지지 모임인 또래 네트워크(peer network)를 상담 초기부터 구성해 운영했다(이한종, 2017). 셋째, 집단 따돌림을 용인하는 학급문화를 바꾸기 위해 또래들이 서로 이타적 행동을 주고받으며 이타적 학급문화를 구축해 가는 학급활동을 실시했다.

## 4. 상담과정

우선 소망이가 놓인 상황에 대한 정보를 수집하기 위해, 같은 반 또래들과 대화를 나누었으며, 가정 방문을 통해 외할머니를 면담하고 소망이가 생활하고 있는 환경을 살폈다. 그 결과, 심리적 개입 외에도 위생, 건강, 경제 문제 등에 대한 실질적 지원이 필요하다는 것을 알게 되어 보건교사 및 학교 사회복지사의 도움을 받았다. 심리적 개입 측면에서는 소망이와 또래집단 양자 모두를 변화시키기 위해, 소망이에 대한 현실치료, 또래 네트워크 구축, 이타적 학급문화 만들기 등의 다각적 시도가 이루어졌다.

정보 수집

## 1) 또래 네트워크 구성

또래 네트워크는 친구관계 형성에 어려움을 겪고 있는 아동을 돕기 위해 또래들이 직접 나서서 지지적인 학교환경을 제공해 주는 개입전략이다. 또래 네트워크는 대개 3~6명 정도의 또래 협력자들로 구성되는데, 소망이를 돕는 일에 참여할 후보를 확보하기 위해 다음과 같은 설문을 학급에 실시했다.

"우리 반에서 친구를 가장 잘 도와주는 사람의 이름을 남녀별로 따로따로 적어 주세요. 사람 수에는 제한이 없으니 생각나는 대로 모두 적어 주세요."

소망이의 행동 변화를 도움과 동시에 소망이를 따돌리는 학급 분위기를 바꾸는 데에 영향력을 행사할 수 있는 아동들로 또래 네트워크를 구성하는 것이 바람직하다. 확보된 후보들 중에서 또래들 사이에 인기가 높고 사회적 기술을 갖춘 남자아이 3명(민준, 지훈, 현우), 여자아이 3명(서윤, 민지, 혜진)을 골랐다. 또래 협력자 6명과 소망이에게 또래 네트워크 활동의 취지를 설명하고 동의를 얻었다.

또래들 사이에서 일어나고 있는 일을 가장 잘 알고 있는 사람은 또래들이다. 소망이의 문제에 대한 또래 협력자들의 인식을 탐색함으로써 소망이의 문제를 더욱 정확히 이해할 수 있었다. 또래 네트워크의 첫 모임에서 오고간 대화를 살펴보자.

상담자: 너희가 생각하기에 왜 소망이가 친구 사귀기가 힘든 것 같아?

서  윤: 소망이에 대한 안 좋은 소문이 났어요. 애들이 그 소문 듣고 다 피하기 때문에 애들이 안 놀아 주는 것 같아요.

민  준: 저희가 다가가면 다른 아이들이 놀려요. 오염물질 옮았다고요.

상담자: 소망이에 대한 소문을 선생님도 들어서 알고는 있지만, 정확히 어떤 소문인지 알고 싶구나.

지  훈: 2학년 때부터 시작되었어요.

민  지: 소망이가 냄새가 나서 애들이 오염물질이라고 불러요. 소망이를 만지면 막 옮는다고 해요.

혜  진: 소망이랑 놀면 애들이 막 피해서 나도 왕따가 되기 싫어서 안 노는 거예요. 동조현상이에요.

상담자: 소망이에 대한 나쁜 소문에 동조해서 그리고 소망이랑 놀면 자기도 왕따를 당할까 봐 무서워서 친구들이 소망이를 피하고 있구나.

서  윤: 애들이 소망이한테 무뚝뚝하게 굴고, 막 "저리 가!" 그리고.

상담자: 혹시 왕따시킬 때 주축이 되는 친구가 있니?

현  우: 박용수!

아이들: (일제히) 맞아요!

현  우: 용수는 소망이가 뭐 물어보면 "뭐? 이 멍충아! 오염물질아!" 하고 도망가요.

지  훈: 근데 애들 사이에 소망이의 그런 이미지가 배어 있어요. 이미지 자체가.

상담자: 소망이의 어떤 점 때문에 친구들이 따돌리는 걸까?

민  지: 애들이 놀릴까 봐 눈치를 너무 많이 봐요. 지난번에 화장실에 갔다가 나오려고 하는데 애들이 밖에 있는 걸 알고 안 나왔어요. 그래서 소망이가 어디 있나 계속 찾다가 화장실에서 찾아서 선생님한테 이야기했는데 그때 나왔어요.

서  윤: 소망이가 말을 거의 안 하는데, 어쩌다 말할 때도 목소리가 작아져요. 소망이는 자기를 도와줄 사람한테도 이야기를 안

하고 꾹 참고 있어요.

지  훈: 전 냄새 때문인 것 같아요. 어떨 때는 나고 어떨 때는 안 나
요. 어떨 때는 심하게 나서 저도 모르게 코로 손이 가요. 엄마
한테 물어봤는데 소망이네 방앗간에서 기름이 튀어서 오래
있으면 냄새가 나는 거래요. 집이 방앗간이니까 어쩔 수 없
어요.

## 2) 가정 방문

주 양육자인 외할머니를 면담하고자 상담자가 소망이의 집을 방문했을
때, 방앗간을 겸하고 있는 오래된 집에서는 고춧가루 냄새와 하수구 냄새가
진동했다. 외할머니는 소망이의 몸에서 냄새가 나는 것을 전혀 인식하지 못
했고, 따돌림을 당하고 있는 사실도 모르고 있었다. 외할머니와 함께 상담자
가 소망이를 인근 병원에 데려가 진찰을 받은 결과, 액취증을 앓고 있음이 확
인되었다.

### 실질적 지원 제공

## 1) 보건교사의 지원

액취증으로 인한 냄새는 땀이 날 때 심해지므로 잘 씻는 게 가장 중요하다.
수술 전까지는 완치가 어렵다. 보건교사에게 부탁해서 소망이에게 씻는 방
법을 알려 주고, 탈취제, 보디클렌저, 빗 등의 위생용품을 챙겨 수도록 했다.

## 2) 학교 사회복지사의 지원

학교 사회복지사를 통해 소망이에게 도움을 줄 수 있는 외부기관을 연계시켜 주었다. 의료생협을 통해 무료로 액취증을 치료받을 수 있게 되었으며, 구호단체인 굿네이버스에서는 장학금을 지원해 주었다. 의류업체인 이랜드에서는 소망이가 입을 옷을 보내 주었다.

**소망이와의 개인상담**

현실치료의 절차에 따라 또래관계에 대한 소망이의 바람을 탐색하고 이것의 실현을 촉진하는 효율적인 행동을 선택하고 연습하는 작업을 매 회기 반복했다. 1회기에 상담목표 설정 및 상담 구조화를 마치고 나서 일주일 후에 진행된 2회기에서 상담자가 소망이가 나눈 대화의 일부를 소개한다.

## 1) 욕구로 초점 돌리기(W)

회기에서 다룰 화제를 결정할 때 내담자들은 흔히 부정적 감정을 경험한 사건을 토로한다. 이러한 사건의 이면에 존재하는 욕구로 초점을 돌리고 구체화할 필요가 있다. 아울러 타인의 변화에 대한 일방적 바람이 아니라 자신과 타인이 좋은 관계를 맺고 있는 상태, 즉 긍정적 행동을 서로 교환하는 모습으로 욕구를 기술하도록 이끄는 것이 좋다. 이러한 시도는 단순히 부정적 감정을 토로하는 책임 전가의 태도가 아니라 원하는 것을 성취하기 위해 자신이 수행할 수 있는 역할에 관심을 가지는 책임 인식의 태도로 전환하는 데에 도움이 된다.

상담자: 소망아, 지난 시간에 친구들과 잘 지내고 싶다고 했었지? 그리고 상담 시간에는 그 방법을 찾아내고 연습할 것이라고 했고. 오늘은 무슨 얘기를 하면 소망이에게 도움이 될까?

소망이: 오늘 점심시간에 다현이 옆에 앉았는데 다현이가 다른 자리로 가 버렸어요.

상담자: 혼자서 밥을 먹는 일이 많다고 했는데 어떻게 다현이 옆에 앉을 생각을 했어?

소망이: 빈자리가 잘 안 보여서.

상담자: 빈자리가 거기밖에 없었니?

소망이: 있긴 했는데, 그래도 노력하려고…….

상담자: 쉽지 않았을 텐데 소망이가 용기를 내었구나. 친구들에게 다가가고 싶은 마음이 정말 큰 것 같아. 다현이가 어떤 모습을 보여 주었으면 소망이의 기분이 좋았을까?

소망이: 안 피하고 같이 밥을 먹었으면…….

상담자: 같이 밥을 먹으면, 기분이 10점 만점 중에 몇 점 정도가 될까?

소망이: 7점.

상담자: 혹시 소망이의 기분이 7점보다도 더 좋아지려면 무슨 일이 일어나야 할까?

소망이: 같이 이야기하면서 웃으면서 밥을 먹으면…….

상담자: 다현이가 웃으면서 이야기하면 소망이의 모습도 달라질 것 같은데?

소망이: 저도 같이 웃으면서 이야기해요.

상담자: 그러니까 소망이가 원하는 건 밥 먹을 때 함께 웃으며 이야기하는 것이로구나. 혹시 이것이 이루어진다면 소망이의 기분은 몇 점이 될까?

소망이: 10점이요.

## 2) 현재의 행동을 탐색하고(D) 이것이 욕구 성취에 도움이 되는 정도 평가하기(E)

호소문제와 관련된 현재의 감정·사고·행동을 탐색하고 이것이 욕구 성취에 비효율적임을 깨달을 때 변화의 동기가 높아진다. 내담자의 행동이 바람직한지의 여부를 평가하는 것이 아니라 욕구 성취에 도움이 되는 정도를 평가하는 것이 중요하다.

> 상담자: 소망이가 이걸 이렇게 많이 원하는데, 다현이가 다른 자리로 갔을 때 마음이 어땠니?
>
> 소망이: 속상하고 기분 나빴어요.
>
> 상담자: 그때 어떤 생각이 들었는지도 궁금하구나.
>
> 소망이: (아주 작은 목소리로) 나를 싫어하는구나.
>
> 상담자: 다현이가 소망이를 싫어한다는 생각이 들어서 속상했던 것이로구나. 그래서 소망이는 어떻게 했니?
>
> 소망이: 아무 말도 안 하고 가만히 있었어요. 꾹 참고.
>
> 상담자: 친구가 소망이를 피할 때 속상한 마음을 참는다는 이야기를 지난 시간에도 했었지?
>
> 소망이: 네.
>
> 상담자: 그렇게 참는 것이 소망이에게 어떻게 도움이 되니?
>
> 소망이: 그러면 마음이 편해져요.
>
> 상담자: 참으면 마음이 편해지는구나. 그런데 소망이가 원하는 것, 그러니까 친구와 가까워지는 데는 얼마나 도움이 되지?
>
> 소망이: 별로 도움이 안 돼요.
>
> 상담자: 무엇을 보고 참는 게 도움이 되지 않는다는 것을 알았니?
>
> 소망이: 애들이 계속 저를 피해서요.

소망이는 참는 것(D)을 통해 마음이 편안해지는 단기적 이익을 얻고 있었지만, 또래관계 개선이라는 궁극적 목표를 성취하지 못하고 있다(E). 상담자와의 대화는 새로운 행동을 취할 필요성이 있음을 소망이 스스로 인식하는 계기가 되었다.

## 3) 욕구 성취를 위한 계획 세우기 및 연습하기(P)

욕구 성취를 위해 무엇을 하면 좋을지를 묻자, 상담자의 질문과 반대로, 소망이는 욕구 성취를 방해하는 요인을 언급하며 낙담한 표정을 지었다. 여러해 동안 좌절을 겪어 온 탓이다. 이러한 상황에서 소망이를 돕는 한 가지 방안은 방해 요인이 사라졌다고 상상하며 새로운 계획을 탐색하는 것이다.

상담자: 친구들과 함께 점심을 먹고 이야기하려면 뭔가 다른 방법을 찾아야 할 것 같구나.

소망이: 근데 자신감이 없어서…….

상담자: 소망이에게는 자신감이 중요하구나. 지금부터 자신감 넘치는 소망이가 되었다는 상상을 해 보자. 자신감으로 충만한 소망이의 모습이 어떨지 궁금하구나.

소망이: 큰 목소리로 말을 또렷하게 해요.

상담자: 눈으로는 상대방의 어디를 바라볼까?

소망이: 눈을 똑바로 바라봐요.

상담자: 몸의 자세는 어떻게 하고 있지?

소망이: 어깨를 똑바로 펴고 있어요.

상담자: 어깨를 펴고 상대방의 눈을 바라보며 큰 목소리로 또렷하게 말하는 소망이의 표정이 어떨지 궁금하구나.

소망이: 편안한 표정이요.

상담자: 아주 자신감이 가득한 소망이의 모습이구나. 자신감 넘치는
　　　　모습으로 급식실에 들어간 모습도 상상해 보자. 다현이의 옆
　　　　자리가 비어 있어. 소망이는 다현이랑 같이 밥 먹고 이야기
　　　　하고 싶은 마음이 들어. 자신감 넘치는 소망이는 다현이에게
　　　　어떤 말과 행동을 할까?

소망이: "다현아, 나 옆에 앉아도 돼?"라고 말해요.

상담자: 그러고 나서?

소망이: "나랑 같이 밥 먹자."

상담자: 아주 좋은 생각이구나. 혹시 다현이가 싫다고 하면 뭐라고 말
　　　　하면 좋을까?

소망이: 당황해서 아무 말도 못할 것 같아요.

상담자: 당황하지 않는다면 자신감 넘치는 소망이는 뭐라고 말할까?

소망이: 잘 모르겠어요.

상담자: 1번 마음을 표현한다, 2번 가만히 있는다. 어느 쪽일까?

소망이: 마음을 표현해요.

상담자: 소망이의 어떤 마음을?

소망이: 속상한 마음…….

상담자: 그 마음을 표현하기 위해 뭐라고 말할 수 있을까?

소망이: "나 좀 피하지 말아 줄래? 나를 피하면 기분이 나쁘고 속상해.
　　　　그러니까 이제부터 피하지 말아 줄래?"

상담자: 그렇게 말하면 소망이에게 어떻게 도움이 될까?

소망이: 다현이가 제 마음을 알 수 있어요. 그런데 그렇게 말하면 다
　　　　현이가 "저리 가!"라고 할까 봐 무서워요.

상담자: 다현이가 마음을 받아 줄 수도 있지만 그렇지 않을 수도 있다
　　　　는 이야기로구나. 친구들과 친해질 가능성을 비교해 보자.
　　　　가만히 있는 것과 마음을 표현하는 것 중에 어느 쪽이 친구들

과 친해질 가능성이 더 클까?

소망이: 마음을 표현하는 것.

상담자: 맞아. 소망아. 다른 사람의 행동을 내가 원하는 대로 100% 통
제할 수는 없어. 하지만 더 가능성 높은 행동을 선택하는 것
이 현명한 일이란다. 소망이는 어떻게 생각하니?

소망이: 그렇기는 한데…….

상담자: 그럼, 소망이가 마음을 표현했는데 다현이가 끝까지 받아 주지
않을 때를 대비해서 어떻게 할지도 생각해 두면 도움이 될까?

소망이: 네. 근데 어떻게 해야 하는지를 모르겠어요.

상담자: 그럴 때는 다현이의 의사를 존중해 주면서 다음 기회를 노리
는 것이 좋을 것 같아. 뭐라고 말해 볼 수 있을까?

소망이: "알았어. 그럼 다음에 같이 먹자."라고 말해요.

상담자: 아주 좋은 생각이야. 그렇게 말한 다음에는 무엇을 할까?

소망이: 다른 자리에 가서 앉아요.

상담자: 정말 좋은 생각이구나. 오늘 소망이랑 작전을 만들었는데 무
슨 작전이라고 이름 붙이면 좋을까?

소망이: 음……. '급식실 친구 만들기 작전'이요.

상담자: 그리고 방금 말한 세 가지 작전을 표에 적어 보자. 그리고 나
서는 선생님이 다현이 역할을 맡을 테니까 작전 1에서 작전
3까지 한번 연습해 보자.

표 6-1 ◈ **급식실 친구 만들기 작전**

| 작전 1: 제안하기 | "나 옆에 앉아도 돼? 같이 밥 먹자." |
|---|---|
| 작전 2: 마음 표현하기 | "나 좀 피하지 말아 줄래? 나를 피하면 기분이 나쁘고 속상해. 그러니까 이제부터 피하지 말아 줄래?" |
| 작전 3: 다음 기회 노리기 | "알았어. 그럼 다음에 같이 먹자."라고 말하고 다른 자리로 가기 |

**또래 네트워크 주간 모임**

상담 시간에 연습한 새로운 행동을 소망이가 시도하더라도 또래들로부터 자기가 원하는 반응을 얻지 못할 수 있다. 소망이에게 강한 부정적 감정을 느끼는 또래들이 있을 뿐 아니라 소망이와 어울리면 자기도 따돌림을 당할지 모른다는 두려움이 학급 아동 대다수에게 공유되고 있는 상황을 고려하면, 이러한 부정적 가능성에 철저히 대비해 둘 필요가 있다. 그렇지 않으면, 소망이는 좌절을 반복하다 낙담해서 모처럼 용기를 내어 시작한 긍정적 시도를 그만두게 될지도 모른다. 또래 네트워크의 가장 큰 역할은 소망이의 긍정적 시도가 성공을 거두도록 지원하는 것이다. 이를 위해 또래 네트워크는 일주일에 한 번씩 소망이의 상담이 진행된 바로 다음 날 모임을 가졌다. 주간 모임에서는 우선 또래 협력자들이 지난 일주일간 수행한 활동의 내역 및 효과를 점검했다. 그리고 나서는 다음에 소개하는 것처럼 소망이의 행동 계획을 검토하고 이를 지원하기 위한 또래 네트워크의 활동 계획을 세웠다.

### 1) 소망이의 행동 계획 검토하기

어떤 행동이 또래관계에 긍정적 결과를 가져올지를 가장 잘 알고 있는 사람은 상담자가 아니라 아이들이다. 아이들의 의견을 반영해 소망이의 행동 계획을 수정한다면, 계획의 성공 가능성은 더욱 높아질 수 있다. 개인상담 시간에 만든 행동 계획을 또래 네트워크의 주간 모임에서 공개하고 검토하는 것의 장점을 소망이에게 설명하고 동의를 얻었다.

상담자: (급식실 친구 만들기 작전표를 또래 협력자들에게 보여 주며 설명
　　　　한다) 너희들이 생각하기에 이렇게 하면 친구들이 급식소에
　　　　서 소망이를 피하지 않는 데에 효과가 있을까?

민　지: 효과가 있을 것 같긴 한데, 2번 작전은 말이 너무 세서 잘못하
　　　　면 싸우게 될 수도 있을 것 같아요.

지　훈: 아니야. 오히려 세게 말하는 게 더 좋을 수도 있어.

상담자: 2번 작전에 적힌 말이 세다는 것에 대해 민지와 지훈이가 동
　　　　의하는구나. 다른 친구들은 어떻게 생각하니?

서　윤: 저도 좀 센 것 같아요.

혜진, 민준, 현우: 네. 그런 것 같아요.

상담자: 그럼 이걸 어떻게 좀 부드럽게 만들 수 있을까?

민　준: 말할 때 화난 것처럼 하지 말고 부드러운 말투로 말해야 해요.

상담자: 그것도 참 좋은 생각이구나. 혹시 말의 내용도 좀 바꾸는 것
　　　　이 좋을까?

혜　진: 2번 작전을 보면 피하지 말라는 말을 두 번 하는데, 그건 좀
　　　　기분 나쁘게 들릴 수 있으니까 그 대신 친절하게 부탁하는 말
　　　　을 하면 좋을 것 같아요.

민　지: 피하는 애도 자기가 왕따 당할까 봐 무서운 거니까 상대방 입
　　　　장도 배려해 줘야 해요.


　또래 협력자들과 대화를 통해 작전 2는 "네가 나를 피하려고 해서 속상해.
하지만 나도 네가 난처하다는 걸 알아. 그래도 한 번만 옆에 앉게 해 주면 정
말 고마울 것 같아."로 수정되었다. 상담자는 수정된 작전을 소망이에게 알
리고 의견을 물었다. 소망이도 바뀐 작전이 훨씬 낫다며 좋아했다.

## 2) 또래 네트워크의 활동 계획 수립하기

소망이의 행동 계획은 평소 소망이가 하지 않던 새로운 행동이므로 처음에는 능숙하게 수행하기가 어려울 수 있다. 상담자와 함께 연습을 수행하기는 했지만, 일상에서 실제로 실천하다 보면 예상하지 못한 어려움이 발생할 수도 있다. 학급의 또래들에게도 소망이의 새로운 행동은 당황스럽게 느껴질 수도 있다. 하지만 학급에서 영향력 있는 아이들로 구성된 또래 네트워크가 나서서 소망이와 긍정적 상호작용을 하는 모습을 학급 또래들이 자주 목격한다면 이들 역시도 소망이에게 친사회적 행동을 취할 가능성이 높아진다. 즉, 학급 내에 긍정적 또래 압력이 형성되기 시작하는 것이다. 또래 네트워크의 주간 회의에서 소망이를 돕는 활동을 계획하는 모습을 살펴보자.

상담자: 우리 친구들이 좋은 의견을 준 덕분에 소망이에게 좋은 작전을 선물해 줄 수 있게 되었구나. 소망이가 많이 고마워할 거야. 이번에는 소망이가 급식실 작전을 잘 실천하도록 도울 방법을 생각해 보면 좋겠구나.

현  우: 우리가 매일 돌아가면서 한 명씩 같이 밥을 먹어 줘요.

지  훈: 근데 그렇게 하면 소망이가 우리한테만 너무 의지하게 될 수도 있어요.

서  윤: 상대방이 끝까지 싫다고 하면 소망이가 힘들 것 같아요. 그때 우리 중 한 명이 소망이한테 가서 같이 먹자고 하면 좋을 것 같아요.

상담자: 그러니까 소망이가 작전 1, 2, 3을 다 했는데도 상대방이 싫다고 하면, 그때 도와주자는 이야기구나.

민  지: 저도 그게 좋을 것 같아요.

혜  진: 근데 소망이가 처음에는 작전을 잘 못할 수도 있어요. 그럴

때는 나중에 가서 이렇게 고치라고 얘기해 주는 것도 좋을 것
같아요.

상담자: 혜진이 말처럼 소망이에게 조언을 해 주는 것도 참 좋은 생각
이다.

소망이의 행동 계획 실천을 돕는 것 말고도 또래 네트워크가 소망이를 도
울 수 있는 방법에 대해 자유롭게 토론하는 시간을 가졌다. 이를 통해 소망
이가 겪고 있는 문제의 성격 및 해결방안에 대해 상담자가 미처 알지 못했던,
아이들 눈높이의 정보를 풍부하게 얻을 수 있었다. 다음의 대화를 살펴보자.

상담자: 급식실 작전 말고도 우리가 소망이를 돕기 위해 할 수 있는
일이 뭐가 있을까?

지  훈: 도와주고 싶죠. 그래도 신경 안 쓸 수 없어요. 도와주면 제가
왕따가 되잖아요. 도와주고는 싶은데, 도와주고 싶어도 가끔
씩 친구들 없을 때 만났을 때는 도와주는데 학교에서는 보는
애들이 너무 많으니까 힘들어요.

서  윤: 우리가 열심히 해도 다른 아이들이 따라올지 안 따라올지 모
르는 거잖아요. 우리가 계획을 세우는 거니까 확신이 없어요.

현  우: 우리 반 박용수나 김태양 같은 아이들이 다른 반 애들한테
5학년 매화반 다 오염물질이라고 만지지 말라고 그러고, 그
때 저랑 소망이랑 이야기하는데 오염물질된다고 저를 놀린
적이 있어요.

혜  진: 이게 막 번져 있어요. 서희가 소망이한테 잘해 주면 우리 반
이 놀리고, 우리 반이 성공해도 5학년 전체가 놀려요. 우리
반만 소망이한테 심한 것이 아니라 다 한 번씩은 따돌리는 걸
해 봤으니까.

지  훈: 아이들이 피하니까 저도 힘들어요. 소망이에 대한 편견이 생겨서 그거는 어쩔 수가 없는 거예요..

상담자: 이런 편견을 깨기 위해 우리가 할 수 있는 일이 무엇일까?

민  준: 선생님이 그러지 말라고 하면서 애를 쓰시면 아이들이 화가 나서 뭐라고 그래요. 선생님이 소망이가 왕따당해서 신경 써 줄 때 애들이 차별하는 느낌을 받았나 봐요. 소망이가 발표할 때 선생님이 호응을 많이 해 주면 선생님이 우리를 차별한다고 해요. 소망이가 왕따당하는데 왜 우리를 우습게 보냐고 그럴 때가 있어요.

지  훈: 선생님이 소망이가 왕따당한다고 호응해 주시니까 저도 차별당하는 느낌이 들어서 소망이한테 좀 더 못되게 굴 것 같은 기분이 들어요.

현  우: 저도 선생님이 소망이를 우리와 같이 평등하게 대해야지 불만이 없을 것 같아요.

여러 해 동안 이어진 따돌림으로 인해 학급뿐 아니라 학년 전체에 소망이를 따돌리는 부정적 또래 압력이 형성되어 있는 것을 알 수 있다. 그리고 소망이를 돕고자 했던 담임교사의 노력에 대해 아이들이 질투심을 느낀다는 것은 새로운 발견이었다. 놀랍게도 또래 협력자들은, 다음의 대화에서 볼 수 있는 것처럼, 부정적 또래 압력을 해소할 방안을 생각해 내었다.

상담자: 선생님이 소망이만 너무 신경 쓰는 것 같아서 너희들도 불편했구나. 그 부분은 선생님도 고치려고 노력할게. 그리고 소망이에 대한 아이들의 이미지를 갑자기 바꾸는 것이 쉬운 일은 아니지만, 그래도 방법이 있을 것 같아. 한번 잘 생각해 보자.

민  지: 우리 여섯 명이 티 안 나게 조금씩 소망이랑 같이 놀아 주면,

애들이 '어, 쟤랑 노는 게 재미있나 보다. 같이 가서 놀자.'라
고 조금씩 생각할 것 같아요.

현　우: 오히려 보이게 대놓고 하는 게 나을 수도 있어.

상담자: 왜?

현　우: 우리 반 전체가 변해야 하기 때문에요. 애들도 보고 느껴야
해요. 또 소망이가 우리한테만 의지하면 다른 아이들한테는
말을 잘 못 걸 거잖아요.

민　준: 박용수처럼 소망이를 심하게 괴롭히는 아이들을 골라서 그
아이들만 먼저 우리가 차례대로 고쳐 주면 나아질 것 같아요.
걔들만 소망이를 괴롭히지 않아도 많이 좋아질 수 있어요.

민준이가 마지막에 제안해 준 생각을 실현하기 위한 계획을 짠 다음, 집단
따돌림에서 주도적 가해자의 역할을 하던 용수를 주간 모임에 두 차례 초대
했다. 처음 참석한 주간 모임에서 상담자는 또래 협력자들과 함께 소망이에
관한 다음의 네 가지 사실을 용수에게 알려 주었다. 용수가 소망이의 고통을
공감하고 소망이에 대해 긍정적으로 인식하도록 도우려는 조치였다.

- 따돌림 때문에 소망이가 고통스러워하고 있다는 것
- 소망이가 또래들과 친해지고 싶어 한다는 것
- 소망이가 요즘 노력하고 있는 것
- 소망이가 가진 장점

이야기를 듣고 용수는 소망이가 이런 줄 몰랐다며 미안하다고 했다. 상남
자는 용수에게 소망이를 도와주기 위해 무엇을 하고 싶은지를 질문한 다음
그것을 실천하는 것을 용수의 미션으로 부여했다. 일주일 후 주간 모임에 두
번째로 용수가 참석했을 때, 용수가 그동안 소망이에게 취한 긍정적 행동들

을 칭찬받는 자리를 마련했다.

> 상담자: 요즘 용수가 너무 멋있어져서 선생님이 칭찬해 주고 싶은 점
>         이 한 가지 있어.
> 민  준: 오!
> 상담자: 소망이에 대한 태도가 많이 달라졌어.
> 서  윤: 말도 자주 걸어 주고!
> 상담자: 응~ 말도 자주 걸어 주고. 소망이가 거기에 대해서 굉장히
>         고마워해!
> 용  수: (놀라며) 그래요?
> 상담자: 얼마나 고마워하는지 몰라! 이 얼마나 멋진 모습이야! 너희들
>         도 용수의 멋진 모습 봤지?
> 민  지: 네. 봤어요. 지난번엔 용수가 소망이한테 청소구역이 어딘지
>         도 친절하게 알려 줬어요.
> 상담자: 짱이야! 진짜!
> 현  우: 저는 용수가 "소망아, 안녕!" 하고 인사해 주는 것도 봤어요.
> 혜  진: 맞아. 소망이가 그때 정말 많이 기뻐했어.

### 이타적 학급문화 만들기

또래 네트워크의 주간 회의를 통해 확인된 것처럼, 소망이의 학급에는 또래관계에 어려움을 겪는 아동이 있을 때, 이 아동을 배척하는 부정적 또래 압력이 강력하게 작용하고 있었다. 이로 인해 아이들은 소망이를 따돌리는 일이 자연스러운 일이고 돕는 것은 부자연스러운 일로 인식하고 있었다. 이러한 학급문화를 뒤집어서 이타적인 행동이 자연스럽고 당연한 일로 여겨지는 학급문화를 만드는 것은 집단 따돌림을 해소하는 데에 크게 도움이 된다.

이타적 학급문화를 만들기 위해 상담자는 2주간에 걸쳐 아이들이 서로를 돕는 띠앗 활동을 실시했다(EBS, 2008). 학급을 두 팀으로 나누고 상담자가 추첨을 통해 각 팀당 한 명을 띠앗으로 선정했다. 누가 띠앗인지는 해당 팀원들에게만 공개되고 상대 팀에게는 비밀에 부쳤다. 띠앗의 역할은 상대 팀에게 들키지 않고 친구들에게 선행을 하는 것이다. 띠앗 활동의 마지막 날, 우리 팀 띠앗이 누구인지 상대 팀에게 들키면 그 팀은 지는 것이 된다. 띠앗 활동에서 이기기 위해 띠앗이 아닌 아이들이 마치 자기도 띠앗인 것처럼 이타적인 행동을 취해서 상대편에게 혼란을 주었다. 이러한 과정에서 다음과 같은 긍정적 요소가 발현하며 이타적 학급 문화의 형성이 촉진되었다.

• 아이들이 자연스럽게 남을 돕는 경험을 하면서 이타적 행동이 당연히 수행해야 하는 또래집단의 행동 규범으로 자리 잡아 갔다.
• 타인의 어려움에 관심을 가지고 서로를 돕는 행동을 반복적으로 교환하면서 아이들은 서로에 대한 공감과 호감을 키워 갔다. 공감과 호감은 이타적 행동을 촉진하는 정서적 요소임이 선행연구에서 일관되게 보고되었다(이한종, 2017).
• 띠앗 활동 중에 아이들은 여러 차례 대책회의를 열고 서로 역할을 분담하는 등 공동의 목표를 달성하기 위해 협력하며 서로가 같은 공동체의 구성원이라는 인식이 강해졌다.

### 상담 성과

## 1) 소망이의 변화

### (1) 주장성 향상

소망이의 행동에 가장 두드러지게 나타난 변화는 주장성이 높아져서 또래들에게 질문하거나 도움을 요청하는 빈도가 높아진 것이다. 회기 중에 소망이는 다음과 같은 이야기를 해 주었다.

"오늘은 현진이한테 지우개를 빌려 달라고 했어요."
"승환이한테 어디 청소해야 하냐고 물으니까 친절하게 대답해 줬어요."
"오늘 점심시간에 양치하러 화장실에 갈 때 부탁했더니 준영이가 사물함에서 칫솔을 꺼내 줬어요."

## (2) 이타적 행동 증가

소망이는 본래 저학년이나 도움반 아이들을 곧잘 도와주었지만, 같은 반 또래들과 함께 있을 때는 거부에 대한 두려움 때문에 이런 이타적인 모습을 보이는 일이 거의 없었다. 하지만 상담이 진행될수록 다음의 대화에서처럼 또래들에게 많은 이타적 행동을 취하게 되었다.

소망이: 어제 지석이가 도덕 시간에 도덕책, 실과시간에 실과책을 안 가져와서 표정이 안 좋길래 같이 보자고 했어요. 그랬더니 표정이 바뀌었어요.

상담자: 어떻게 바뀌었지?

소망이: 지석이가 미소를 지었어요.

상담자: 그걸 보고 소망이는 기분이 어땠어?

소망이: 엄청 좋았어요.

상담자: 그래? 소망이가 지석이를 어떻게 도와줬는지 궁금하다.

소망이: 책 안 가져왔냐고 물어보고 지석이에게 같이 보자고 말했어요. 그랬더니 지석이가 씩 웃었어요.

### (3) 위생 관리

소망이는 따돌림의 주된 원인으로 작용하던 위생 문제에 대해서도 신경을 쓰고 노력하는 모습을 보여 주었다.

"씻자고 생각하고 씻고, 일요일에는 점심 때 할머니랑 동생이랑 목욕탕 가고 다녀와서 땀 흘려서 또 씻었어요."
"옷 입을 때 더러운 것이 묻었나 다시 보고 갈아입었어요."
"갈아입을 옷을 잘 때 머리맡에 두고 잤어요."

## 2) 또래들의 변화

상담이 종결될 즈음, 또래들이 소망이와 놀이와 대화를 함께하고 어려움을 도와주는 모습이 자주 관찰되었다. 아직도 소망이와 어울리는 것을 불편해하는 아이들이 있지만, 공격적인 언행을 하며 괴롭히는 모습은 더 이상 목격되지 않았다. 다음의 대화를 통해 또래들의 변화를 살펴보자.

상담자: 요즘 소망이의 학교생활이 어떠니?
소망이: 좋아요. 친구들이 공기놀이 같이 하자고 해서요.
상담자: 누가 먼저 같이 놀자고 한 거야?
소망이: 친구들이 먼저요. 그래서 기분이 좋았어요.
상담자: 아주 잘되었구나. 오늘 소망이 표정이 밝은데, 또 어떤 좋은 일이 있었는지 궁금하다.
소망이: 수련활동 갔을 때, 주은이가 샴푸하고 린스를 빌려줬어요. 그리고 서은이가 여드름 가려워도 긁지 말라고 하면서 여드름 로션도 빌려줬어요.
상담자: 아주 기분이 좋았겠구나. 그래서 소망이는 어떻게 했어?

■    소망이: 고맙다고 말했어요. 그랬더니 서은이가 웃었어요.

## 5. 대안적 접근: 가족관계 개선을 위한 상담과 지지자원 강화

### 1) 가족관계에서 심리적 지지와 돌봄을 줄 수 있는 자원의 탐색과 강화

소망이는 폭력적인 아버지와 지적 장애를 지닌 어머니 사이에서 유아기를 보냈으며 부모 이혼 후 부모 둘 다 자녀양육을 원하지 않아서 쉼터에서 오랜 기간 지내야 했다. 이후 양육을 맡게 된 외조부모는 건강이 좋지 않아 양육을 부담스러워하고 있다. 이러한 가족 상황으로 인해 소망이는 위생과 같은 기본적 돌봄이나 심리적 지지가 결여된 상황에서 오랫동안 생활해 왔고, 이는 소망이의 심리적 위축을 가중시키는 요인이 되고 있다. 가족에서 기본적 돌봄과 심리적 지지가 충분하지 못하면 그만큼 또래관계에서 위축될 가능성이 높아진다.

상담 이후 학교에서 담임교사 및 또래들의 심리적 지지가 잘 제공되고 있다는 점은 소망이의 따돌림을 해결하는 데 매우 귀중한 자원이 되고 있다. 그러나 초등학생인 소망이에게 가족의 심리적 지지는 또 다른 필요 자원이다. 소망이처럼 부모의 이혼을 경험한 아동들의 적응에 있어서 유기불안(버림받을까 두려워하는 마음)은 부정적 요인이 되는데, 이혼 후 부모 중 한쪽이 자녀를 돌봄을 지속하는 경우에도 자녀는 유기불안을 느낄 가능성이 있다. 즉, 어느 날부터 비양육 부모가 자녀를 떠나는 것을 경험하게 된 자녀가 다른 한쪽 부모마저도 자기를 버릴지 모른다는 불안, 가끔 접촉을 갖는 비양육 부모가 언젠가 자기를 완전히 버릴지 모른다는 불안, 부모가 새로운 이성관계를 가지게 되어 동거나 재혼을 하게 되면 자기를 버릴지 모른다는 불안 등이 아동의 마음을 괴롭힌다는 것이다(김혜숙, 2013).

그런데 소망이는 실제로 부모로부터 유기되는 경험을 이미 상당히 오랜 기간 하고 있다. 이혼 후 부모 둘 다 자녀양육을 원하지 않아서 쉼터에서 오랜 기간 지낸 것, 이후 양육을 부담스러워하는 외조부모에게 맡겨져 있고 부모는 가끔씩만 만날 수 있는 것 등이 소망이에게는 부모로부터의 유기가 상상 속의 불안이 아닌 실제로 일어나고 있고 더 심해질 수도 있는 위험, 예컨대 외조부모로부터도 다시 유기될 수 있다는 불안, 부모로부터 완전히 버려질 수 있다는 두려움으로 일상생활 속에서 경험될 수 있다. 소망이의 이런 불안이 감소될 수 있도록 외조부모, 어머니, 아버지, 외삼촌 중에서 적어도 한두 명의 성인이 소망이에게 보다 견고한 심리적 지지와 돌봄을 제공할 수 있다면, 소망이가 심리적 안정감을 되찾고 또래관계에서도 좀더 자신감 있는 상호작용이 이루어지는 데 도움이 될 것이다. 따라서 소망이의 부모나 확대가족 내의 성인들, 학교 사회복지사 등 주변 성인들이 소망이에게 심리적 지지자원이 될 수 있는 가능성을 탐색할 필요가 있다.

현재 소망이를 양육 중인 외조부모부터 살펴보자면, 이들은 70세가 넘는 고령인데다 건강상의 문제도 가지고 있어서 현재 소망이에게 충분한 돌봄을 제공하고 있지는 못하다. 그러나 담임교사와 함께 소망이의 액취증을 해결하기 위해 병원을 방문하기도 하고 몇 년간 지속적으로 소망이와 동생에게 제한적이나마 돌봄을 제공하고 있다는 점에서 소망이에게 매우 중요한 가족이므로 외조부모가 가진 심리적 자원으로서의 힘을 북돋는 방안을 찾아보면 좋을 것이다.

가능한 방안으로 고려해 볼 수 있는 것은 우선 외조부모 자체에 대한 심리적 지원이다. 소망이에게 좋은 심리적 지지자원이 되려면 이들부터 심리적 지지를 받을 필요가 있기 때문이다. 연로하고 건강도 좋지 않은 상태에서도 소망이와 동생을 지속적으로 양육하고 있다는 것이 소망이와 동생이 건강한 발달을 이루는 기반을 제공하고 있음에 대한 인정과 존중을 담임교사가 수시로 표현하고, 더불어서 소망이가 학교에서 이루는 긍정적 변화를 외조부모에게 자주 전달하며 외조부모의 도움에 감사하는 것도 좋은 방안이다. 소망이가 학교에서 또래들과 관계가 좋아지는 모습, 적극적으로 노력하는 모습, 운동신경이 좋은 점, 수학을 또래들보다 잘하는 점 등 아주 작은 긍정적 변화나 강점들을 수시로 외조부모에게 전화나 문자를 보내어서 표현할 수도 있다. 또는 그와 같은 수단이 가용하지 않은 상황이라면 소망이의 알림장에 담임교사가 소망이에 대한 칭찬의 말을 써서 집에 가서 외조부모에게 보여드리고 확인을 받아 오도록 하는 방법을 사용할 수도 있다. 이처럼 담임으로부터 소망이에 대한 긍정적 평가 및 그 기반이 된 외조부모의 도움과 양육을 인정받는 경험들은 외조부모에게 심리적 힘을 북돋아줄 수 있고, 결과적으로 소망이에게 좀 더 긍정적 관심과 애정을 제공하는 계기를 마련할 수 있을 것이며, 소망이의 유기불안을 감소시키고 심리적 안정과 자신감을 갖게 하는 기반이 될 수 있다.

소망이 어머니는 경도 지적장애를 가지고 있고 자존감이 낮아 보이며 소망이의 양육에서 멀어져 있기는 하지만, 소망이의 어머니도 현재보다는 좀 더 좋은 심리적 자원 역할을 할 수 있는지 탐색해 볼 필요가 있다. 기도원에 자주 가는 어머니가 기도원에 가서 '소망이를 위해서 어떤 기도를 하는지'를 물어보는 것이 한 예가 될 수 있다. 소망이를 위해서 이러저러한 기도를 한다는 대답을 어머니가 한다면 그 내용을 보다 구체적으로 탐색하여 어머니의 소망이에 대한 애정과 관심을 인정하는 계기로 삼을 수 있고, 소망이에 대한 기도를 하지 않는다고 대답한다면 '만약 소망이를 위해서 기도를 한다면 어떻게 기도하겠는지'를 다시 질문하여 소망이에 대한 관심을 깊게 할 수 있는 계기를 찾을 수 있을 것이다. 또한 소망이에 대한 어머니의 관심을 소망이에게 적극적으로 표현할 수 있는 방안을 상담자가 함께 탐색해 보고 구체적 조언을 제공하는 것도 도움이 될 수 있다.

외삼촌은 함께 살고 있지는 않지만 그 역시 소망이에 대한 중요한 자원이 될 수 있는지, 외조부모나 어머니를 대신하거나 보완하여 소망이 양육에 참여할 수 있는지 탐색해 볼 만하다. 소망이가 나이에 비해서 어리고 자신감이 부족하다고 인식하고 있고 소망이의 확대가족 중에서 가장 건강하고 정상적인 기능을 갖추고 있을 가능성이 있으며, 소망이가 거주하는 외조부모의 방앗간을 실질적으로 운영하는 등 생활 속에서 소망이와 상호작용을 주고받을 수 있는 기회가 많기 때문이다. 이혼 전 폭력적인 성향을 보였고 이혼 후 일년에 한두 번 소망이와 만남을 가지고 있는 아버지에 대한 소망이의 생각과 느낌을 확인해 본 후에, 만약 소망이가 아버지와의 만남에 대해서 긍정적 감정을 가지고 있다면 아버지와의 만남이 안전한 형태로 좀 더 자주 가능해질 수 있는 방안을 탐색해 보는 것도 도움이 될 수 있다.

## 2) 가족관계 개선을 위한 소망이의 변화를 모색하는 상담

소망이 편에서 가족 구성원들과의 관계를 개선할 수 있는 가능성을 상담을 통해서 탐색하는 것도 도움이 될 수 있다. 소망이는 외조부모나 다른 가족 구성원들과의 관계에서 매우 수동적인 모습을 보이고 있으며, 이러한 모습은 또래관계에서 보이는 모습과 상당히 유사하다. 상담을 통해서 또래관계 개선을 이루어 가고 있는 소망이의 변화를 가족관계로 확대할 수 있다면 상담 성과를 더욱 견고히 하고 다양한 영역으로 적용하는 능력도 기를 수 있다. 즉, 소망이 자신이 어떻게 행동하느냐에 따라 타인의 반응도 달라질 수 있다는 것을 또래관계뿐만 아니라 가족관계에서도 확인하고 적용함으로써 스스로 환경을 변화시키는 능력을 키워 갈 수 있도록 돕는 것이다.

상담자: 소망아, 그동안 소망이가 친구들과 잘 지내기 위해서 여러 가지 노력을 해 왔고 또 친구들도 많이 도와줘서 소망이가 요즘 기분이 좋다니 선생님도 참 행복해. 오늘 선생님이 소망이와

이야기하고 싶은 건, 소망이가 학교에서 여러 가지 노력을 했던 것들을 집에서도 해 보면 소망이가 더욱 행복해질 수 있을까 하는 거야.

소망이: 어떤 거요?

상담자: 소망이가 친구를 먼저 도와주려고 했던 거, 친구에게 고맙다고 말한 거, 이런 것들을 집에서도 해 보면 어떻게 될까 하는 거지.

소망이: 어떻게요?

상담자: 할머니나 할아버지를 도와드린다거나, 고맙다고 말씀드린다거나…….

소망이: 저 원래 집에서 밥 먹고 나면 그릇도 갖다 놓고 설거지도 도와드릴 때도 있어요. 쓰레기도 버릴 때 있어요.

상담자: 그렇구나, 소망이가 기특하게 할머니 할아버지를 돕고 있구나. 밥 먹을 때 "맛있어요."라고 말하거나 밥 먹고 나서 "잘 먹었습니다." "할머니, 이건 제가 치울게요." 이런 얘기 혹시 하니?

소망이: 그런 말을 잘 안 해요.

상담자: 어른들도 소망이 친구들처럼 고맙다는 말을 들으면 기분이 좋아지서.

소망이: 그래요?

상담자: 그럼! 할머니 할아버지가 연세가 많으신데도 소망이랑 동생을 돌보고 계시잖아. 선생님은 그게 참 감사한 거라고 생각해. 소망이는 어때?

소망이: 그렇긴 해요.

상담자: 소망이가 할머니 할아버지께 감사한 마음을 어떻게 표현할 수 있을지 우리 같이 한번 찾아볼까?

# 짜증과 눈물이 많은 외톨이 아동

초등학교 2학년 남학생인 윤재는 행동이 느리며, "못해요."라는 말을 자주 한다. 수업시간에 멍하게 있는 때가 많고, 운동장에 나가는 것도 싫어한다. 주변 아동들이 귀찮게 하거나 몸을 부딪히면, 짜증을 내거나 눈물을 보인다. 하기 싫은 과제를 교사가 반복해서 요구할 때도 눈물을 보인다. 여름방학이 다 되어 갈 때도 친구가 없다. 교사가 친구들과 같이 어울리도록 격려해도 그냥 친구들 주변에 서서 구경만 할 뿐이다. 집에서도 행동이 느리고 짜증과 눈물을 많이 보이며 "힘들다."는 말을 자주 하지만, 어머니가 지시하는 건 억지로 하긴 하는데 워낙 느려서 어머니는 답답하게 느낀다.

이 장에서는 윤재의 우울감과 낮은 자존감, 또래관계 부족 및 학교에 대한 부정적 태도 등은 상호 연관되어 있다고 보아 자기주장훈련과 사회적 기술훈련을 주된 상담접근으로 택하고 또래집단의 재구성과 부모상담을 병행한 과정을 소개한다. 대안적 접근으로 해결중심상담접근을 제시한다.

학년 초부터 윤재는 행동이 느리며, 학업성취수준은 보통 이상이거나 우수한 수준임에도 불구하고 "못해요."라는 말을 자주 한다. 수업을 방해하는 행동은 없으나 가끔 멍하니 딴 곳을 보거나 엎드려 있을 때가 있다. 또래들이 말을 걸면 잠시 응하기는 하지만, 친구들에게 먼저 다가가는 경우는 보이지 않는다. 주변 아동들이 귀찮게 하거나 몸을 부딪히면, 짜증을 내거나 눈물을 보인다. 하기 싫은 과제를 교사가 반복해서 요구할 때도 눈물을 보인다.

1학기 동안 윤재가 좀더 적극적으로 수업활동 및 또래관계에 참여할 수 있도록 담임으로서 다양하게 격려하였고 학교생활에 어느 정도 익숙해진 탓인지 짜증과 눈물은 다소 감소하였지만 또래관계에는 큰 변화가 없다고 생각된 담임교사가 윤재와 상담시간을 가지겠다고 어머니에게 요청하여 동의를 받았다. 담임교사가 잠시 이야기를 나누자며 방과 후에 남으라고 하자 윤재는 걱정되는 얼굴이 되었지만, 약속대로 남아서 이야기를 하게 되었다.

## 1. 내담자 정보

### 1) 호소문제

윤재에게 상담이 필요하다고 담임교사가 생각하게 된 주된 이유 및 어머니가 호소한 문제는 다음과 같다.

#### (1) 어머니가 호소한 문제
• 학년 초 학부모상담주간에 어머니가 학교를 방문하여 담임교사와 상담을 하였는데, 집에서도 행동이 느리고 짜증과 눈물을 많이 보인다며 걱

정하였다. 특히 아침에 학교 갈 때마다 짜증을 내며 꾸물거려서 아침마
다 등교시키는 것이 전쟁처럼 되어 어머니도 힘들다고 하소연하였다.

• 책을 읽게 하거나 공부를 하게 하면 힘들다는 말을 자주 하지만, 어머니
가 지시하는 건 억지로 하긴 하는데 워낙 느려서 어머니는 답답하게 느
낀다. 혹시 너무 스트레스가 많아서 그런가 싶어서 아이에게 너무 많은
것을 요구하지 않으려고 노력한다고 어머니는 말하였다.

## (2) 담임교사가 파악한 문제

• 행동이 느리며, 스스로 노력해서 하겠다는 모습을 보이지 않는다. 학업
성취수준은 보통 이상이거나 우수한 수준임에도 불구하고 "못해요."라
는 말을 자주 한다. 수업시간에 멍하니 딴 곳을 보거나 엎드려 있을 때가
많고, 쉬는 시간에도 엎드려 있거나 집에서 가져온 책(주로 과학 분야의
책)을 뒤적이고 있다. 운동장에 나가야 하는 체육시간을 가장 싫어한다.

• 친구들이 말을 걸면 잠시 응하기는 하고 또 어울리고 싶어하는 것처럼
보이지만, 먼저 말을 걸거나 다가가지 못한다. 주변 아동들이 귀찮게 하
거나 몸을 부딪히면, 짜증을 내거나 눈물을 보인다. 하기 싫은 과제를 교
사가 반복해서 요구할 때도 눈물을 보인다. 친구들을 괴롭히거나 놀리
는 행동을 하지 않기 때문에 윤재에 대해 여자아이들은 대체로 우호적
으로 여긴다. 가끔 여자아이들이 말도 걸고 도움을 주기도 하지만 별 반
응이 없기 때문에 지속적인 또래관계를 갖지 못하며, 남자아이들은 무
관심한 편이라 여름방학이 다 되어 갈 때도 친한 친구가 없다. 교사가 친
구들과 같이 어울리도록 격려해도 그냥 친구들 주변에 서서 구경만 할
뿐이다.

• 1학년 때는 어떠했는지 이전 교사에게 확인해 보았지만, 별로 눈에 띄지
않았으며 그냥 조용하고 착했다는 것과 눈물이 많았다는 정도로만 기억
하고 있었다.

## 2) 가족관계 및 성장 배경

윤재는 1남 1녀 중 첫째이며, 부모 및 두 살 어린 여동생과 함께 살고 있다.

- **아버지**(39세, 회사원): 두 살 터울의 누나와 세 살 어린 여동생이 있고 공무원인 아버지와 전업주부인 어머니 밑에서 외동아들로 자랐으며, 친구가 많지는 않았지만 순탄한 학창시절을 보냈다고 기억한다. 대학 졸업 후 IT 분야 직장에 어렵지 않게 취직하였고 동일한 직장에서 계속 일하고 있다. 집에서 일을 할 때도 많은데, 일을 할 때면 자녀들에게 방해하지 않도록 주의를 주고 자기 방에서 혼자 일을 한다. 오랜 시간 일을 하기 때문에 일을 하지 않을 때는 혼자서 조용히 쉬고 싶어 하며, 직장에서 돌아오면 자기 방에 들어가서 한동안 시간을 혼자 보낸다.

  조용한 성격이며 자녀들과 보내는 시간이 많지 않지만, 함께 TV를 보거나 같이 놀이를 하기도 한다. 자녀들과 놀아 주는 시간이 적다는 아내의 불평에 대해 짜증을 내거나 다투기도 하며, 일 때문에 힘들고 "나도 쉬고 싶다."라는 말을 자주 한다. 유치원생인 딸이 아버지에게 인형놀이나 소꿉놀이도 같이 하자고 조르면 마지못해서라도 같이 놀아 주는데, 오히려 딸이 금방 싫증을 내는 편이다. 윤재와는 종종 컴퓨터게임을 같이 하는데 윤재가 먼저 아버지에게 놀자고 조르지는 않는 편이며, 주로 어머니가 아버지에게 애들과 놀아 주라고 요청할 때 같이 게임을 한다.

- **어머니**(38세, 전업주부): 윤재의 출생 이후 다니던 회사를 그만두고 전업주부가 되었다. 은행원이었던 아버지와 전업주부인 어머니 밑에서 자랐으며 두 살 많은 언니가 있다. 항상 우등생이고 적극적인 언니에게 열등감을 가지며 자랐는데, 언니는 결혼과 출산 후에도 계속 직장을 다니고 있지만 자기는 전업주부가 되었다는 것에 대해 복합적인 생각이 있다. 아이들이 어릴 때 어머니가 직접 기르는 것이 가장 좋다는 생각에서

전업주부인 자기가 아이들을 더 잘 키울 수 있다는 생각도 있지만, 다른 한편으로는 계속 전업주부로만 있고 자기 일이 없으면 어떡하나 걱정도 되고, 언니에 비해 뒤처진다는 느낌도 가지고 있다. 언니의 결혼이 늦어서 내담자와 같은 학년의 조카가 있는데, 그 조카는 학교에 적응도 잘하고 적극적인 성향이라 윤재와 자꾸 비교가 되고 걱정이 많아진다.

아이들이 크고 나면 다시 자기 일을 하겠다는 생각을 가지고 있고 자격시험 준비나 외국어 공부를 위해 여러 가지 책도 사고 시도도 했지만, 아직 진로의 방향을 구체적으로 설정하지는 못하였으며 탐색 단계에 있다. 자녀양육과 교육을 혼자서 전적으로 도맡고 있어서 힘들다고 여기고 남편에게 가끔 불평도 하지만, 윤재와 동생을 잘 기르기 위해서 육아 관련 책도 사서 보고 인터넷에서 정보도 얻으려고 노력한다. 아침에 늦지 않게 등교 시키기 힘들고 매사에 느린 윤재에게 답답하고 짜증도 나지만, 유치원생인 여동생에게 여러모로 치이는 것 같은 윤재가 안쓰럽게 여겨진다.

• **여동생**(6세, 유치원생): 집에서 가장 말이 많은 사람이고 욕심이 많아서 고집을 부리는데, 그럴 때 오빠인 윤재는 대체로 양보하지만 눈물을 보일 때가 많다. 같이 놀고 싶어 하는 동생에 대해 윤재는 대체로 귀찮다는 반응을 보이지만, 같이 놀기도 한다. 유치원에서 있었던 일에 대해서 어머니에게 이야기를 잘하고, 부모에게 장난감을 사달라거나 놀아 달라고 조르기도 하며, 머리모양이나 입을 옷에 대한 자기 의견도 적극적으로 제시하는 등 윤재와 달리 자기의 요구사항을 분명하게 표현하는 편이다. 오빠와 말싸움을 할 때 끝까지 지지 않으려 하고 오빠 물건도 마음대로 가져가는데, 윤재는 짜증을 내면서도 대체로 참는다. 아침에 어머니와 윤재가 등교 때문에 실랑이를 벌이면 여동생도 오빠에게 잔소리를 한다.

## 2. 사례개념화

### 1) 내담자의 주요 문제

• **낮은 의욕과 활동성 저조 및 강화 부족의 악순환**: 초등학교 2학년 남자아이
들은 에너지가 넘치고 활동량이 많은 것이 보통인데, 윤재는 그렇지 못
하다. 학습의욕뿐만 아니라 놀이활동이나 또래관계 형성에 관한 의욕도
낮아서, 학급에서의 다양한 활동에 참여도가 낮고 또래와의 상호작용도
적어서 긍정적 자극도 충분하지 못하니 학교생활에서 얻는 강화도 적
다. 그 결과, 학교에 대한 긍정적 기대도 더욱 적어지게 되어 등교를 싫
어하며 학교에서의 상호작용이 더욱 소극적이 되는 악순환이 이루어지
고 있다.

• **우울감과 낮은 자존감**: 짜증과 눈물이 많고 행동이 느린 점, "못해요." "힘
들다." 등의 말을 자주 하며 의욕과 활기가 부족한 점, 집중도가 낮고 엎
드려 있는 시간이 많은 점, 몸을 움직이는 것을 싫어하는 점 등은 윤재에
게 우울감이 많으며 자존감이 낮음을 시사한다.

• **또래관계 형성 및 유지를 위한 사회적 기술과 자기주장 능력 부족**: 자신이 원
하는 것과 싫어하는 것 등을 주장적으로 표현하는 능력이 부족함으로
인해서 느끼게 되는 심리적 좌절감이 짜증과 눈물로 나타난다. 또래관
계 형성에 대한 자신감과 의욕이 낮고 사회적 기술도 부족하여 또래관
계 경험도 제한된다. 그 결과, 다시 사회적 기술의 발달이 저해되는 악순
환이 이루어지고 있다.

• **활기찬 상호작용 및 긍정적 모델의 부족**: 가족 및 또래 등 주변 인물과의
활기찬 상호작용은 윤재의 활동성과 의욕을 높여 줄 뿐만 아니라 활동
적 · 적극적인 삶의 긍정적 모델이 되기도 한다. 그러나 윤재의 부모는

그러한 모델링 및 상호작용을 충분히 제공하지 못하고 있으며, 그 필요
성에 대한 인식도 부족하다.

## 2) 내담자의 강점 및 자원

- 싫어하면서도 꾸준히 등교하고 있는 점: 윤재는 학교를 싫어하면서도 빠지
  지 않고 혼자서 꾸준히 등교를 계속하고 있다. 또한 학교에서 이루어지
  는 활동들을 잘할 수 없다고 여기고 의욕도 부족하지만, 그러한 활동들
  에 참여해야 한다는 점은 인식하고 있다.
- 관심 있는 영역의 존재와 보통 이상의 지능: 과학 분야의 책을 뒤적이는 경
  우가 많다는 점은 과학 분야에 대한 흥미와 관심 및 잠재능력을 시사할
  수 있다. 어떤 영역에 대해 관심이나 능력이 있다는 것은 원만한 발달을
  위한 좋은 자원이 될 수 있다. 학교와 학업에 대한 부정적 태도에도 불구
  하고 학습 전반에서 보통 이상의 수행을 보이는 점 및 대화를 통한 상담
  이 상당 부분 이루어질 수 있다는 점에 비추어 볼 때 지적 능력이 적어도
  보통 이상이라고 볼 수 있다.
- 담임교사에 대한 긍정적인 태도: 상담을 위하여 방과 후에 남도록 교사가
  요청했을 때 걱정되는 표정이 되었지만 약속대로 상담을 위하여 남아
  있던 점, 교사에게 자신의 힘든 것과 걱정되는 점들을 표현할 수 있는 점
  등은 교사에 대한 윤재의 긍정적 태도를 보여 준다. 교사에 대한 긍정적
  태도는 상담에서 변화를 이루기 위한 협력관계로 이어질 수 있다.
- 부모의 문제 인식과 긍정적 관심: 교사가 인식한 윤재의 문제와 어려움에
  대해서 부모가 같은 인식을 가지고 있으며, 그러한 문제를 해결하고자
  하는 의지와 관심이 있다. 어머니가 윤재의 문제를 해결하기 위해서 여
  러 가지 시도를 스스로 해 왔으며 그러한 시도들이 성공적이지 못했던
  점을 인지하고 상담에 적극적 · 긍정적 기대를 가지고 있다. 아버지는

윤재의 문제해결을 위해 적극적인 노력을 기울이지 않았던 것으로 보이지만 어머니의 권유나 불평이 있을 때 윤재를 위해 나름의 노력을 기울이려는 자세를 보인다는 점에서 아버지도 윤재의 변화를 위한 자원이 될 수 있는 가능성을 보여 준다.

• 온정적인 또래의 존재: 사회적 기술의 향상을 위해서는 온정적인 또래의 존재가 매우 중요한데, 윤재의 학급에는 도움을 주는 또래들이 가끔씩이라도 있다는 점에서 긍정적이다. 이러한 또래들은 윤재의 사회적 기술 향상을 위한 모델링, 연습 상대 및 강화자로도 작용할 수 있다.

• 내담자를 돕고자 다양한 노력을 기울이는 담임교사의 헌신적 태도: 윤재는 수업을 적극적으로 방해하거나 또래들에게 피해를 입히는 행동을 하지 않기 때문에, 담임교사의 관심이 부족했다면 우울하고 의욕 없는 외톨이로 여전히 남아 있게 되고 학년이 올라갈수록 사회성 부족 등 여러 가지 문제가 더욱 심해질 가능성이 높다. 학교생활을 처음 시작했던 1학년 때 교사가 좀 더 적극적인 관심을 기울여서 개입을 했더라면 긍정적 변화가 더 빨리 일어났을 가능성이 높지만, 2학년에서 지속적 관심을 가지고 윤재를 학습 및 학급활동과 또래관계에 참여시키려고 다양하게 노력해 왔으며, 윤재와 보호자를 상담하여 도움을 주고자 하는 헌신적 태도를 지닌 담임교사가 있다는 점은 윤재의 귀중한 자원이 된다.

## 3. 상담의 목표 및 전략: 자기주장훈련, 사회적 기술훈련 및 부모상담

### 1) 상담목표

우울감과 낮은 자존감, 또래관계 부족 및 학교에 대한 부정적 태도와 낮은 의욕 등 윤재의 문제들은 서로 연관되어 있다. 따라서 문제를 해결하기 위한 목표를 다각적으로 설정하여 상승 효과가 나타나도록 할 필요가 있다.

- 내담자의 학교와 학습에 대한 태도와 의욕의 긍정적 변화: 윤재의 학교와 학습에 대한 태도와 다양한 활동에 관한 의욕이 회복됨으로써 활기 있는 삶을 영위할 수 있도록 돕는 것은, 윤재의 우울감이 적어지고 자존감이 높아지기 위해 중요한 요인이다.
- 사회적 기술과 자기주장 능력 및 상호작용의 발달: 윤재의 자기주장 능력과 사회적 기술 부족은 또래와의 상호작용 부족으로 이어지고, 그 결과 또래관계를 통한 강화가 부족해지게 되어 윤재의 우울감이 심해지고 자존감이 낮아지게 하는 원인으로 작용한다. 따라서 윤재의 자기주장 능력과 사회적 기술이 향상되고 또래와의 상호작용도 증가할 수 있도록 도우면, 윤재의 의욕과 자존감도 높아질 수 있으며, 학교에 대한 태도도 긍정적인 방향으로 변화할 수 있다.
- 부모-자녀 상호작용 방식 변화: 윤재가 부모의 영향을 많이 받을 수밖에 없는 초등학교 저학년이므로, 보호자상담을 통하여 윤재의 긍정적 변화를 촉진하는 방식으로 부모-자녀 상호작용이 변화할 수 있도록 돕는 것이 필요하다.

## 2) 상담전략

- 자기주장훈련과 사회적 기술훈련: 윤재와의 상담에서 목표를 달성하기 위한 주된 전략은 자기주장훈련과 사회적 기술훈련으로 설정하였다. 윤재가 자기를 주장적으로 표현할 수 있고 사회적 기술이 증진되는 것이 가장 우선적으로 이루어져야 또래와의 상호작용이 증가하고 원만해질 수 있으며, 또래와의 상호작용을 통해 얻는 만족감과 자신감이 증진되면 우울

감도 감소될 수 있을 것이라고 보았기 때문이다. 또래관계 및 학교생활에서 얻는 강화가 많아지게 되면 학교에 대한 태도도 긍정적으로 변화할 수 있을 것이며, 사회적 기술도 다시 향상되는 효과를 가져올 수 있다.

- 내담자의 노력과 변화에 대한 칭찬과 인정: 상담자가 담임교사이기도 하다는 점에서 상담자의 칭찬과 인정이 상담 시간에도 자주 주어지도록 함으로써 윤재의 자존감이 향상되도록 하였다.
- 또래집단의 재구성을 통한 또래지지 확보: 윤재에게 온정적인 또래들이 가까이에서 상호작용을 할 수 있도록 모둠을 재구성함으로써, 윤재가 상담 시간에 배우고 연습한 자기주장 및 사회적 기술을 교실에서 적용하고 실행할 수 있는 가능성을 높이도록 하였다.
- 부모상담: 부모상담을 통하여 가정에서 보다 활기 있고 지지적인 상호작용이 증가할 수 있도록 하는 것도 중요한 전략으로 포함하였다. 가족 간에 즐겁고 재미있는 활동이 증가되고 부모의 심리적 지원이 구체적으로 표현되는 시간이 증가하면, 가족 전체의 긍정적 정서가 높아질 수 있고 윤재의 우울감도 감소될 수 있을 것이다.

## 4. 상담과정

### 1) 상담 초기

#### (1) 1회기

첫 회기는 윤재가 상담을 편안하게 여길 수 있도록 하며, 상담을 통해서 윤재가 바라는 것을 얻을 수 있다는 기대를 할 수 있고 상담에 대한 동기가 생기도록 하는 데 중점을 두었다. 상담목표를 잠정적으로 설정하고 상담자 및 윤재의 역할, 상담 시간 등에 관하여 구조화 작업을 하였다.

### ① 상담 초대 이유와 상담에 대한 설명 및 목표 설정

상담자: 윤재야, 수업 끝나고 남아서 선생님과 이야기를 나눴으면 좋
　　　　겠다고 했는데 이렇게 남아 줘서 고마워. 선생님이 이야기하
　　　　자고 한 거에 대해서 윤재가 어떤 마음이 들었나 궁금하네?

윤　재: 그냥이요.

상담자: 응, 그냥이라고? 그냥 어떤 마음이었는지 좀 더 얘기해 줄 수 있
　　　　을까?

윤　재: 마음이요? 그냥, 왜 그럴까 그렇게⋯⋯.

상담자: 아, 선생님이 왜 이야기하자고 하나 궁금한 생각이 들었구나.

윤　재: 네.

상담자: 선생님이 그동안 보기에 윤재가 기운도 없어 보이고 힘든 것도
　　　　여러 가지 있는 거 같아서, 윤재가 학교생활이 좀 더 즐거워지
　　　　고 행복해질 수 있는 방법을 선생님과 같이 찾아봤으면 좋겠
　　　　다는 마음이 많았거든. 그래서 윤재와 상담하자고 한 거야.

윤　재: 상담이요?

상담자: 응, 상담이 뭔지 혹시 들어 봤니?

윤　재: 몰라요. 그냥 엄마가 선생님이랑 상담할 거라고⋯⋯.

상담자: 응, 그렇구나. 상담은, 윤재가 학교나 집에서 지내면서 여러
　　　　가지 느끼는 거랑 생각하는 거, 마음에 힘들거나 바라는 것
　　　　들을 선생님과 같이 이야기하고, 윤재가 좀 더 행복하게 지낼
　　　　수 있는 방법을 같이 찾아보고 그러는 거야.

윤　재: 어떻게요?

상담자: 선생님 생각에는 앞으로 한두 달간 매주 한 번씩 방과 후에
　　　　오늘처럼 윤재와 선생님과만 둘이서 이렇게 상담하는 시간
　　　　을 40~50분 정도 가졌으면 좋겠어. 같이 이야기도 하고 그
　　　　림도 그리고 놀이도 할 수 있고. 윤재 생각은 어때?

윤　재: 네.

상담자: 그래, 윤재가 선생님과 상담하겠다니 선생님도 기대된다. 윤
　　　　재가 학교와 집에서 더 행복해질 수 있도록 우리 같이 노력해
　　　　보자. 자, 그럼, 윤재야, 선생님이 한 가지 물어볼게. 윤재에
　　　　게 램프의 요정 지니가 나타나서 세 가지 소원을 물어본다면,
　　　　그 소원이 뭘까?

　윤재는 처음에는 소원을 말하지 못하였으나 상담자가 심리적 지지를 보내
면서 천천히 생각해 보도록 권하자, ① 공부를 잘하고 싶다, ② 동생이 제멋대
로 안 했으면 좋겠다, ③ 친구들과 사이좋게 지내고 싶다고 하였다. 소원을 찾
아낼 수 있도록 마음을 잘 들여다볼 수 있었고 또 소원을 표현할 수 있는 윤재
의 능력을 칭찬하자 쑥스러운 표정을 지으면서도 좋아하였다. 앞으로도 그렇
게 마음을 잘 들여다보고 표현도 할 수 있도록 하자는 상담자의 말에 고개를
끄덕였으며, 윤재의 소원이 이루어질 수 있도록 선생님과 같이 의논하여 방
법도 찾아내고 여러 가지 노력도 해 보자는 상담자의 제안에도 고개를 끄덕였
다. 상담자는 윤재가 스스로 원하는 바를 표현할 수 있도록 지지하며 기다리
는 과정을 통해서 윤재에 대한 상담자의 믿음과 존중을 전달하고자 하였으며,
윤재가 원하는 바를 상담목표로 연결함으로써 상담동기를 높이고자 하였다.

### ② 상담목표 우선순위 설정 및 목표 달성 가능성 확인과 동기 유발

상담자: 우리가 상담에서 윤재의 세 가지 소원 중 어느 것을 제일 먼
　　　　저 이룰 수 있도록 같이 노력해 볼까?

윤　재: 잘 모르겠어요.

상담자: 그럼 선생님 의견을 얘기해 볼까? 그동안 선생님은 윤재가 학
　　　　교에서 친구들과 편하게 잘 지냈으면 좋겠다는 생각을 많이
　　　　했었거든. 윤재가 가끔 "못해요."라고 말하기도 하지만 선생

님이 보기에 공부는 지금도 잘하고 있다고 생각해. 그래서 세 가지 소원 중에서 선생님은 세 번째 거를 제일 먼저 해 봤으면 좋겠는데, 윤재 생각은 어때?

윤　재: 친구랑 사이좋게 지내는 거요? 좋아요.

상담자: 윤재가 친구랑 사이좋게 지낼 수 있도록 우리가 함께 상담에서 노력하는 것을 윤재가 좋다고 느낀다는 것도 반갑고, 또 그걸 분명하게 말해 주는 것도 참 좋다.

윤　재: 말하는 거요?

상담자: 응, 윤재가 자기 생각을 분명하게 말해 주는 거. 그게 친구들과 사이좋게 지낼 수 있게 되는 데 꼭 필요한 건데, 벌써 윤재가 선생님에게 윤재 생각을 분명하게 말해 줬잖아. 그래서 윤재가 원하는 대로 친구들과 사이좋게 지낼 수 있게 될 수 있을 거라 기대가 돼.

윤　재: 어떻게요?

상담자: 친구들과 어떻게 사이좋게 지낼 수 있게 될 수 있는지 궁금한 거 같은데, 맞니?

윤　재: 네, 그리고 말하는 거랑…….

상담자: 아, 친구들과 어떻게 사이좋게 지낼 수 있게 될 수 있는지도 궁금하고, 윤재가 자기 생각을 분명하게 말하는 거랑 친구들과 사이좋게 지내는 게 어떤 관계가 있는지도 궁금한 거구나.

윤　재: 네.

상담자: 윤재가 궁금해하는 걸 보니, 윤재가 친구들과 정말 사이좋게 지내고 싶은 마음이 강하다는 게 느껴져.

윤　재: 네. 친구들과 사이좋게 지내고 싶어요.

상담자: 그래, 바로 그거야. 그렇게 분명하게 윤재 마음을 말할 수 있으면 친구들과 사이좋게 지낼 수 있게 된다는 거야. 선생님

말을 윤재가 이해한 대로 한번 말해 볼래?

윤　재: "친구들에게 마음을 분명히 말하면 친구들과 사이좋게 지낼 수 있다." 이렇게요?

상담자: 우와, 우리 윤재 정말 똑똑하게 선생님 말을 잘 이해하고, 이해한 걸 분명하게 말할 수 있구나. 정말 자랑스럽다.

윤　재: 근데 친구들에게는 잘 못해요.

상담자: 친구들에게 마음을 말하는 것이 어렵게 느껴지는구나. 우리 다음 상담 시간에 친구들에게 마음을 어떻게 하면 잘 말할 수 있을지 같이 생각해 보고 말하는 연습도 해 보고 그럴까?

윤　재: 네.

상담자: 윤재가 오늘 상담 시작했던 처음보다 지금 선생님에게 윤재 마음을 훨씬 더 잘 말하게 된 걸로 보여. 윤재는 어떻게 생각해?

윤　재: 맞는 거 같아요.

앞의 과정에서 상담자는 우선적인 상담목표(친구들과 사이좋게 지내기)를 윤재와 합의하며, 그 과정에서 원하는 바를 분명히 표현하는 과정을 경험하도록 함으로써 상담목표 달성 가능성을 윤재가 확인할 수 있도록 돕고자 하였다. 또한 첫 회기 내에서도 상담을 시작할 때에 비해서 마칠 무렵에는 자신을 더 잘 표현할 수 있게 되었다는 점을 윤재가 스스로 인식할 수 있도록 돕고, 그러한 인식이 친구관계와 연결되게 함으로써 상담동기가 높아질 수 있도록 하였다.

## (2) 2회기

평소에 윤재가 "못해요."라는 말을 자주 하며 친구들에게 자신을 주장적으로 표현하지 못하고 짜증이나 눈물을 보이는 경향이 있으므로, 친구관계 개선을 위해서 윤재가 자기주장을 분명하게 할 수 있는 능력을 키우고 자기표현을 분명히 할 수 있다는 자신감도 신장할 필요가 있다. 따라서 2회기는 첫 회기 종료 시에 친구들에게 마음을 표현할 수 있는 방법을 찾고 연습하기로 합의한 것을 재확인하고 구체적인 방법을 역할놀이를 통해 연습하였다. 윤재가 학교에서 자주 짜증을 내거나 눈물을 보였던 원인의 일부가 인지되었는데, 윤재의 그동안 힘들었던 감정과 바람을 상담자가 공감하며 심리적 지지를 제공하였다.

① 자기주장훈련 및 사회적 기술훈련

상담자: 윤재야, 오늘 상담 시간에는 친구들에게 윤재 마음을 어떻게 하면 잘 말할 수 있을지 같이 생각해 보고 말하는 연습도 해 보자고 지난 상담 시간에 우리 약속했잖아.

윤　재: 네, 기억나요.

상담자: 그럼, 지난 며칠 사이에 윤재 마음을 다른 사람에게 말한 게 뭐가 있나 한번 생각해 볼까?

윤　재: 모르겠어요.

상담자: 친구든지, 엄마 아빠나 동생이든지?

윤　재: 어……. (곰곰히 생각한 후) 오늘 지수가 저 보고 뭐 보고 있냐고 그래서 공룡책이라 그랬어요. 재미있냐고 물어봐서 그렇다고 그랬어요.

상담자: 그랬구나. 지수가 윤재 책 보는 거에 관심을 보여서 윤재가 대답해 주었구나.

윤　재: 네. 그리고 생각해 보니까 어제 게임하고 있는데 윤아(동생)가 인형놀이 하자고 그래서 싫다고 했어요.

상담자: 윤재가 하고 있던 게임을 계속하고 싶고 방해받기 싫어서 동생에게 인형놀이하기 싫다고 했구나. 그랬더니 윤아가 어떻게 했어?

윤　재: 안 가고 자꾸 인형놀이 하자고 졸랐어요.

상담자: 그때 윤재 마음이 어땠어?

윤　재: 짜증났어요. 싫었어요.

상담자: 그랬구나. 학교에서도 친구들과 지낼 때 짜증나고 싫었던 적이 있었을 거 같아.

윤　재: 어……. 있어요.

상담자: 그렇구나. 어떨 때 그랬는지 얘기해 줄 수 있을까?

윤　재: 애들이 건드릴 때요.

상담자: 친구들이 윤재를 건드리는 게 싫고 짜증나는구나.

윤　재: 네, 팔도 툭툭 치고 내 책도 건드리고, 오늘 지수도 내 책 건드렸어요.

상담자: 아, 지수가 윤재에게 뭐 보냐고 물어보면서 책을 건드렸나 보구나.

윤　재: 네.

상담자: 선생님이 들어 보니까, 지수가 윤재에게 뭐 보냐고 물어본 건 윤재가 싫지 않았던 거 같은데, 책을 건드린 건 싫었나 봐.

윤　재: 네, 지수는 좋아요.

상담자: 그렇구나. 지수도 좋고, 지수가 윤재에게 관심을 보이는 거는 좋은데, 윤재 책을 건드린 건 싫었구나.

윤　재: 맞아요.

상담자: 지수에게 윤재의 그런 마음을 오늘 어떻게 말했지?

윤　재: 말 안 했어요. 그냥 공룡책이라고만 했어요.

상담자: 그럼, 지금 선생님이 지수라 치고 윤재의 마음을 말해 볼래?

윤　재: "내 책 건드리지 마." 이렇게요?

상담자: 책 건드리는 게 싫다는 걸 잘 말해 주었구나. 근데 윤재 마음을 전부 다 말한 건 아닌 거 같아. 책 건드리는 건 싫지만 지

수가 관심 보이는 건 좋아하는데, 싫어하는 것만 얘기하면 지
수가 어떻게 생각할까?

윤　재: 그래서 책 건드리지 말라고 말 안 했어요.

상담자: 지수에게 책 건드리는 거 싫다고 말하면 지수가 기분 나쁠까
　　　봐 말 안 했다는 거구나.

윤　재: 네.

상담자: 지수 기분 나쁘게 하지 않으려고 윤재가 말을 안 했어.

윤　재: 엄마가 친구들과 사이좋게 지내라고 했어요.

상담자: 응, 친구들과 사이좋게 지내려면 기분 나쁠 말은 안 하고 참
　　　아야 된다고 생각했나 보다.

윤　재: 네. 윤아가 짜증나게 할 때도 엄마가 자꾸 나보고 참으라고.
　　　사이좋게 지내라고…….

상담자: 그렇게 자꾸 참으려면 많이 힘들었을 텐데…….

윤　재: 그래도……. (눈물 보이며 침묵)

상담자: 그동안 학교에서도 가끔 윤재가 눈물 흘리는 걸 선생님도 몇
　　　번 봤었어. 그때마다 선생님 마음이 참 안타까웠고, 지금도
　　　마음이 아프다. 윤재가 참느라고 너무 힘들어서 눈물이 났던
　　　거 같아.

윤　재: (계속 눈물을 보이며 침묵)

상담자: 윤재가 정말 많이 힘들었던 게 느껴져. 친구들과 사이좋게 지
　　　내고 싶어서 힘들어도 많이 참았구나.

윤　재: 괜찮아요.

상담자: 그래, 이제 눈물이 그쳤네. 선생님은 윤재가 너무 많이 참지
　　　않고도 친구들과 사이좋게 지낼 수 있게 되었으면 좋겠어.

윤　재: 어떻게요?

상담자: 한 가지 방법은, 윤재가 너무 참지 말고 친구에게 싫은 것은

안 해 줬으면 좋겠다고 말하고 또 좋아하는 것도 말해 주는 거야.

윤　재: 어떻게요?

상담자: 오늘 지수가 윤재에게 뭐 보냐고 물어보면서 책 건드렸을 때, 지수도 좋고 지수가 물어보는 건 좋은데 책 건드리는 건 싫었다고 했잖아. 선생님이 윤재라 생각하고, 윤재가 지수라 생각하고 선생님이 한번 말해 볼게.

"이거, 공룡책이야. 보여 줄까? 근데, 내가 책 볼 때 책 건드리지 말고 물어보면 더 좋겠어."

자, 윤재가 지수라 생각하고 한번 대답해 볼래?

윤　재: "어, 보여 줘. 네가 책 보는 건 안 건드릴게. 대신 내가 책을 갖고 봐도 돼?"

상담자: 야, 우리 윤재 정말 잘한다. 지수라 생각하고 말할 때 기분이 어땠어?

윤　재: 히히, 괜찮았어요.

상담자: 윤재가 웃으니까 선생님 기분이 좋다. 지수가 기분 나쁘지 않을 거 같다는 거지?

윤　재: 네.

상담자: "뭐 하지 마."라고 하면 친구가 기분 나쁠 수 있지만, "뭐 하지 말고 어떻게 해 주면 좋겠어."라고 바꿔서 말하면 친구 기분이 괜찮겠지?

윤　재: 그럴 거 같아요.

상담자: 그럼 이제 바꿔서 선생님이 지수 역할을 할 테니까 윤재가 말해 볼래?

윤　재: "내가 책 볼 때 안 건드리고 물어보면 좋겠어. 이거 공룡책인데, 재밌어. 보여 줄까?"

상담자: "어, 봐도 돼? 책 건드리지 말라고? 근데 책은 보여 준다고?"

윤　　재: "응, 보여 줄 수는 있어."

상담자: "너, 공룡 좋아해? 나는 공룡 무서운데."

윤　　재: "공룡 하나도 안 무서워."

상담자: 윤재 정말 잘한다. 공룡 이야기 시작하니까 윤재가 목소리도 커지고 신이 나 보여. 그렇게 크게 자신 있게 이야기하면 친구들이 윤재 이야기를 더 듣고 싶어 할 거 같아.

윤　　재: 목소리가 크면 친구들이 더 좋아할 거라고요?

상담자: 목소리가 너무 크면 깜짝 놀라겠지만 좀 전에 윤재가 공룡 이야기할 때 정도로 크게 하면 자신 있게 들리고 친구들도 더 관심을 보일 거 같아. 좋아할 친구들도 더 많겠지?

윤　　재: 이렇게 목소리 크게요?

상담자: 그래, 아주 좋아. 그렇게 크게 말하니까 윤재 기분은 어때?

윤　　재: 좋은 거 같아요.

상담자: 윤재가 기분이 좋다니까 선생님도 기쁘다. 그래서 선생님이 한 가지 더 제안하고 싶은데, 한번 들어 볼래?

윤　　재: 뭐요?

상담자: 아까 선생님이 지수라 치고 윤재가 말할 때 고개를 좀 더 들고 지수를 똑바로 쳐다보면서 말하면 지수가 윤재 이야기에 더 관심이 많이 생길 거 같아. 그렇게 다시 한번 말해 볼까? 목소리도 아까처럼 크게 하고.

윤　　재: 네.

"공룡 하나도 안 무서워, 재밌어."

이렇게요?

상담자: 그래! 그래! 그렇게 똑바로 바라보면서 크게 말하니까 더 자신 있어 보여. 윤재 정말 잘하는 걸. 그렇게 해 보니까 어때?

## (3) 3회기: 실행 노력과 변화의 확인 및 추가 역할연습

자기주장훈련 및 사회적 기술훈련은 여러 회기에 걸쳐서 다양한 상황에 적용하며 이루어져야 효과적이다. 또 실제 상황에서 실행하는 경험도 누적되고 그 경험을 상담 회기 중의 훈련으로 연결하여야 실제적 도움이 된다. 따라서 3회기에서는 이전 회기에 친구들과 사이좋게 지내는 목표를 달성하기 위한 방법으로, 자기 마음을 큰 목소리로 표현하기를 연습한 것을 학교와 집에서 실행한 경험을 확인하고 윤재의 노력을 지지하였다. 윤재는 집과 학교에서 스스로 큰 목소리로 말했다고 생각되는 구체적 상황을 여러 가지 기억하여 이야기하였다. 상담 중에 연습한 것을 여러 가지 상황에서 기억하고 적용하여 큰 목소리로 말하려고 노력하고 또 그렇게 해낼 수 있었던 것, 또 그 상황들을 기억하여 상담 중에 이야기할 수 있는 점 등에 대해 상담자가 기뻐하고 자랑스럽게 여긴다고 하자 윤재는 쑥스러운 표정을 지으면서도 좋아하였다. 또한 상담 중에도 목소리가 처음에 비해서 커지고 또렷해졌다는 점을 상담자가 알려 주고 칭찬하였다.

큰 목소리로 말하기 어려웠던 경우도 혹시 있었는지 묻자 아침 등교 시에 앞에 친구가 가는 걸 보고 친구를 부를까 하다가 그냥 안 부르고 걸어갔다고 말하였다. 상담자가 그럴 때 어떻게 할 수 있을지를 역할연습을 해 보겠냐고 제안하자 윤재가 적극 동의하였다. 그러한 윤재의 높은 동기를 지지하며 역할을 바꿔 가며 연습하고 피드백을 주는 과정을 반복하였다.

## (4) 자기주장이 지지될 수 있는 환경적 자원 탐색과 조정

상담 장면에서 연습한 대로 윤재가 자기주장을 분명하게 할 수 있는 지지적 상황이 또래관계 및 가족관계에서도 마련될 수 있으면 윤재의 자신감도 높아질 수 있고 긍정적 상호작용도 증가함으로써 자기주장 능력이 더욱 발전할 수 있을 것이다. 따라서 상담자는 자신이 윤재의 담임교사인 점을 활용하여 학급에서 정기적으로 모둠을 재구성할 때 이미 윤재에게 관심을 보였고,

윤재가 긍정적으로 지각하는 지수 및 지지적인 아동들을 윤재와 같은 모둠에 배치하였다.

### (5) 부모상담과 부모교육

윤재의 연령을 고려할 때, 윤재의 긍정적 변화를 위해서 부모의 협조가 필수적이라는 생각에서 상담자는 윤재의 부모도 상담에 초대하였다. 부모 두 분이 함께 상담에 오시는 것이 좋다고 권유하였지만, 아버지는 일 때문에 오기 어려웠다며 어머니만 학교에 방문하였다.

### ① 어머니의 걱정과 바람 경청 및 구조화

어머니와의 첫 상담은 윤재와의 2회기 상담 후에 이루어졌는데, 주로 어머니의 윤재에 대한 걱정과 바람에 대해 경청하고, 그동안 어머니가 윤재의 어려움 해결을 위해 노력한 방법들에 대해 질문하였다. 어머니의 대답에서 인터넷 검색이나 육아 관련 책에서 구한 정보들을 활용하여 윤재를 지도하려 애쓰는 과정에서 느꼈던 좌절감, 아이를 위한 노력이 부족해 보이는 남편에 대한 서운함, 양육의 피로감 등이 표현되었다. 어머니가 힘들고 좌절되고 서운한 마음 가운데서도 윤재를 위해서 최선을 다하고자 하는 것을 상담자가 느낄 수 있음을 전달하며, 윤재의 어려움 해결을 위해서 함께 노력하자고 권유하였다. 윤재의 어려움 해결을 위해 일단 두 달 정도 매주 상담을 진행할 예정이며 두 달 후에 후속상담 여부를 결정하자고 상담자가 제안하였다. 윤재의 상담이 진행되는 동안 어머니와도 상담을 지속하기로 합의하였는데, 자녀들이 어린 관계로 2주에 한 번씩만 학교에서 대면상담을 하고, 대면상담을 하지 않는 주에는 전화상담을 하기로 합의하였다.

### ② 윤재와의 상담 내용 설명과 어머니의 부모역량 강화

윤재와 진행한 1, 2회기 상담의 내용을 어머니에게 간략히 전하고, 그에 대한 어머니의 생각과 느낌을 경청하였다. 친구와 사이좋게 지내고 싶다는 윤재의 바람을 이루기 위해 큰 목소리로 자기 마음을 표현하는 연습을 하고 있으므로, 집에서도 윤재가 자기 마음을 표현할 수 있는 기회를 많이 주고 기다려 주며 적극 격려해 줄 것을 당부하였다. 또한 동생과 윤재의 관계 및 아버지와 어머니가 윤재와 동생을 대하는 방식 등에 대해서 탐색하면서 윤재의 자기주장을 격려할 수 있는 방안을 함께 모색하였다.

어머니가 윤재의 마음을 공감하는 반응(예: "윤재가 동생을 부러워하는 것 같았어요.")을 보일 때마다 상담자가 적극 주목하고 인정함으로써, 어머니의 윤재에 대한 공감능력이 확인되고 부모역량에 대한 자신감이 증가되도록 하였다. 어머니는 자신이 잘못 지도하여 윤재가 어려움을 겪는 게 아닌가 걱정하였는데, 그러한 어머니의 걱정을 경청한 후 그 걱정을 '좋은 부모가 되고자 계속 스스로에 대해 비판적으로 재검토하고 부모역량을 향상시키고자 노력하는 태도'로 재정의함으로써 어머니의 상담 동기가 높아질 수 있게 하였다.

### ③ 어머니/아버지와 윤재만의 특별한 시간 갖기 조언

윤재의 동생은 욕심도 많고 고집도 부리는 반면 윤재는 오빠로서 주로 양보하고 참는 경향이 많은데, 윤재도 아홉 살의 어린이로 부모가 대해 주는 '특별한 시간'을 제공하면 윤재가 정서적으로 안정되고 우울감이 감소될 가능성을 어머니에게 설명한 후 '특별한 시간'의 구체적 가능성을 함께 탐색하였다. 윤재와 동생의 취침시간을 확인한 결과 다소 불규칙한 경향이 있었는데, 대체로 둘다 동일한 시간에 잠자리에 들도록 하는 것으로 밝혀졌다. 그래서 상담자는 취침시간을 규칙으로 정하여 지키는 것이 좋다고 조언하며, 유치원생인 동생을 먼저 잠자리에 들게 하고 윤재는 30분 정도 늦게 잠자리에 들도록 함으로써 취침 전 30분 동안 부모와 독점적인 시간, 즉 '특별한 시간'을 윤재가 가질 수 있도록 권유하였다.

어머니가 생각해 낸 특별한 시간의 방법은 윤재가 어머니/아버지에게 기대앉거나 같이 누워서 윤재가 좋아하는 책 읽어 주기, 윤재가 잠들 때까지 곁에 있어 주기, 꺼안아 주기 등이었으며, 어머니와 아버지 둘이 함께 윤재와 특별한 시간을 가지거나 번갈아서 가지도록 남편을 설득하겠다고 약속하였다. 상담자는 그날 있었던 일, 기분 좋았던 일, 기분 나빴던 일 등에 대해서 질문하고 윤재의 이야기를 들어 주기, 윤재에 대해 적어도 한 가지 인정과 칭찬의 말 해 주기 등의 방법을 구체적 예와 함께 추가적으로 제안한 후 어머니의 생각을 경청하였다. 어머니는 '특별한 시간'에도 윤재가 자기 마음을 표현할 수 있는 기회를 많이 주고 격려해 달라고 한 상담자의 당부내용을 기억하며 실천하겠다고 다짐하였다.

## 2) 상담 중기(4~7회기)

### (1) 자기주장훈련 및 사회적 기술훈련 확장

4회기부터는 커진 목소리로 친구들과 어떤 이야기를 나눌 수 있고 어떻게 함께 놀 수 있는지에 대해서 더 살펴보면 좋겠다고 상담자가 제안하자 윤재도 동의하였다. 그래서 상담 중기에는 ① 친구들이 하는 말이나 행동 중에서 내담자가 싫어하는 것이 무엇인지 구체적으로 찾고 각 경우에 어떻게 말하면 좋을지 익히기, ② 친구들에게 좋은 마음이 들 때가 어떤 때인지 구체적으로 찾고 그것을 친구에게 어떻게 알려 줄지 익히기, ③ 친구의 관심사에 대해 묻고 들어 보기, ④ 윤재 자신의 경험이나 관심사에 대해 친구에게 말하고 같이 이야기 나누기, ⑤ 친구들의 놀이에 끼어들어 함께 놀고 싶을 때 의사표현하기 등을 구체적으로 어떻게 할 수 있을지 함께 의논하고 역할놀이를 통해서 연습하고 피드백을 주는 과정을 되풀이함으로써 자기주장훈련과 사회적 기술훈련이 확장되도록 하였다.

매 상담 회기마다 한두 가지에 초점을 맞추어 연습과 피드백을 진행하였으며, 긍정적 변화가 보일 때마다 적극 칭찬하고 격려함으로써 자신감을 높일 수 있게 하였다. 윤재에게 지지적인 친구들이 모둠에 배치되어 있다는 점을 활용하여 그 친구들 각각의 경우에 구체적으로 맞추어서 연습과 피드백이 이루어지게 함으로써 상담 장면에서의 역할연습이 교실 내의 실제 상황에 옮겨질 가능성이 높아지게 하였다. 윤재 자신의 경험 및 관심사는 좋아하는 게임들에 대한 소개, 게임에서 기분 좋거나 아쉬웠던 경험, 윤재가 많은 지식과 호기심을 가지고 있는 과학 분야에서 친구들이 관심을 보일 만한 내용들을 중심으로 구체적 내용들을 찾고 친구들에게 그 내용들을 어떻게 이야기할 수 있을지 연습하였다.

### (2) '친구에게 먼저 말 걸기' 과제부여와 '대화 이어 가기' 역할연습

반복되는 자기주장훈련과 사회적 기술훈련으로 윤재의 자신감이 증대되고 모둠 내 지지적 친구들과의 상호작용이 조금씩 늘어나는 것을 교실에서 확인하게 되었으므로, 6회기부터 윤재에게 과제를 제안하였다. '하루에 한번 이상 친구에게 먼저 말 걸기'를 과제의 내용으로 제시하자 윤재는 흔쾌히 동의하였다.

후속 회기에서 과제 수행 여부를 점검하자 윤재는 매일 과제를 했다며 자랑스럽게 이야기하였고, 상담자도 교실에서 윤재가 친구들에게 말 거는 모습을 자주 보았다며 칭찬하였다. 과제 수행 시에 어려움이 혹시 있었는지 묻자, 말 걸기 전에 친구가 말을 안 받아 주면 어쩌나 걱정이 되었지만 선생님과 약속을 지키려고 말을 걸었다고 반응하였다. 걱정을 이기고 친구에게 말을 건 윤재의 용기를 상담자가 칭찬한 후 말을 걸고 나니까 어떠했는지 묻자, 친구가 말을 잘 들어 줘서 좋았고 친구도 자기에게 말을 걸어 주었다고 기뻐하였다. 친구와 나눈 말을 상담 중에 다시 기억하며 대화를 이어 나가는 방법을 역할연습함으로써 대화에 익숙해지고 자신감이 높아질 수 있게 하였다. 먼저 말 걸기 과제는 앞으로도 계속 하기로 동의하였다.

제7장 짜증과 눈물이 많은 외톨이 아동

### (3) 교실에서 또래들에게 인정받을 수 있는 기회 만들기

윤재의 모둠 학생들이 온정적으로 윤재의 말도 받아 주고 윤재에게 말도 걸어 주는 등 상호작용의 양과 질이 향상되고 있다는 점이 고무적이라고 보고, 한 걸음 더 나아가 윤재가 또래들에게 인정받을 수 있는 기회가 자연스럽게 마련될 수 있도록 수업 중 모둠별 과제를 활용하였다. 한 예로, 모둠별로 학생들이 각자 좋아하는 동물이나 식물에 대해 이야기하고 그림을 함께 그리게 된다고 학급에서 미리 공지한 후에, 상담 중에 윤재와 함께 어떤 동물/식물에 대해서 이야기할지 의논하였다. 윤재는 공룡을 선택하였고, 그에 대한 자신의 관심과 지식을 친구들 앞에서 어떻게 말할지 상담자와 미리 연습하는 과정을 거침으로써 자심감이 높아지도록 하였다. 이후 수업 중에 모둠 친구들 앞에서 공룡에 대해서 설명할 수 있었고 친구들이 재미있었다는 반응을 보였다며 기뻐하였다.

### (4) 부모상담과 부모교육

#### ① 부모 노력의 인정과 강화

윤재의 자기표현 기회 부여와 격려, 부모와 윤재만의 특별한 시간 갖기 등 상담 초기에 어머니에게 상담자가 권유했던 점의 진행 여부와 결과를 점검하였다. 지난번 부모상담 이후 어머니가 아버지에게 상담 내용을 전달하였으며, 윤재의 변화를 위해서 부모가 함께 노력하고 있다고 하였다. 매일 정해진 시간에 동생은 미리 재우고 적어도 부모 중 한 사람이 윤재와 특별한 시간을 가지려고 노력 중인데 시간 분량은 일정하지 못하고 10분 내지 30분 정도로 차이가 있었다. 상담자는 시간 분량은 다소 차이가 있지만 부모가 윤재를 위해 함께 노력을 기울이고 있는 점이 중요하다며 지지하였고, 특별한 시간에 대해 윤재가 어떤 반응을 보였는지, 그중 어떤 형태를 윤재가 특히 좋아하였던지 등을 질문하였다. 특별히 어떤 형태를 좋아하는지에 대해서 어머니는 잘 모르겠다며 대체로 다 좋아하는 것 같았다고 답하였다.

어떤 활동 자체보다는 엄마 아빠와 독점적 시간을 보내는 것 자체를 윤재
가 좋아하는 것이라고 볼 수 있겠는지 상담자가 질문하자, 어머니는 한참 생
각하더니 정말 그런가 보다며 그동안 윤재를 두 살 어린 동생에 비해 너무 큰
아이로 대했던 것이 후회된다고 눈물을 보였다. 윤재에게 좋은 부모가 되고
자 하는 부모의 의지, 또 부모로서의 역할에 대해 스스로를 계속 점검하며 노
력하는 어머니의 모습으로 인해서 윤재가 빠른 변화를 보일 수 있다는 점을
상담자는 강조하였다. 윤재와 부모의 특별한 시간은 앞으로도 매일 지속하
기로 하였다.

윤재가 큰 목소리로 말할 수 있도록 격려하고 윤재의 말을 들어 주는 부모
의 노력도 확인되었는데, 상담자는 그러한 부모의 노력을 인정하면서 학교에
서도 윤재가 친구들과 좀 더 자신감 있게 말을 하고 있으며 친구들과의 상호
작용도 증가하였음을 알려 주었다. 친구들과의 상호작용은 극적으로 증가하
지는 않을 수 있지만, 서서히 상호작용이 증가하고 자신감도 증가하고 있으
며 짜증과 눈물이 많이 감소되었음을 기쁜 마음으로 상담자도 지켜보고 있으
며, 상담자와 부모가 지속적으로 윤재를 격려하고 지지하자고 권유하였다.
윤재가 아침에 학교 가기 전에 짜증내는 것도 많이 줄었다고 하며, 어머니도
길게 보고 희망을 가지고 노력할 것이라고 다짐하였다.

### ② 즐겁고 재미있는 가족활동 탐색과 제안

친구들과의 상호작용이 다소 증가하고 자신감도 증가하였으며 부모와의
특별한 시간과 지지 증가 등으로 인해서 윤재의 기분이 전반적으로 좀 더 좋
아진 것으로 보이는 점에 상담자와 어머니가 동의하였다. 윤재의 변화에 대
한 어머니의 긍정적 기대도 상승했다고 상담자는 판단하고, 또 다른 시도를
더할 수 있겠는지 탐색하고자 하였다.

이를 위해 우선 가족 모두 함께 혹은 일부 가족 구성원들이 크게 소리내어
웃거나 즐기는 시간이나 활동에 대해서 질문하였다. 어머니는 놀이공원에

몇 번 갔던 것 외에는 가족 전체가 함께 했던 시간이나 활동은 기억하지 못하겠고, 윤재와 동생이 함께 TV를 보면서 웃는 소리는 가끔 듣고 윤재와 아버지가 같이 게임을 하는 것을 윤재가 좋아하는 것 같은데 대체로 집안이 조용한 편이라고 대답하였다. 상담자가 크게 소리내어 웃거나 즐거운 시간을 보내는 것과 재미있게 몸을 움직이는 활동이 아동들의 활기를 높이고 가족 간 친밀감을 강화하는 데 상당히 도움이 될 수 있다고 설명하자, 어머니는 그런 활동을 찾아봐야겠는데 잘 모르겠다고 말하였다. 상담자는 신나는 음악을 틀어 놓고 가족들이 함께 막춤을 추는 것, 밀가루로 묽게 풀을 쑤어 물감과 섞어서 큰 종이나 자리 위에 가족이 함께 손으로 그림을 그리기, 풍선 피구, '얼음 땡 놀이' 등을 예로 제시하였다. 어머니는 주말에 아버지가 시간이 될 때 이런 활동들을 아이들과 함께 시도해 볼 것이며, 또 다른 재미있는 활동도 찾아보기로 하였다.

## 3) 말기(8~9회기)

### (1) 내담자의 긍정적 변화 확인 및 강화

"친구들과 사이 좋게 지내고 싶다."는 윤재의 목표를 달성하기 위해서 상담 중에 계속 진행한 자기주장훈련과 사회적 기술훈련에서 익힌 것을 학교에서 지속적으로 시도하고 친구들에게 먼저 말 걸기 과제도 꾸준히 실천하며 모둠에서의 상호작용이 증가하는 등 또래관계에서 긍정적 변화가 일어나고 있음을 윤재도 인식하고 상담자도 동의할 수 있는 단계에 도달했으며, 앞으로 상담에서 새로운 연습을 더 하지 않더라도 이미 익힌 것을 계속 할 수 있을 것이라고 볼 수 있으므로 상담목표가 달성되었다고 합의하였다. 윤재의 의지와 꾸준한 노력으로 그러한 변화가 가능했음을 상담자는 강조하며 칭찬함으로써, 윤재가 자신감을 가지고 혼자서도 변화의 노력을 지속할 수 있을 것이라고 격려하였다. 앞으로 언제든 선생님과 다시 상담하고 싶으면 할 수 있다는 것도 알려 주었다.

### (2) 학습 및 동생에 관한 상담목표 재확인

상담 초기에 윤재가 제시했던 "공부를 잘하고 싶다." "동생이 제멋대로 안 했으면 좋겠다."는 목표에 대해서 현재 윤재가 어떻게 느끼고 있는지 질문하자, 윤재는 동생이 제멋대로이긴 하지만 이제 괜찮은 것 같고, 공부도 잘 할 수 있을 거 같다고 답하였다. 동생이 제멋대로인 건 별로 변하지 않았지만 윤재가 괜찮다고 느끼는 이유에 대해서 묻자, 너무 참지 말고 싫은 거는 말하라고 선생님이 가르쳐 줘서 그렇게 하니까 많이 괜찮아졌다고 답하였다. "윤재가 마음이 더 편안해지고 자신감도 높아져서 공부도 잘할 수 있을 거 같이 느끼고 동생에게 짜증도 덜 나는 것 같다"라고 상담자가 말하자, 윤재도 동의하였다. 따라서 공부 및 동생과 관련해서는 더 상담을 진행하지 않고 종결하였다.

### (3) 부모상담

윤재의 다양한 긍정적 변화를 어머니와 확인하고, 그러한 변화를 가능케 한 윤재의 내면적 힘과 노력 및 부모의 다양한 시도를 재확인하였다. 그동안 다양한 노력을 기울이고 윤재의 변화를 보면서 어머니가 깨달은 점들을 정리할 수 있도록 도움으로써, 앞으로 노력할 방향도 분명해지도록 하였다. 상담자도 지금 상담은 종결하지만 담임교사로서 윤재의 성장을 위해서 지속적인 관심을 기울일 것이며, 부모와 자주 의견을 나누기로 약속하고 부모상담도 종결하였다.

## 5. 대안적 접근: 해결중심상담

윤재에 대해서 부모나 교사가 호소하는 주된 문제는 의욕이 없어 보이고 행동이 느리며 일상적인 일을 지시했을 때 짜증과 눈물을 많이 보인다는 것이다. 학교에서 드러나는 문제는 몸을 움직이는 활동을 싫어하고, 주어진 일을 억지로 하면서 "힘들다." "못한다."는 말을 자주 하는 것이다. 또래와의 교류도 활발하지 않으면서 쉬는 시간에 엎드려 있거나 집에서 가져온 과학책을 뒤적이면서 혼자 있는 문제도 확인되었다.

한편, 윤재는 "힘들다." "못한다."고 하면서도 느리게라도 어머니나 교사의 지시를 따르고 있고 학업 성적도 우수한 편인데, 이는 윤재가 힘들고 어려워하면서도 나름의 방식으로 대인관계나 일상의 일을 처리해 왔음을 짐작하게 한다. 이러한 상황은 윤재도 변화를 원하며 윤재가 자신만의 방식으로 삶의 어려움에 대처해 나간다고 가정하면서, 문제가 없는 예외 상황을 찾고 이를 확장해 나가는 해결중심상담의 방식을 적용하기에 적당한 사례로 보인다. 이 사례의 의뢰 경위를 보면 주로 교사나 어머니가 경험하고 관찰한 어려움에 대해서 기술되어 있고, 윤재가 생각하는 문제는 나타나 있지 않기 때문에 상담 초기에 윤재가 생각하는 상담목표를 파악하는 작업이 우선 진행될 수 있다.

### 1) 기적질문을 사용해 윤재의 바람을 구체화하기

윤재에 대한 교사와 어머니의 일관적인 호소문제는 "짜증을 내거나 눈물을 보인다." "행동이 느리다."와 같은 부분이다. 윤재가 행동이 느리거나 짜증을 낼 때 주변인들도 답답하고 힘들겠지만 윤재도 어려움을 느끼는 상황으로 보인다. 해결중심상담에서는 내담자의 문제를 자세히 파악하기보다는 문제가 없는 상황이라면 내담자의 삶에서 어떤 부분이 달라질지를 탐색하는 방식으로 내담자의 바람(want)을 파악한다. 이를 위해 기적질문을 사용할 수 있다. "내일 아침에 눈을 떴는데 기적이 일어나서 네가 원하는 대로 세상이 다 변해 있다면 어떤 일이 생길까?" "내일 일어나 보니 모든 일이 해결되어 있다면 생활이 어떨지 한번 상상해 볼까?" 등의 질문을 통해 내담자가 자신의 삶에서 원하는 변화를 확인해 볼 수 있다.

윤재가 타인과의 관계에서 반복적으로 표현하는 짜증이 핵심적인 어려움이라고 가정하면, 윤재가 원하는 것은 "아침에 학교에 갈 준비할 때 엄마가 짜증나게 안 했으면 좋겠어요." "수업시간에 선생님이 못하는 건 시키지 말았으면 좋겠어요." "체육시간에 주변 친구들이 몸을 부딪히거나 귀찮게 하지 않았으면 좋겠어요." "동생이 자꾸 놀아 달라고 귀찮게 하지 않았으면 좋겠어요." 등 주변 사람들과 관련된 바람을 가질 것으로 가정할 수 있다. 상담에서는 내담자의 바람을 구체화할 때 '~가 없었으면 좋겠다'거나 '~하지 말았으면 좋겠다'보다는 '~ 했으면 좋겠다'는 긍정적인 방식으로 구체화하는 것이 도움이 되기 때문에, 윤재가 짜증날 때 어떤 일이 생기기를 원하는지를 탐색한다. "아침에 엄마가 짜증나게 하는 대신에 어떻게 해 주면 좋겠어?" "윤재가 수업시간에 '모르겠어요.'라고 할 때 선생님이 계속하라고 하는 대신에 어떻게 해 주면 좋겠어?" 등의 상황별 질문을 통해 윤재가 원하는 주변인의 행동을 탐색해 나간다.

이 과정에서 윤재가 초등학교 2학년이고 자신의 바람을 구체화하기 어려울 수 있다는 점에 주의할 필요가 있다. 대인관계에서 윤재가 경험하는 "짜증나요."라는 말은 다양한 불편감을 표현하는 말로 보이는데, 짜증은 나지만 그 상황에서 다른 사람이 어떻게 해 주기를 원하는지는 생각해 보지 않았을 수 있기 때문에 인내심을 가지고 윤재의 일상과 밀접하게 관련된 구체적인 질문을 사용해 바람을 확인해 나간다. 상담자는 윤재가 원하는 것을 모호하게라도 드러내면 그 부분에 대한 칭찬을 반복함으로써, 윤재가 짜증 이면의 자신의 욕구를 확인하고 표현하는 데 도움을 준다.

탐색의 결과 예를 들어, "아침에 엄마가 계속 빨리 하라고 하는 대신에 기다려 주면 좋겠어요." "수업시간에 '모르겠어요.'라고 할 때 선생님이 뭘 해야 하는지 더 자세히 설명해 주면 좋겠어요." 등 주변인에 대한 기대를 구체화할 수 있다.

## 2) 예외질문을 적용해 예외 상황의 내적 · 외적 조건 확인하기

윤재의 바람을 파악한 후에는, 원하는 대로 이루어진 예외 상황이 있었는지 탐색하여 예외가 발생한 내적 · 외적 조건을 구체화하고 그러한 조건이 형성될 수 있도록 돕는다. 상담자는 "아침에 엄마가 계속 빨리하라고 재촉하는 대신에 윤재가 혼자서 하도록 기다려 준 적도 있었어? 그래서 윤재가 짜증내지 않고 등교준비를 할 때도 있었을 것 같은데?"와 같은 예외질문을 적용해서 윤재가 원하는 방식대로 진행한 적이 있었는지를 확인한다.

윤재가 짜증을 내지 않고 학교에 갈 준비를 한 적이 있었다면, 그때는 뭐가 달랐는지를 구체적으로 탐색한다. 예를 들어, 다른 날보다 더 일찍 일어났거나, 그날 입고 갈 옷을 전날 미리 정해 두었다거나, 그날은 아버지가 등교 준비를 도와주었다거나 등 예외 상황과 관련된 구체적인 차이점들을 탐색하고 반복해서 적용할 수 있는 부분이 있는지 확인한다. 이때 관련된 타인들의 반응뿐만 아니라 윤재의 생각이나 행동에서는 무엇이 달랐는지도 중요하게 포함해서 파악한 후, 관련된 윤재의 행동을 강화한다.

예외질문은 친구나 동생과의 관계에도 적용될 수 있다. 윤재는 뭔가 하고 있을 때 방해받거나, 다른 사람이 신체 접촉을 하거나 자신의 물건을 만지는 등 자신의 경계를 침범해 오는 상황에서 짜증난다고 했기 때문에, 윤재가 짜증내지 않고 친구나 동생과 놀던 상황은 아마도 이러한 경계의 침범이 최소화된 상황일 것이다. 동생과의 상황에서 "게임을 하고 있는데 계속 인형놀이

하자고 해서 짜증났어요."라고 하면, "동생이 놀자고 했을 때 짜증나지 않고
재밌었던 적도 있었어?" "그때는 뭐가 달랐어?" 등과 같이 예외를 탐색한다.
윤재가 "내가 게임을 할 때가 아니고 심심할 때 동생이 놀자고 했을 때"라거
나 "내가 좋아하는 게임을 같이 했을 때" 등 윤재가 동생과 놀면서 즐거웠던
상황을 확인하고, 윤재가 이러한 상황을 만들려면 어떻게 할 수 있을지를 확
인한다.

## 3) 예외 상황을 확장하기

예외 상황의 내적·외적 조건들이 확인되면 예외를 확장하는 (윤재가 원하
는 방식대로 진행되는 상황을 늘려 나가는) 과정을 진행한다. 초등학교 2학년의
경우 등교 문제, 수업시간의 어려움 등은 모두 부모나 교사 등의 행동과 관
련될 수 있기 때문에, 부모상담을 통해 윤재가 짜증내지 않고 등교 준비를 할
수 있는 상황을 설명하고, 부모가 도와줄 수 있는 부분에 대한 협조를 구한
다. 예를 들어, 등교 시간에 윤재가 준비해야 할 일을 줄여 주는 방식으로 상
담을 진행한다면, 지금까지 아침에 했던 일들 중 가능한 부분을 전날 저녁에
준비하도록 부모가 도와줌으로써 상황을 조절할 수 있다. 또한 윤재가 짜증
을 낼 때 부모가 대응하는 방식을 바꾸어 줌으로써(윤재가 늦게 준비할 때 빨리
하라고 잔소리하는 대신, 윤재가 꾸물거리지 않고 한 가지를 했을 때 칭찬을 해 주는
등) 윤재의 짜증을 줄여 나가도록 한다.

## 4) 예외 상황을 늘이기 위해 윤재의 행동 변화에
   초점 맞추기

앞의 예외 상황을 확장하는 부분에서는 주로 윤재와 상호작용하는 주변인
의 행동 변화에 초점을 맞추어 기술하였다. 관련해서 주변인이 그렇게 행동

하도록 하기 위해서는 윤재가 부모, 친구, 동생 및 교사에게 그 행동을 요청할 수 있도록 하는 과정이 필요하다. 동생과의 상호작용을 보면 동생이 인형놀이 하자고 했을 때 윤재가 '싫다'고 자기표현을 하지만, 거절 이후에도 동생이 계속 같은 요청을 하면 윤재는 "짜증나요."라고 하면서 어떻게 대응할지를 모르는 것으로 보인다. 상담에서는 비슷한 상황에서 윤재가 어떻게 표현했을 때 도움이 되었는지 등 예외 상황을 찾고, 필요하다면 자기표현훈련을 포함해서 상담을 진행할 수 있다.

## 5) 변화의 확인과 상담의 종결

상담에서의 변화는 학교나 집에서 윤재가 "짜증나요."라는 말을 적게 하는 것, 윤재가 정해진 시간 안에 주어진 일을 끝내는 것, 동생이나 또래와의 긍정적인 상호작용이 늘어나는 것 등을 통해 확인할 수 있다. 변화를 확인하는 과정에서 척도질문을 사용하면 작은 변화라도 변화를 파악하는 데 도움이 된다. 상담의 전 과정에서 윤재의 노력과 변화에 대한 칭찬, 부모의 변화에 대한 칭찬을 통해 변화를 지속할 수 있도록 돕는다. 윤재의 불편감이 줄어들고, 교사나 부모가 윤재의 긍정적인 변화에 대해서 얘기하면서 이러한 변화가 어느 정도 지속될 때 상담을 종결할 수 있다.

제8장

# 속상할 때면 칼로 몸에 상처를 내는 아동

초등학교 6학년 여학생인 연서가 처음 자해를 시작한 것은 3학년 때였다. 친구가 통통하다고 놀렸을 때 화가 나서 미니어처 칼로 상처를 냈더니 피가 나면서 쾌감이 느껴졌다. 이후 연서는 친구들에게 상처를 받을 때면 진짜 칼로 몸에 상처를 낸다. 6학년이 된 요즘, 상처의 깊이가 부쩍 깊어졌다. 시간이 갈수록 피를 선명하게 봐야 마음이 안정되기 때문이다. 연서는 자기 마음을 표현하면, 타인이 자기를 비난하고 거부할 것이라 예상하며 두려워한다. 그뿐만 아니라 자기를 비난하는 타인이 옳으며 자기는 한심한 인간이라고 말한다. 연서의 자해를 중단시키기 위해 가장 필요한 것은 자신과 타인에 대한 비합리적 신념을 내려놓고 합리적 신념을 선택하도록 돕는 것이다.

이 장에서는 합리적 정서행동치료(REBT) 이론과 기법을 적용하여 절대적 요구, 파국화, 감내력 과소평가, 자기비하 등의 비합리적 신념을 논박하고 유익한 새 신념을 가르치는 과정을 소개하고, 대안적 방법으로 대인관계치료를 제시한다.

연서는 조용한 성격이라 학교생활에서 별다른 문제를 일으키지 않았으며, 교사의 눈에 띄지 않는 아이였다. 담임교사가 학급 아동들을 한 명씩 면담하던 중 우연히 연서가 자해를 하고 있음을 알게 되었다. 전문상담기관으로 연계해 주고자 부모와 연서의 의사를 물었으나 비밀보장을 우려해 거부했다. 이에 담임교사가 직접 상담을 진행하며 연서를 돕고자 마음먹었다.

## 1. 내담자 정보

### 1) 호소문제

상담을 시작하기로 동의한 후, 연서가 고민 질문지에 적은 내용과 어머니가 상담자에게 부탁한 것은 다음과 같다.

#### (1) 연서가 호소한 문제

고민 다섯 개를 적고 괴로운 정도를 1점(전혀 괴롭지 않다)에서 5점(너무 괴롭다)까지의 점수로 표시해 달라고 연서에게 부탁했다. 연서는 '자해하고 있는 것을 해결하고 싶다.(4점)' '자신을 남보다 낮추는 것을 해결하고 싶다.(3점)' '필요 없는 걱정을 하는 것을 해결하고 싶다.(3점)' '내성적인 성격을 극복하고 싶다.(3점)' '친구 관계가 좋은 쪽으로 개선되었으면 좋겠다.(2점)'라고 적었다.

#### (2) 어머니가 호소한 문제

연서의 어머니는 자해 문제와 사소한 일에 예민하게 반응하는 문제 두 가지만 해결되면 좋겠다고 말했다. 집에서는 동생에게 짜증을 부리는 일이 자주 있지만, 이것을 크게 문제 삼지는 않았다.

## 2) 내담자의 인상 및 행동 특성

- 말수가 적지만 말 속에 자기가 남보다 못났다는 생각이 담겨 있다. 못난 자기의 모습을 가리고 싶어서 일부러 마스크를 쓰고 다니곤 한다.
- 타인의 말에 쉽게 상처를 받지만 아무 말도 하지 않고 가만히 있다. 그래 서 또래들은 연서의 감정을 잘 알아차리지 못한다.
- 자해할 때도 짧은 시간에 마치고 완벽하게 뒤처리를 해서 타인에게 들 키지 않으려고 한다.
- 또래들에게 먼저 말을 걸거나 친해지려 하지 않는다. 조용한 성향의 친구 몇몇하고만 어울린다. 하지만 다른 또래들과 사이가 나쁜 것은 아니다.

## 3) 가족관계 및 성장 배경

연서는 2녀 중 장녀이며, 부모와 함께 살고 있다.

### (1) 가족 구성원 및 특성

- 아버지(46세, 소규모 납품업체 운영): 초등학교 입학 전, 연서는 어머니와 다투는 아버지의 모습을 보고 무서워했지만 커 가면서 점차 아버지와의 사이가 가까워졌다.
- 어머니(43세, 공장 근로자): 연서가 대화를 많이 나누는 대상이지만, 고학 년이 되면서 털어놓지 못하는 이야기가 늘고 있다.
- 여동생(10세, 3학년): 연서를 가장 잘 이해해 주는 친구 같은 동생이다. 연 서가 감정적으로 힘들 때 이야기를 들어 주고 기분이 풀어질 때까지 같 이 놀아 준다. 안 좋은 감정이 쌓였을 때 연서는 동생에게 심하게 화를 내기도 한다.

## (2) 내담자의 발달사

초등학교 입학 전 아버지와 어머니의 사이가 좋지 않던 시기에 연서는 가족에게 거의 말을 하지 않았으며 밥만 먹고 곧바로 자기 방으로 들어가 혼자 시간을 보내는 일이 많았다. 자해를 처음 시작한 것은 3학년 때다. 하지만 부모는 연서가 5학년에 올라갈 무렵이 되어서야 이것을 알았다. 어머니는 처음에는 하지 말라고 말렸지만, 더 큰일이 날까 두려워 자해에 관해서는 아무 말도 하지 않고 있다. 6학년 학부모상담 중 담임교사가 여러 차례 연서를 전문기관에 연결해 주자고 권했지만, 어머니는 비밀보장을 걱정하며 강하게 거부했다. 아버지 역시도 연서의 자해를 알고 있지만, 연서와 함께 있을 때 이에 대해 특별히 언급하는 일이 없으며 외부의 도움을 받을 생각도 없다.

3학년 때 또래관계에서 일어난 일이 자해를 시작한 계기가 되었다. 간식을 좋아해서 통통해졌는데 친구들이 다리 굵기를 비교하거나 놀리는 말을 하면 기분 나쁘다는 표현을 하지 못하고 속상한 마음을 담아 두곤 했다. 통통하다는 소리가 싫어서 밥을 거의 먹지 않고 밤낮으로 잠을 자서 2kg를 뺐다. 이때부터 속상한 마음이 들 때 미니어처 칼로 신체를 그어 봤는데 피가 맺히는 것을 보고 묘한 쾌감을 느끼면서 자해를 시작하게 되었다.

4학년 때는 친구관계가 좋아져 자해를 안 하다가 5학년에 올라와 친구관계로 인한 스트레스가 심해지면서 다시 자해를 시작했다. 이때부터는 사무용 커터를 사용했다. 자주 자해를 하기는 했지만, 상처의 깊이는 비교적 얕았다.

6학년이 되고부터 자해의 횟수는 이전보다 줄었으나 상처의 깊이가 깊어졌다. 연서는 시간이 흐를수록 피를 선명하게 봐야 마음이 안정된다고 했다.

## 4) 심리평가

어머니에게 실시한 아동·청소년 행동평가척도(K-CBCL)의 문제행동 증후군 척도 중 T점수 60점 이상이 확인된 것은 불안/우울(60점)뿐이었다. 연서

에게 실시한 소아우울척도(CDI: 조수철, 이영식, 1990)는 15점, 소아특성불안척
도(TAIC: 조수철, 최진숙, 1989)는 39점으로 나타나 불안 상태가 우려된다.[1]

연서는 문장완성검사에서 '다른 사람들은 나를 무시할 것 같다.' '나를 가장
화나게 하는 것은 나를 무시하는 것' '나를 가장 슬프게 하는 것은 예상치 못
한 반응(화난)' '내가 가장 무서워하는 것은 사람들의 반응(화난)' '나는 친구
가 나를 이해해 주었으면 좋겠다.' '나는 모든 게 잘 안된다는 공상을 잘한다.'
'나의 나쁜 점은 거절을 못하고 당당하지 못한 점' 등 타인의 적대적 태도에
대한 예측 및 이에 대한 분노와 불안을 표현했다.

## 2. 사례개념화

연서는 또래관계에서 강한 부정적 감정을 경험할 때 자신의 몸에 상처를 냄
으로써 이 감정을 해소하거나 회피하고 있다. 상담자는 연서를 돕기 위해 합리
적 신념을 성장시키는 데에 중점을 두는 합리적 정서행동치료(REBT)를 적용했
다. REBT에서는 내담자의 문제를 촉발사건(A), 비합리적 신념(B), 감정적 · 행
동적 결과(C)로 나누어 이해한다(DiGiuseppe, Doyle, Dryden, & Backx, 2021).

촉발사건은 감정적 · 행동적 결과를 경험하기 직전에 일어난 일을 지칭한
다. REBT에서는 객관적 사건뿐 아니라 사건에 대한 지각 및 추론 등 인지적
요소도 촉발사건으로 분류한다. 그 이유는 지각 및 추론이 감정적 · 행동적
결과를 일으키는 직접적 요인이 아니라고 보기 때문이다.

감정적 · 행동적 결과의 직접적 원인은 다름 아닌 비합리적 신념이며, 하나
의 핵심신념과 세 가지 파생신념으로 구성된다. 핵심신념에는 세상이 자기가
원하는 모습이어야만 한다는 절대적 요구(demand)가 담겨 있다. 핵심신념에

---

1) 일반 아동 중 상위 15%에 해당하는 점수는 CDI 22점 이상, TAIC 39점 이상이다.

서 비롯된 세 가지 파생신념은 다음과 같다. 첫째, 파국화(awfulizing)는 절대적 요구가 좌절된 상황이 끔찍하거나 비참하다는 믿음을 담고 있다. 둘째, 감내력 과소평가(frustration intolerance)는 불쾌한 감정이나 불편한 일을 견딜수 없다는 믿음이다. 셋째, 포괄적 가치평가(global evaluation of worth)는 절대적 요구를 충족시키지 못하는 자신 또는 타인의 가치를 현저히 깎아내리는생각을 가리킨다. REBT의 틀을 바탕으로 연서의 문제는 다음과 같이 요약될수 있다.

- 촉발사건: 과거에 또래에게 무시 · 거부당한 사건 및 미래에도 그렇게 될 것이라는 추론
- 절대적 요구: '타인은 나를 무시 · 거부해서는 안 된다.'
  '나는 분노의 감정을 드러내서는 안 된다.'
- 파국화: '타인에게 무시 · 거부당하는 것은 비참하고 끔찍한 일이다.'
- 감내력 과소평가: '타인에게 무시 · 거부당하는 것을 견딜 수 없다.'
- 포괄적 가치평가: '나를 무시 · 거부한 타인은 나쁘다.'
  '나는 가치 없는 인간이다.'
- 감정적 · 행동적 결과: [감정] 분노, 비참함, 두려움
  [행동] 자해, 분노표현 회피

## 3. 상담의 목표 및 전략: REBT

### 1) 상담목표

REBT의 목표는 해로운 부정적 감정을 건강한 부정적 감정으로 바꾸는 것이다. 연서가 상담자에게 호소한 해로운 감정은 분노, 비참함, 두려움[2]인데 모

두 자해행동과 직접 연관되어 있었다.

또래들에게 무시 또는 거부당한 촉발사건이 일어났을 때, 처음에는 또래에게 분노하다가 나중에는 자신을 비하하며 비참한 감정을 느꼈다. 분노와 비참함이 뒤섞인 상태를 연서는 "속상하다." 또는 "상처받았다."는 말로 자주 표현했다. 연서는 분노와 비참함을 곧바로 해소 또는 회피하려는 방편으로 자해를 사용하고 있었다. 따라서 이 두 감정을 건강한 감정인 언짢음과 아쉬움으로 바꾸는 것은 자해를 감소시키기 위해 성취해야 할 핵심 목표였다.

그다음으로 중요한 목표는 과도한 두려움을 적정한 수준의 염려로 바꾸는 것이었다. 두려움은 분노를 표현해서 또래들에게 거부당하는 상황이 너무나도 끔찍해서 견딜 수 없다는 비합리적 신념에 의해 유발되었다. 이러한 두려움이 없었다면 자해에 의존하지 않고 또래에게 직접 감정을 표현하며 해소할 수 있었을 것이다.

## 2) 상담전략

감정 변화를 성취하기 위해 핵심신념과 파생신념을 겨냥한 작업을 두 가지 측면으로 나누어 진행하였다. 하나는 해로운 감정을 유발하는 비합리적 신념을 논박하는 것이었다. 경험적 증거와 비합리적 신념을 대조하는 실증적 논박, 비합리적 신념 속에 내포된 인과관계의 타당성을 검토하는 논리적 논박, 비합리적 신념이 내담자의 삶과 개인적 목표 성취에 미치는 영향을 검토하는 기능적 논박 등 REBT의 세 가지 논박 전략을 모두 활용했다.

논박을 통해 비합리적 신념이 옳다는 믿음을 충분히 약화시킨 다음, 건강한 감정을 가져오는 합리적 신념으로 그 자리를 채우는 작업을 진행했다. 구

---

2) 연서가 감정을 호소할 때 사용한 단어를 그대로 기술하였다. 비참함과 두려움은 높은 수준의 우울과 불안에 해당하는 감정이다.

체적으로 언급하면, 절대적 요구를 합리적 바람과 구별하며 '~해도 좋다' 또는 '~할 수도 있다'는 허용적 사고로 전환시키고자 했다. 자기비하는 인간으로서의 자신의 가치를 무조건적으로 수용하는 신념으로, 그리고 파국화 및 감내력 과소평가는 현재의 상황이 불쾌하지만 충분히 견딜 수 있다는 신념으로 바꾸려고 시도했다.

## 4. 상담과정

### 상담 초기의 과제

## 1) 문제에 대한 합의

자해로 고민하는 내담자들은 수치심 때문에 문제를 털어놓는 것을 주저하는 경우가 많다. 그래서 가족과 친구들조차도 수년간 자해하고 있는 사실을 모르기도 한다. 자해를 그만두도록 돕는 첫걸음은 수용적 태도를 보임으로써 상담자가 자신을 대단히 문제 있는 사람으로 볼지 모른다는 불안을 감소시키는 것이다.

> 상담자: 상담시간에 무슨 문제를 다루면 연서에게 도움이 될까?
> 연  서: 큰 문제가 있는데……. 3년 동안 가지고 있던 문제예요. 말하고 싶은데 입이 잘 안 떨어져요.
> 상담자: 이야기하는 것이 망설여지지만, 연서가 오늘 큰 고민을 이야기하고 싶구나.
> 연  서: 네. 말할까 말까 고민이 많았는데, 엄마한테 물어봤더니 말해도 된다고 하셨어요.

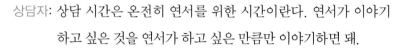

상담자: 상담 시간은 온전히 연서를 위한 시간이란다. 연서가 이야기
　　　　하고 싶은 것을 연서가 하고 싶은 만큼만 이야기하면 돼.

연　서: (망설이다가) 팔을 칼로 긋는……. 자해를 하는 행동이요. 자
　　　　꾸 범위가 넓어져 가지고. 5학년 때 친구 문제로 힘들어서 좀
　　　　많이 한 것 같아요. 3학년 때 처음 시작했는데……. 그때 친
　　　　구가 통통하다고 놀렸을 때 화가 많이 났어요. 미니어처 칼
　　　　을 만지다가 피가 났는데 왠지 묘한 느낌이었어요. 피가 송
　　　　글송글 맺히는데 안 아픈 거예요. 피를 보고 안정감이라고
　　　　해야 하나……. 마음이 편안해졌어요. 뭔가 풀리는 느낌이고
　　　　기분이 좋았어요. 3학년 때는 미니어처 칼로 했었는데, 무릎,
　　　　팔, 손등에 하고, 손목은 위험할까 봐 안 했어요. 4학년 때부
　　　　터는 종이 자르는 사무용 칼로 했는데 그게 잘 그어지고 피
　　　　도 잘 나요. 근데 4학년 때는 별로 안 했어요. 애들이 말도 잘
　　　　걸어 주고, 그때 선생님도 되게 좋았거든요. 5학년 되고 나서
　　　　친구관계에서 되게 마음이 아팠어요. 지금은 얼굴 가리려
　　　　고 쓰던 마스크도 벗고, 이미지를 바꾸려고, 좋아지려고 노력
　　　　하는데, 가짜로 웃는 거다 보니까……. 마음이 좀 안 좋아요.
　　　　팔에 흉터하고 자국이 많아요. 이건 3학년 때, 이거하고 이거
　　　　는 5학년, 6학년 때 상처예요.

상담 초기의 불안을 어느 정도 해소한 다음 해야 할 일은 무엇이 문제인지
에 대해 내담자와 합의에 도달하는 것이다. 촉발사건을 자세히 기술하기보
다는 내담자가 자신의 감정 및 행동에 집중하도록 이끄는 것이 중요하다. 이
것을 변화시키는 것이 REBT의 목표이기 때문이다.

상담자: 연서의 이야기를 선생님이 제대로 들었는지 정리해 볼게. 혹
　　　　시 잘못 이해한 데가 있으면 알려 줘. 음, 친구관계에서 힘든
　　　　감정을 느낄 때가 있는데 그럴 때 자해를 하곤 했구나.

연　서: 네.

상담자: 힘든 감정을 느낄 때 칼로 상처를 내면 기분이 나아지지만,
　　　　이제는 그만두어야겠다고 생각하고 있는 것 같아.

연　서: 네. 저랑 같이 노는 애들이 하는 작은 말 한마디에 제가 되게
　　　　상처를 크게 입어요. 그런 의도가 아닌 건 알겠는데, 그 생각
　　　　이 계속 맴도는 거예요. '아, 쟤가 저랬었는데, 나 어떻게 해
　　　　야 하지?' 이런 생각, 쓸데없는 걱정을 계속하고, 어떻게 화를
　　　　풀어야 할지 모르는 거예요. 그렇다고 다른 사람한테는 화를
　　　　못 풀겠고……. 그럼 그 사람은 뭔 죄예요? 마음을 어떻게 하
　　　　질 못하겠는데 정신을 차려보면 손에 칼이 들려 있고, 그래
　　　　가지고…….

상담자: 연서는 친구가 한 말에 쉽게 화가 나는구나. 그런데 화를 풀
　　　　방법을 몰라서 자꾸 칼로 손이 가는 것 같아. 혹시 자해를 얼
　　　　마나 자주 하는지 물어봐도 괜찮을까?

연　서: 5학년 때는 한 달에 두 번 정도 했었어요. 6학년 되고 나서는
　　　　한 달에 한 번 정도 하는데 강도가 더 심해져서 걱정이에요.
　　　　피가 뚝뚝 떨어지고 흐를 정도로.

상담자: 요즘 횟수가 준 것은 다행이지만, 피가 뚝뚝 떨어질 정도로
　　　　강도가 더 심해졌다고 하니, 선생님도 걱정이 많이 돼.

연　서: 처음엔 되게 무섭고 '죽으면 어떡하지?' '진짜 이게 베이니?'
　　　　그런 생각이 많았었는데, 화가 나면, 스트레스를 받으면, 그
　　　　런 거 다 생각하지 않고 그냥 베고 보는 거예요.

상담자: 화가 많이 나면, 위험하다는 생각이 없어지고, 상처를 내서

> 곧바로 화를 풀려는 충동이 아주 강해지는 것 같아.

연　서: 네. 맞아요.

상담자: 연서에게 다른 고민도 있겠지만, 안전이 제일 중요한 것이니까 우선 자해를 줄이는 것을 상담목표로 삼아도 괜찮을까?

연　서: 네. 좋아요.

## 2) 과거의 문제해결 시도 점검

내담자들은 대개 자신의 문제를 해결하려는 나름의 시도를 한 적이 있다. 이것을 질문함으로써 내담자는 존중받는다는 느낌을 받을 수 있으며, 상담자는 문제해결을 촉진하거나 저해하는 요인에 대한 단서를 발견할 수 있다. 때로는 내담자와 질문을 주고받는 과정에서 문제의 새로운 측면이 드러나기도 한다.

> 상담자: 이 문제를 해결하기 위해 연서도 뭔가 노력을 했을 것 같은데 선생님한테 말해 주겠니?
>
> 연　서: 칼을 숨겨도 봤는데 머릿속에서 '너는 해도 돼.' 하는 말이 들리는 것 같아서 계속 찾게 돼요. 칼이 없으면 손톱으로 긁고 찢어요. 피를 봐야 마음이 안정돼요. 못 참겠어요. 칼이 없으면 불안해요. 그래서 칼을 항상 가지고 다녀요. 속상하면 바로 자해를 해 와서 다른 해결책을 생각해 본 적이 없어요.

연서가 부정적 감정을 즉각적으로 해소하는 손쉬운 수단으로 자해를 사용하고 있는 탓에 건강한 방식으로 부정적 감정을 다룬 경험이 적음을 알 수 있다. 이는 흡연, 음주, 약물 등의 중독 문제와 유사한 모습이다. 이럴 경우는 내담자가 원하는 해결책이 무엇인지를 묻거나, 과거의 사소한 성공경험을 밝혀내서 상담목표 수립 및 성취에 활용하는 것이 좋다.

> 상담자: 다른 방법이 떠오르지 않는가 보구나. 연서는 자해를 하고 싶지 않은 것 같은데 맞지? 혹시 연서 마음대로 할 수 있다면, 화가 났을 때 자해 말고 무엇을 하고 싶니?
>
> 연　서: 말로 하는 거요. 상대방 얼굴 보고. 그런데 못하겠어요. 제가 따져도 걔가 적반하장으로 나올 게 뻔하니까.
>
> 상담자: 상대방 얼굴 보고 말하고 싶은데 이것을 못하게 가로막는 감정이 있는 것 같구나.
>
> 연　서: 무서워요.
>
> 상담자: 화난 마음을 이야기하면 거꾸로 상대방이 화를 낼까 봐 무서워서 말을 못 하겠다는 말이구나. 하지만 자해 말고 다른 방법으로 화를 푼 적도 있을 것 같아.
>
> 연　서: 4학년 때는 공감해 주는 친구한테 이야기하면서 풀기도 했는데, 그래도 부족한 날엔 자해를 했어요. 근데 점점 학년이 올라갈수록 친구한테 이야기하면 그 이야기를 전하더라고요. 그게 뒷말이 될까 봐 무서워요.
>
> 상담자: 친구가 이야기를 옮길 것이라는 생각이 들어서 대화로 푸는 것도 무섭구나. 선생님이 연서를 도우려면 또 어떤 것들을 알아야 할까?
>
> 연　서: 흉터를 보고 애들이 자해한 걸 알아볼까 봐 무서워요. 지난번에 학교 화장실에서 그걸 하고 밴드까지 잘 붙이고 교실에 왔는데, 밴드가 피 때문에 분홍색으로 물들이 있으니까 승호가 "너 자해하냐?"고 했어요. 그렇게 이상하게 보는 시선이 싫어요.
>
> 상담자: 승호의 말을 듣고 어떻게 했니?

> 연　서: '어, 들켰나?' 하고 엄청 당황했어요. 그래서 "얘, 뭐래냐?" 하
> 　　　 고 그냥 무시해 버렸어요.
> 상담자: 연서가 많이 창피했구나.

## 3) 역기능적 감정 규정하기

REBT에서는 합리적 신념의 내면화를 통해 정서적 고통을 감소시키고 행복을 증진시키는 것을 추구한다. 즉, 감정의 변화가 궁극적 목표이고, 사고의 변화는 이를 성취하기 위한 수단이다. 따라서 변화시켜야 할 해로운 감정을 분명하게 규정해야 상담의 진행 방향을 설정할 수 있다.

> 상담자: 상황을 선생님과 함께 정리해 보자. 연서가 몸에 상처를 내는
> 　　　 것은 주로 분노를 풀기 위한 것인 것 같은데, 맞니?
> 연　서: 맞아요.
> 상담자: 그리고 화난 마음을 표현하면 상대방이 화를 내거나 친구들
> 　　　 이 말을 옮길까 봐 두려움을 느끼고.
> 연　서: 네.
> 상담자: 연서가 자해를 하고 있는 문제를 해결하려면 두 가지 부정적
> 　　　 감정, 그러니까 분노와 두려움을 건강한 감정으로 바꾸는 것
> 　　　 이 중요할 것 같아. 분노를 느끼지 않으면 자해할 필요가 없
> 　　　 을 거고, 그리고 두려움 없이 표현할 수 있다면 분노를 느끼
> 　　　 더라도 자해로 풀 필요가 없을 거야. 연서의 생각은 어떠니?
> 연　서: 맞는 것 같긴 한데, 그게 마음대로 안 돼요.

## 분노를 언짢음으로 바꾸기

## 1) 감정적 · 행동적 결과 및 촉발사건 확인하기

자해 충동을 자극하는 감정이 분노라는 것이 분명해졌으므로 이와 연관된 촉발사건을 탐색하는 작업을 다음과 같이 진행했다.

> 상담자: 혹시 최근에 화가 나서 몸에 상처를 낸 적이 있는지 궁금하구나.
>
> 연　서: 일주일 전쯤에 형은이가 다이어트한다고 하길래 제가 "뺄 데가 어딨냐?"고 했더니, 옆에 있던 수민이가 "너, 그거 다 가식이야!"라고 했어요. 집에 가서도 그 말이 계속 생각나서 힘들었어요. 사실 수민이 말이 맞아요. 지금까지 계속 이렇게 가식적으로 살아왔는데 가식이 아니면 어떻게 살아야 할지를 모르겠는 거예요. 그렇다고 제가 직접적으로 솔직하게 말하면 형은이가 속상할 거잖아요.
>
> 상담자: 가식이라는 수민이의 말에 화가 많이 났구나. 그런데 집에 가서 그 일을 떠올리며 수민이 말이 맞다고 생각했을 때는 좀 다른 감정을 느낀 것 같아.
>
> 연　서: 근데……. 사실 제가 봐도 제 자신이 한심하다고 느낄 때가 많아요. '나는 고작 이 정도밖에 되지 않는 앤가?' 싶은 생각이 들 때도 많고요.
>
> 상담자: 그렇게 언시 자신에 대해 부정적인 생각이 들었을 때 기분이 어땠지?
>
> 연　서: 비참했어요.

처음에는 모습을 드러내지 않다가 나중에 수면 위로 등장하는 역기능적 감정도 종종 있다. 이런 경우, 이 감정을 변화시키는 것 역시도 상담목표에 추가하는 것이 바람직하다. 연서의 경우, 처음에는 분노를 주로 호소했지만, 지금은 비참한 감정, 즉 우울도 함께 드러낸 것을 볼 수 있다.

> 상담자: 처음엔 화가 났고 그다음엔 비참한 기분이 들었구나. 그래서 어떻게 했니?
>
> 연　서: 곧바로 칼 들고 화장실로 갔어요.
>
> 상담자: 집 화장실?
>
> 연　서: 집에 갈 때까지 못 참아요. 휴지랑 밴드를 준비해서 학교 화장실에 갔어요. 가서 다섯 줄, 여섯 줄 될 때까지 그어요. 피를 보면 마음이 안정되는 느낌이 들어요.
>
> 상담자: 분노와 비참함, 두 가지 감정이 나왔는데, 칼을 든 것은 수민이 말에 화가 났을 때니? 아니면 자신이 한심한 것 같아서 비참해졌을 때니?
>
> 연　서: 모르겠어요. 그냥 속상했어요.
>
> 상담자: 처음에는 수민이의 말에 화가 났고, 그다음엔 나에게 문제가 있는 것 같아서 비참한 기분이 된 것을 연서는 속상한 감정이라고 느끼는 것 같은데, 선생님이 잘 이해했니?
>
> 연　서: 네. 맞아요.

분노와 비참함 중에 어느 것이 자해 충동을 자극하는 결정적인 감정인지 아는 것은 양자 중 어느 쪽을 비중 있게 다룰지를 결정하는 데에 필요한 중요한 정보일 수 있다. 하지만 연서의 경우는 '속상함'으로 표현되는 분노와 비참함이 혼재된 상태에서 자해하고 있었으므로 두 가지 감정을 같은 비중으로 다루었다.

## 2) 비합리적 신념과 합리적 신념 구별하기

내담자들은 대개 촉발사건 때문에 감정적 · 행동적 결과가 발생했다고 주장한다. 하지만 REBT의 관점에서 보면, 촉발사건이 감정적 · 행동적 결과에 영향을 미치기는 하지만 보다 직접적인 원인은 비합리적 신념이다. 이것을 연서에게 이해시키기 위한 작업을 다음과 같이 진행하였다.

> 상담자: 자해하고 싶은 충동을 자극하는 속상함 속에 분노와 비참함이 함께 있는데, 하나씩 차근차근 살펴보는 것이 좋겠구나. 먼저 화가 난 그 순간을 떠올려 보자. 수민이의 말을 듣고 어떤 생각이 들었길래 연서가 그렇게 화가 났을까?
>
> 연　서: '내가 고작 이 정도밖에 되지 않나?' 하는 생각…….
>
> 상담자: 자신을 부정적으로 평가하는 생각은 분노가 아니라 우울한 감정을 일으킨단다. 화가 많이 났다면, '수민이가 ~을 했다.'라는 식으로 상대방에 대해 부정적 평가를 했을 거야. "그거 다 가식이야!"라는 말을 들었을 때, 수민이의 행동에 대해 어떤 생각이 들었는지 떠올려 보자.
>
> 연　서: '어떻게 저런 말을 하나?' 하는 생각…….수민이가 자기반성을 하면 마음이 좀 풀릴 것 같아요. 얼굴 보고 말하고 싶긴 한데 자신이 없어요. 제 성격이 그런데. 지금 6학년 올라오면서 제 성격을 바꾸고 싶은 거예요. 이미지가 너무 만만하게 보이는, 너무 착해 보이는 쪽으로 가서…….친구들이 너무 깔보는 것 같아요. 만만하게 보는 것 같아요.

연서는 비참함을 느끼게 하는 사고와 분노를 일으키는 사고를 혼동하고 있다. 이에 상담자는 비합리적 신념과 역기능적 감정 사이의 인과관계를 이해

하도록 돕고 있다. 내담자가 양자 사이의 인과관계를 분명히 이해해야 REBT
가 효과적으로 진행될 수 있다.

> 상담자: 정말 그런지 모르겠지만, 수민이가 연서를 만만하게 본다는
> 것이 사실이라고 하자. 혹시 연서랑 같은 일을 겪은 사람이
> 100명 있다면 모두 다 연서랑 똑같은 정도로 화가 많이 날까?
> 연　서: 그렇진 않을 것 같아요.
> 상담자: 그렇진 않다는 게 어떤 뜻이지?
> 연　서: 화가 덜 나는 사람도 있을 것 같아요.
> 상담자: 연서는 화가 많이 나는 사람과 덜 나는 사람 중에 어느 쪽이
> 되고 싶지?
> 연　서: 화가 덜 나는 사람이요.
> 상담자: 화가 덜 나면 연서는 지금과 달리 무엇을 하게 될까?
> 연　서: 자해를 안 하고 아이들과도 더 잘 지낼 것 같아요.

　표적으로 삼은 역기능적 감정의 개선, 즉 분노의 감소가 가져올 긍정적 결
과를 예상하도록 하면, 이것을 성취할 방법을 찾고자 하는 동기가 높아진다.
따라서 내담자는 더 의욕적으로 상담과정에 참여하게 된다.

> 상담자: 화가 덜 나는 것이 연서에게 도움이 된다는 이야기구나. 연서
> 가 잘 지내는 것을 방해하지 않는 정도로 약간만 화난 감정
> 상태를 뭐라고 부르면 좋을까? 선생님이 보기를 들어 볼게.
> 보기 중에 연서의 마음에 맞는 표현이 있는지 말해 줘. 1번
> '분노하다', 2번 '분통하다', 3번 '언짢다', 4번 '짜증나다'
> 연　서: 3번 '언짢다'요.
> 상담자: 똑같은 상황에서 분노 대신 언짢은 정도의 감정만 느낄 수 있

다면, 연서가 지금보다 잘 지낼 수 있을까?

연　서: 그럴 것 같아요.

상담자: 좋아. 연서도 지금 말해 주었지만, 부정적 감정 중에는 건강한 감정과 해로운 감정이 있단다. 예를 들면, 시험을 보기 전날 전혀 불안하지 않다면 공부를 하지 않을 거야. 하지만 적당히 불안을 느낀다면 놀고 싶은 것을 참고 시험공부를 하겠지. 하지만 너무 많이 불안해서 무서울 정도라면 안절부절못하느라 공부를 제대로 할 수 없을 거야. 적당히 불안한 것은 긍정적 행동을 하게 도와주는 건강한 감정이고, 무서움은 유익한 행동을 못하게 방해하는 해로운 감정이란다. 상담 시간에는 해로운 감정을 건강한 감정으로 바꾸는 일을 한단다. 연서의 경우는 해로운 감정, 즉 커다란 분노를 건강한 감정, 즉 약간의 '언짢음' 정도로 바꿀 수 있다면 도움이 될 거야.

촉발사건에 직면했을 때 역기능적인 해로운 감정이 아니라, 비록 부정적이라도 건강한 감정을 경험하는 것이 REBT가 추구하는 변화다. 따라서 REBT 상담자는 내담자와 함께 건강한 감정을 찾아 이름을 붙이고 이것을 불러오는 인지적 변화를 시도한다.

상담자: 그런데 연서야, 똑같은 일을 겪고서도 누구는 분노하고, 누구는 언짢은 정도의 감정만 느끼는 이유가 뭘까?

연　서: 음……. 생각하는 게 달라서…….

상담자: 맞아. 선생님이 지금 두 가지 생각을 말해 볼게. 잘 듣고 어느 것이 분노하는 사람의 생각인지 골라 보렴. 1번 '수민이가 나를 만만하게 보지 않았으면 좋겠다. 그러니까 수민이는 절대로 나를 만만하게 보아서는 안 된다.' 2번 '수민이가 나를 만

　　　　만하게 보지 않으면 좋겠다. 하지만 수민이에게 그럴 의무가

　　　　있는 것은 아니다.'

연　서: 1번이요.

상담자: 그렇지. 절대로 '~해야 한다'는 경직된 생각은 해로운 감정을

　　　　느끼게 만들어. 그럼, 2번 생각은 뭐였더라?

연　서: 어……. '수민이가 나를 만만하게 보지 않으면 좋겠다. 하지

　　　　만 수민이에게 그럴 의무는 없다.'

상담자: 이런 생각을 하면 분노가 치밀까?

연　서: 아니요. 그냥 언짢은 정도일 것 같아요.

## 3) 논리적 논박과 기능적 논박-절대적 요구

　　타인에 대한 절대적 요구가 분노를 일으킴을 깨달았지만, 이것만으로 비합리적 신념과 분노가 사라지지는 않는다. 비합리적 신념이 비합리적인 이유를 제대로 이해해야 새로운 합리적 신념을 찾아내고 받아들이고자 하는 동기가 증가한다. 상담 초기에는 상담자가 직접 설명해 주며 논박의 시범을 보이지만, 회기가 진행될수록 내담자 스스로 찾도록 돕는 소크라테스식 질문의 비중을 늘려 가는 것이 바람직하다.

상담자: 그렇지. 수민이가 연서를 만만하게 본다 하더라도 연서가 어

　　　　떤 생각을 하고 있느냐에 따라 분노할 수도 있고 그냥 언짢은

　　　　정도로만 끝날 수도 있어. 1번 생각과 2번 생각 중에 어느 것

　　　　이 더 합리적인 생각일까?

연　서: 2번이요.

상담자: 어째서 2번이 더 합리적일까?

연　서: 다른 사람이 내 마음대로 행동해야 하는 것은 아니니까요.

> 상담자: 연서가 참 똑똑하구나. 상담에서는 건강한 감정을 느끼도록 돕는 이런 생각을 합리적 생각이라고 하고, 해로운 감정을 느끼게 하는 생각을 비합리적 생각이라고 불러.
>
> 연　서: 머리로는 2번이 합리적이라는 걸 알겠는데 감정이 그렇게 잘 안 돼요.
>
> 상담자: 새로운 합리적 생각을 내 것으로 만들려면 시간이 좀 걸린단다. 그리고 상담 시간뿐만 아니라 일상생활 속에서도 계속 연습을 해야 해. 두 가지 연습이 있는데, 하나는 해로운 감정을 느낄 때 떠오른 비합리적 생각이 왜 비합리적인지 그 이유를 알아내는 거고, 다른 하나는 건강한 감정을 가져오는 합리적 생각을 찾아내서 반복적으로 말하는 것이란다. 이 두 가지 연습을 상담 시간에도 할 거고, 숙제로도 하게 될 거야. 그런 의미에서 오늘 좀 더 연습해 보자. 해 볼 마음이 있니?
>
> 연　서: 좋아요.

　지금 연서는 타인에 대한 절대적 요구와 자신의 바람을 구분 짓고 있다. 이것은 세 가지 논박전략 중 논리적 논박에 해당한다. 보다 효과적으로 비합리적 신념을 약화시키려면, 한 가지가 아니라 여러 논박전략을 함께 사용하는 것이 좋다. 다음의 대화에서는 비합리적 신념이 삶에 미치는 영향을 평가하는 기능적 논박이 시도되었다.

> 상담자: 1번 생각이 비합리적인 이유를 한 가지 찾아내었는데, 하나 더 찾아보자. 연서는 상담을 받고 어떻게 달라지고 싶다고 했었지?
>
> 연　서: 자해를 안 하고, 친구들하고도 잘 지내고 싶어요.
>
> 상담자: 그래. 그게 연서의 목표야. '수민이는 절대로 나를 만만하게

보면 안 된다.'고 계속 생각하고 있으면, 연서가 이루고 싶은
목표를 달성하는 데에 얼마나 도움이 되니?

연　서: 거꾸로 방해가 될 것 같아요. 자해하고 싶은 충동이 생길 것
같고, 친구들을 피하고 싶어질 것 같아요.

상담자: 연서야, 정말 잘했어. 비합리적인 생각은 자기가 원하는 목표
를 성취하는 것을 방해한단다. 그리고 아까 연서가 말해 준
것처럼 '내가 원하니까 그렇게 되어야만 해!'라고 어리광을
부리는 생각이기도 하단다. 그래서 해로운 부정적 감정을 일
으킨단다.

연　서: 아, 이런 생각은 처음 해 봤어요.

### 비참함을 아쉬움으로 바꾸기

## 1) 비합리적 신념 포착하기

자해 충동은 연서가 비참한 감정을 느낄 때도 강해진다. 비참함과 연관된 비
합리적 신념은 자신의 가치를 포괄적으로 깎아내리는 자기비하적 신념이다.

상담자: 이번에는 비참한 감정을 건강한 감정으로 바꾸는 것을 시도해
보자. 처음에는 수민이가 만만하게 보는 것 같아서 화가 났
다가 그다음에 비참한 감정을 느꼈다고 했지? 연서를 비참하
게 만든 생각은 무엇일까?

연　서: 제 자신이 한심하다는 생각이요.

상담자: 친구가 연서를 만만하게 보면 연서가 한심한 사람이 된다는
이야기니?

연　서: 그게 아니라……. 제가 한심한 아이라서 수민이가 만만하게

본다는 생각이요.

상담자: 그러니까 나에게 뭔가 문제가 있다는 생각이 드는 모양이구나. 연서는 자기가 한심한 사람이라는 생각을 몇 %나 믿고 있지?

연　서: 거의 100%요.

## 2) 실증적 논박-포괄적 가치평가

연서의 자기비하적 신념은 자신의 부정적 측면만을 바라보고 내린 극단적 결론이다. 연서의 결론이 실제의 사실과 일치하는지를 검토하는 실증적 논박의 과정을 살펴보자.

상담자: 연서의 생각이 합리적인지 아닌지를 선생님과 검토해 보자. 수민이는 연서를 만만하게 볼지도 모르지만, 연서를 좋아해 주는 친구도 있지?

연　서: 주영이하고 은지요.

상담자: 두 친구는 연서의 어떤 점이 좋다고 할까?

연　서: 이야기를 잘 들어 준다고 할 것 같아요.

상담자: 연서가 이해심이 많구나. 그리고 또?

연　서: 상대방을 배려해 주는 거요.

상담자: 연서는 배려심이 많고 친구의 이야기를 잘 들어 주는구나.

연　서: (멋쩍은 표정으로) 그냥 주영이하고 은지가 그렇게 말할 것 같아요.

상담자: 두 친구는 연서의 장점을 잘 알고 있구나. 그럼, 가족 중에서는 누가 연서를 제일 좋아하지?

연　서: 엄마요.

상담자: 엄마는 연서의 어떤 점을 그렇게 좋아하시는 걸까?

연　서: 집안일을 잘 도와드려서요. 일주일에 두세 번은 제가 청소기
　　　를 돌리고 설거지를 해요.

상담자: 보통 아이들은 집안을 어지르는데, 연서는 반대로 집이 깔끔
　　　해지도록 엄마를 도와드리는구나. 그리고 또 엄마는 연서의
　　　어떤 점을 좋아하실까?

연　서: 제가 엄마를 많이 닮았대요. 그래서 좋아하시는 것 같아요.

상담자: 엄마는 연서가 엄마를 닮은 것을 사랑스럽게 여기시는 것 같
　　　구나.

연　서: (표정이 밝아지며) 그런 것 같아요.

상담자: 이야기를 들어 보니 연서가 장점을 많이 가지고 있구나. 연서
　　　는 자기가 한심한 아이라고 생각하지만, 연서의 실제 모습 속
　　　에는 좋은 점이 많이 있어. 이것은 연서가 자기를 깎아내리
　　　는 생각이 사실과 다른 비합리적 생각이라는 것을 보여 주는
　　　증거란다. 선생님 말이 어떻게 들리니?

연　서: 조금 그런 것 같기는 한데 아직 잘 모르겠어요. 저한테는 한
　　　심한 구석도 많아서요.

## 3) 논리적 논박과 기능적 논박-포괄적 가치평가

　세상의 그 누구도 부정적 측면만을 지니고 있지 않으며, 반대로 세상의 어
떤 사람도 그 사람의 전체가 긍정적인 것은 아니다. 인간은 부정적 측면과 긍
정적 측면을 함께 지닌 복잡한 존재이므로 한마디의 말로 '한심하다' 또는 '훌
륭하다'는 식의 포괄적 가치평가를 내리는 것은 논리적이지 않으며, 자신에게
도 도움이 되지 않는다.

상담자: 연서가 자기 자신에 대해 합리적으로 생각하도록 도와주기

위해서 선생님이 이야기를 하나 해 줄게, 잘 들어 보렴. 연서
가 커다란 과일 바구니를 선물받았다고 상상해 보자. 바구니
에 손을 넣어 예쁜 사과 한 개를 꺼내고, 그다음에는 잘 익은
배를 한 개 꺼내고, 그다음에는 썩은 오렌지 한 개, 그다음에
는 아주 먹기 좋게 잘 익은 참외를 한 개 꺼냈어. 그리고 그다
음에는 아주 신선한 청포도 한 송이를 꺼냈는데, 다른 과일하
고 부딪혔는지 물러진 포도알이 두세 개 달려 있어. 과일 중
에서 어떤 건 상태가 좋지만 그렇지 않은 것도 있는 거야. 그
래서 과일 몇 개는 내다 버리고 싶은 마음이 들기도 해. 연서
는 선생님한테 이 과일 바구니가 어떻다고 말할까? 좋다고
말할까? 아니면 형편없다고 말할까?

연  서: 형편없다고 할 것 같아요. 썩은 것도 들어 있으니까.

상담자: 이 이야기 속에서 과일 바구니는 연서 자신을 상징한단다. 과
일은 연서가 가진 여러 특성들을 나타내고. 연서에게는 장
점과 단점이 모두 있잖아. 그치? 사실 사람은 누구나 이 과일
바구니와 같은 모습을 하고 있단다. 좋은 점과 나쁜 점을 함
께 가지고 있어. 선생님도 그렇고, 엄마도 그렇고, 주영이도,
은지도, 수민이도 다 그렇단다. 인간은 누구나 불완전해서
실수도 하고 안 좋은 행동을 할 때가 있단다. 그럼에도 불구
하고 인간은 모두 다 가치 있는 존재란다. 잠깐 생각해 보자.
한두 가지의 특성을 기준으로 과일 바구니 전체, 그러니까 그
사람 전체가 아주 좋다거나 아주 형편없다는 이름표를 붙이
는 것은 합리적일까? 비합리적일까?

연  서: 비합리적이요.

상담자: 그럼, 연서가 한심하다는 생각은 왜 비합리적일까?

연  서: 한심하게 행동하지 않을 때도 있으니까요.

이렇게 부분적 사실을 바탕으로 전체에 대해 내린 결론이 비합리적임을 깨닫도록 이끄는 것은 **논리적 논박**에 해당한다. 그다음으로는 이러한 식의 비논리적 결론이 삶에 미치는 영향을 탐색하여 비합리적 신념을 흔드는 **기능적 논박**을 살펴보자.

> 상담자: 그렇지. 게다가 아주 좋은 행동을 할 때도 있지. 그런데도 자신이 한심한 아이라는 생각을 하고 있으면 연서에게 어떻게 도움이 될까?
>
> 연　서: 아무런 도움이 되지 않아요. 비참해지기만 해요.
>
> 상담자: 아까는 자기가 한심하다는 생각을 100% 믿는다고 했는데, 지금은 몇 %인지 궁금하구나.
>
> 연　서: 한 10% 정도요.

## 4) 합리적 신념 만들기

자신의 신념이 비합리적임을 깨닫는 것이 곧 그 신념을 포기한다는 것을 의미하지는 않는다. 기존의 신념을 대체할 새로운 신념이 없으면, 논박을 통해 문제를 인지하더라도 여전히 오래된 신념의 영향에서 벗어나지 못하는 일이 많다. 따라서 비합리적 신념을 몰아낼 합리적 신념을 만들고 연습하는 것은 REBT에서 큰 비중을 차지하는 작업이다.

> 상담자: 친한 친구가 연서와 같은 문제로 고민하고 있다고 상상해 보자. 그 친구는 계속 자기에게 문제가 있는 것이라고, 자기가 한심한 아이라고 말하고 있어. 연서는 그 친구에게 계속 그렇게 생각하라고 조언해 주겠니?
>
> 연　서: 아니요.

상담자: 그럼 뭐라고 말해 주겠니?

연　서: 그런 생각은 자신에게 도움이 되지 않는다고, 남이 어떻게 보든 너는 가치 있는 사람이라고요.

상담자: 연서가 이 합리적 생각을 아주 굳게 믿는다고 상상해 보자. 그런데 친구가 연서를 아주 만만하게 보는 것 같아. 그러면 연서는 이전처럼 비참한 느낌이 들까?

연　서: 아니요.

상담자: 그럼 그 대신에 어떤 감정을 느끼게 될까?

연　서: 좀 아쉬울 것 같아요.

합리적 신념은 일상생활 속에서 반복적으로 연습해야만 확신이 커진다. ⟨표 8-1⟩은 연서에게 제시한 과제다. 해로운 감정을 느낀 날에 그때의 상황과 생각을 기록하고, 건강한 감정을 가져올 합리적 생각을 스스로 떠올려 적

표 8-1 ● 연서의 마음 일기

| 상황 | | 머릿속의 생각 | 감정 |
|---|---|---|---|
| 수민이가 나를 만만하게 본다. | 타인에 대한 생각 | ▲ 비합리적 생각<br>수민이가 나를 만만하게 보지 않았으면 좋겠다.그러니까 수민이는 절대로 나를 만만하게 보면 안 된다. | ▲ 해로운 감정<br>분노 |
| | | ■ 합리적 생각<br>수민이가 나를 만만하게 보지 않았으면 좋겠다. 하지만 수민이에게 그럴 의무가 있는 것은 아니다. | ■ 건강한 감정<br>언짢음 |
| | 자신에 대한 생각 | ▲ 비합리적 생각<br>나에게 문제가 있다. 나는 한심한 아이이다. | ▲ 해로운 감정<br>비참함 |
| | | ■ 합리적 생각<br>남이 나를 어떻게 보든 나는 가치 있는 사람이다. | ■ 건강한 감정<br>아쉬움 |

는 연습이다. 해로운 감정을 경험한 직후에 작성하는 것이 가장 좋지만, 상황이 여의치 않을 때는 우선 머릿속으로 생각해 본 후 그날 중에 기록하도록 독려했다. 매주 상담 회기를 진행할 때마다 연서가 작성한 마음 일기를 점검하는 시간을 따로 가졌다.

두려움을 염려로 바꾸기

## 1) 화제 정하기

화제를 정하는 이유는 회기가 두서없이 흘러가는 것을 방지하면서 중요한 문제에 신속하게 초점을 맞추기 위해서다. 이러한 절차에 익숙해지면 내담자는 무엇을 이야기할지를 미리 결정하고 상담에 참여하게 된다.

> 상담자: 지난 시간에는 연서가 원하는 목표를 달성하기 위해 분노, 비참함, 두려움의 감정을 건강한 감정으로 바꾸는 것이 중요하다는 이야기를 했었지? 부정적인 감정을 느끼는 것은 해결해야 할 문제가 있다는 것을 우리에게 알려 주는 신호란다. 오늘은 어떤 감정을 다루면 연서에게 도움이 될까? 덜 풀린 감정이 있으면 지난 시간에 하던 이야기를 이어서 할 수도 있고, 마음 일기에 적은 것도 좋고, 새로운 이야기를 해도 좋단다.
>
> 연  서: 상담받고 나서 기분이 나아지긴 했는데 속이 다 안 풀리는 것 같아요. 자해를 하면 피가 나서 아픈 것으로 속상한 마음을 감췄는데, 지금은 좀 답답해요. 피를 보면 아무 생각도 안 나고 상처가 나면 따갑고 세균 들어갈까 봐 걱정도 되고 물에 씻을 때도 아파서 속상한 감정을 잊게 되었는데, 지금은 그렇게 안 하니까 답답해요.

## 2) 긍정적 변화 강화하기

상담을 받아도 별로 달라지는 것이 없다며 낙담하는 내담자가 있다. 이를 방지하고 의욕을 높이려면, 비록 작은 것이라 하더라도, 긍정적 변화를 찾아 내고 이를 칭찬해 주는 것이 좋다.

> 상담자: 답답했을 텐데 그래도 자해를 하지 않고 잘 버텨 냈구나. 쉽지 않았을 텐데, 어떻게 견뎠니?
>
> 연  서: 칼은 집에 두고 다니고 있고요. 마음 일기도 적고, 합리적인 생각을 떠올리는 게 좀 도움이 되긴 했는데 다 풀리질 않았어요. 그래서 집에서 음악 들으면서 밤늦게까지 가사를 쓰면서 풀려고 했어요. 동생이랑 놀기도 하고요. 그랬더니 좀 낫긴 한데 시원하진 않아요.
>
> 상담자: 연서가 여러 가지 노력을 했구나. 어느 정도 효과도 있었고. 한 번에 문제를 완전히 없애는 빠른 해결책이 있으면 좋겠지만, 대개는 효과가 있는 방법들을 반복적으로 시도하면서 문제의 크기가 조금씩 줄어든단다. 처음 상담을 받기 전 연서가 많이 힘들던 때의 문제의 크기를 10이라고 한다면, 지금은 몇 정도인 것 같니?
>
> 연  서: 6, 7 정도로 줄어든 것 같아요. 지금 자해를 하고 있지는 않으니까요.

## 3) 촉발사건과 감정적·행동적 결과 탐색하기

부정적 감정은 해결해야할 문제가 발생했음을 알려 주는 신호다. 연서는 답답하다는 모호한 표현으로 정서적 고통을 호소하고 있다. 이와 연관된 촉

발사건을 이야기하며 감정에 명확한 이름을 붙이고 이로 인한 행동적 결과를
탐색하는 것은 비합리적 신념을 포착하기 위한 준비 작업이다.

> 상담자: 나아지고 있어서 참 다행이다. 그런데 아까 연서가 답답하다
> 고 했는데, 혹시 무슨 일이 있었니?
>
> 연　서: 별건 아니에요. 주말에 주영이랑 만나기로 약속을 했는데 그날
> 아침에 메시지가 와서 깜박하고 다른 친구를 만나기로 했다는
> 거예요. 그럴 수도 있는 거니까 주영이가 밉진 않은데 엄청 우
> 울했어요.
>
> 상담자: 그때 어떤 생각이 들었니?
>
> 연　서: 내가 주영이에게 친한 친구가 아니라 약속을 깜박할 정도로
> 가벼운 친구인가? 또 이런 일이 일어나면 절망적으로 생각할
> 것 같아요. 되게 속상한데 그냥 내가 참으면 되겠지 하면서
> 참고.
>
> 상담자: 그때의 감정을 숫자로 0부터 10까지의 숫자로 표현해 보면 좋
> 겠구나. 분노, 비참함, 두려움에 대해 각각 점수를 매겨 볼까?
>
> 연　서: 분노 4, 비참함 7, 두려움 7이요.
>
> 상담자: 분노보다 비참함과 두려움이 컸구나. 그래서 어떻게 했니?
>
> 연　서: 자해하고 싶은 생각이 엄청 들었어요. 예전엔 아무 생각 없이
> 칼로 그었는데, 칼을 대려고 할 때 아플 것 같아서 칼을 내려
> 놨어요.

연서는 거부당할지 모른다는 두려움 때문에 비참한 감정을 털어놓지 못하는
것을 답답하다는 말로 표현하고 있었다. 시간이 허락한다면 두려움과 비참
함 모두 다룰 수 있겠지만, 상담 시간이 제한되어 있으므로 내담자가 우선 순
위를 정하도록 돕는 것이 좋다.

상담자: 자해를 하지 않고 견딘 것은 정말 잘한 일이야. 연서의 의지
　　　　가 이렇게 대단한 걸 보고 선생님이 놀랐어. 연서가 힘든 감
　　　　정을 많이 느꼈는데, 오늘은 어떤 감정을 건강한 감정으로 바
　　　　꾸는 시도를 가장 해 보고 싶니?

연　서: 두려운 감정이요.

상담자: 두려움을 먼저 해결하는 게 중요하다는 것을 무엇을 보고 알
　　　　았지?

연　서: 감정을 털어놓으면 후련해질 것 같은데 어떻게 말해야 하는
　　　　지도 모르겠고…….

상담자: 감정을 털어놓는 것이 부정적 감정을 해소할 좋은 방법이란
　　　　이야기구나. 그런데 두려움 때문에 그렇게 못하고 있니?

연　서: 네. 그렇게 하면 뭔가 잘못하는 것 같은 느낌이 들어요. 재수
　　　　없어 보일 것 같기도 하고요. 아이들이 별거 아닌 일에 너무
　　　　예민하게 군다고 생각할까 봐 걱정돼요.

## 4) 비합리적 신념 포착하기

　두려움을 가져오고 감정표현을 회피하게 만드는 비합리적 신념 중에서 **핵심신념**(절대적 요구)과 **파생신념**(파국화, 감내력 과소평가)을 탐색하는 장면을 차례로 살펴보자.

상담자: 연서는 자신에게 '절대로 ~해야 한다.'라는 명령을 하고 있는
　　　　것 같구나. 그렇게 하지 않으면 뭔가 큰일이 날 것 같은 두려
　　　　움도 느끼는 것 같아. 연서가 자신에게 하고 있는 이 명령이
　　　　무엇인지 잘 생각해서 종이에 적어 볼까?

연　서: '나는 내 감정을 감춰야 한다.'

상담자: 이게 어떤 뜻인지 설명해 줄래?

연  서: 화가 나도 항상 밝아 보여야 한다는 생각이 들어요. 그래서 화가 나는 순간에 화가 나는데도 감정을 감춰요.

상담자: 그렇지 않으면 어떤 일이 일어날 것 같은지 한 문장으로 적어 볼까?

연  서: '그렇지 않으면 나를 싫어할 것이다.'

상담자: 이것은 연서에게 아주 끔찍한 최악의 상황이로구나.

연  서: 네. 맞아요.

상담자: 그리고 연서는 친구들이 너를 싫어하는 상황을 얼마나 견딜 수 있니?

연  서: 못 견뎌요. 생각만 해도 끔찍해요.

상담자: 연서에게 두려움을 가져오고, 감정표현을 막는 비합리적 생각을 선생님이 세 가지로 표에 정리할 수 있을 것 같아. 한번 들어 보고 틀린 부분이 있으면 말해 주렴.

**표 8-2 ◆ 연서의 감정표현을 막는 비합리적 신념**

| | |
|---|---|
| 절대적 요구 | 나는 화난 감정을 감춰야 한다. |
| 파국화 | 그렇지 않으면 친구들이 나를 싫어할 것이다. 이것은 아주 끔찍한 최악의 상황이다. |
| 감내력 과소평가 | 친구들이 나를 싫어하는 것을 견딜 수 없다. |

## 5) 기능적 논박-절대적 요구

화난 감정을 감춰야만 한다는 절대적 요구, 즉 핵심신념을 따르며 사는 이유는 그 안에 적지 않은 이익이 있기 때문이다. 하지만 이익만 있었다면 연서는 고통스럽지 않았을 것이다. 이익과 손해를 함께 비교함으로써 변화의 필요성을 일깨우는 기능적 논박이 다음과 같이 진행되었다.

상담자: 먼저 절대적 요구가 비합리적인 이유를 살펴보도록 하자. 이
　　　　 생각을 가지고 살면 연서의 삶에 어떤 이익이 생길까? 이것
　　　　 도 하나씩 종이에 적으면서 이야기해 보자.

연　서: '① 타인이 나를 나쁘게 생각하지 않는다.'
　　　　 '② 친구관계가 잘 유지된다.'
　　　　 '③ 나의 이미지가 좋게 보인다.'

상담자: 이런 이익이 있어서 연서가 화난 감정을 감춰야 한다는 생각을
　　　　 따르고 있었구나. 그런데 이익 말고 손해도 있었을 것 같아.
　　　　 화난 감정을 감춰야만 한다는 생각 때문에 연서의 삶에 어떤
　　　　 손해가 있었는지 하나씩 적으면서 선생님한테 설명해 줄래?

연　서: '① 감정적으로 힘들고 스트레스 받는다.' 제가 억지로 숨기고
　　　　 억누르고 있는 거잖아요. 억지로 웃는 게 힘들고 짜증나요.
　　　　 '② 더 나를 속이게 된다.' 계속해서 웃어야 되잖아요. 계속 웃
　　　　 으라고 하는 것 같아서 제 안의 진짜 저를 못 보는 것 같아요.
　　　　 '③ 내가 나를 상처 입힌다.' 자해 때문에 손목에 흉터가 많아
　　　　 요. 그런데 신체적인 것보다 정신적인 상처가 더 큰 것 같아
　　　　 요. 내가 나한테 나쁘게 하고, 내가 나를 싫어했어요.
　　　　 '④ 안 좋은 감정이 쌓인다.' 계속해서 억지로 누르고 있다가
　　　　 한순간에 엄청 심하게 감정기복이 확 오는 거예요. 그러면 엄
　　　　 청 충동적으로 변해요. 아무것도 듣고 싶지 않고 모든 걸 다
　　　　 걷어 잠그고 엄청 화가 나서 말도 안 하고 눈물도 안 나와요.
　　　　 '⑤ 관련 없는 사람에게 화를 낸다.' 거의 동생한테 그러는
　　　　 데, 엄청 충동적으로 변해가지고 동생한테 심한 말도 하고 때
　　　　 리기도 해요. 너무 미안해서 이제는 손을 안 대려고 하는데

> 도…… 계속 상처를 주게 되더라고요.
>
> 상담자: 화난 감정을 숨겨야 한다는 생각이 가져온 이익과 손해의 비
> 율은 몇 대 몇 정도지? 전체를 100으로 보았을 때 말이야.
>
> 연　서: 30대 70이요. 제가 저를 너무 막 대한 것 같아요.

## 6) 실증적 논박-파국화와 감내력 과소평가

　핵심신념에는 반드시 하나 이상의 **파생신념**이 수반된다. 화난 감정을 감춰야만 한다는 핵심신념을 지닌 연서는 두 가지 파생신념, 즉 **파국화**('핵심신념을 따르지 않으면, 끔찍한 일이 일어날 것이다.')와 **감내력 과소평가**('이런 끔찍한 일을 나는 견딜 수 없다.')를 상담자에게 드러냈다. 연서의 파생신념이 현실과 일치하는지를 검토하는 **실증적 논박**을 살펴보자.

> 상담자: 이번에는 파국화가 비합리적인 이유를 살펴볼까? 정말로 그
> 럴지는 모르겠지만, 연서가 친구에게 화난 감정을 표현했는
> 데 그 친구가 그걸 싫어한다고 상상해 보자. 실제로 어떤 일
> 이 일어날 수 있을까?
>
> 연　서: 저한테 화를 낼 것 같아요.
>
> 상담자: 그리고 또 무슨 일이 일어날까?
>
> 연　서: 마주쳤을 때 불편하고 서로 피할 것 같아요.
>
> 상담자: 그다음엔 어떻게 될까?
>
> 연　서: 서로 모른 척하고 멀어질 것 같아요.
>
> 상담자: 또 어떤 두려운 일이 일어날 수 있을까?
>
> 연　서: 이 정도일 것 같아요.
>
> 상담자: 지금 말해 준 것 중에서 가장 두려운 일은 무엇이지?
>
> 연　서: 친구가 저한테 화를 내는 것이요.

> 상담자: 연서가 무엇을 두려워하는지 이해가 되는구나. 선생님은 연서가 두려움을 합리적 관점에서 바라보았으면 해. 그래서 연서가 말해 준 것들을 두 가지 범주 중 어느 한쪽으로 분류해 보는 작업을 해 볼 거야. 첫 번째는 '아쉬운 일'이고, 두 번째는 '세상의 종말만큼 끔찍한 일'이야. 자, 시작해 볼까?
>
> 연　서: 네.
>
> 상담자: 먼저, 친구하고 마주쳤을 때 불편하고 서로 피하는 것은 아쉬운 일일까? 세상의 종말만큼 끔찍한 일일까?
>
> 연　서: 아쉬운 일이요.
>
> 상담자: 그럼, 서로 모른 척하고 멀어지는 것은 어느 쪽일까?
>
> 연　서: 아쉬운 일.
>
> 상담자: 연서가 가장 두려워하는 친구가 화를 내는 일은 어느 쪽일까?
>
> 연　서: (멋쩍은 표정을 지으며) 아쉬운 일이요.

**파국화** 신념을 지닌 연서는 친구의 미움을 사는 일의 의미를 막연히 **과장**하고 있다. 앞에 소개한 것처럼 연서가 두려워하는 일이 정확히 무엇인지 가려 내고, 이것이 실제로 일어난 상황을 객관적으로 바라보도록 돕는 것은 REBT에서 즐겨 사용되는 **실증적 논박**의 한 가지 방법이다.

> 상담자: 연서가 화난 감정을 표현하는 것을 방해하는 세 가지 비합리적 신념 중에서 마지막으로 감내력 과소평가가 비합리적인 이유도 찾아보도록 하자. 친구가 연서를 싫어하는 것을 견딜 수 없다고 했었지? 정말도 못 견디는 것일까?
>
> 연　서: 이야기하다 보니까 좀 견딜 수 있을 것 같긴 한데, 그래도 힘들어요.
>
> 상담자: 힘든 일이긴 하지만 이것을 견딜 수 있다면 연서에게 도움이

되까?

연 　서: 그럴 수 있다면 감정 표현하는 게 덜 무서울 것 같아요.

상담자: 좋아. 선생님이 예를 들어 볼게. 테러범들이 연서의 엄마를 납치해 갔다고 상상해 보자. 테러범들이 공개한 영상을 보니까 엄마를 풀어 주는 조건으로 이런 요구를 하고 있어. "김연서에게 말한다. 친구들에게 화난 감정을 열 번 표현하라. 그래서 친구들이 너를 싫어하는 표정을 짓게 만들어라. 만일 이 요구를 들어주지 않으면, 너의 엄마는 영원히 우리와 함께 머물 것이다." 연서야, 테러범들이 시키는 대로 하겠니?

연 　서: 당연하죠. 할 거예요.

상담자: 방금 전까지는 화난 감정을 표현해서 친구들이 연서를 싫어하게 되는 것을 도저히 견딜 수 없다고 했었어. 그런데 어떻게 이것을 견딜 수 있지?

연 　서: 엄마를 구해야 하니까요.

상담자: 그렇지. 소중한 사람을 위해서니까. 연서야, 엄마를 위해서 두려움을 견딜 수 있다면, 소중한 연서를 위해서 이 두려움을 견뎌 보는 것은 어떻겠니?

연 　서: (울먹이는 목소리로) 네. 견뎌 볼게요.

상담자: 연서가 감정이 올라오는구나. 어떤 감정인지 말해 줄 수 있니?

연 　서: 제가 소중하다고 저를 위해서 견디라고 하셨는데, 그런 생각을 지금 처음으로 하게 되어서요.

　　내담자들은 특정한 상황이나 불쾌한 감정을 도저히 견딜 수 없다고 말하지만, 실제로는 이것을 어느 정도 견딜 수 있고 심지어 여러 차례 견뎌 낸 경험을 가지고 있다. 연서의 경우도 마찬가지다. 감내력 과소평가에 대한 실증적 논박을 진행하다 보면 내담자들은 자신이 이미 감내력을 지니고 있음을 깨닫게 된다.

## 7) 합리적 신념 만들기

합리적 신념은 내담자에게 와닿는 말로 표현되어야 더 좋은 효과를 발휘한다. 처음에는 상담자가 합리적 신념의 예를 들어 주어도 좋지만, 결국은 내담자가 자신에게 맞는 말로 바꾸어야 한다. 연서는 두려움을 일으키던 핵심신념 및 파생신념과 반대되는 합리적 신념을 스스로 찾아내었으며, 새로운 신념이 감정과 행동에 가져올 건강한 결과를 다음과 같이 떠올릴 수 있었다.

> 상담자: 절대적 요구, 파국화, 감내력 과소평가를 대신할 새로운 합리적 생각을 만들어 보자. 먼저 절대적 요구와 반대되는 합리적 신념은 무얼까? 감정표현을 금지하는 절대적 명령이 아니라 허용해 주는 말을 생각해 보자.
>
> 연　서: "나는 내 감정을 표현할 수 있다."
>
> 상담자: 친구가 나를 싫어하는 것이 아주 끔찍하다는 파국화를 대신할 합리적 신념은 무엇일까? 연서 자신의 말로 표현해 보자.
>
> 연　서: "친구가 나를 싫어해도 하늘이 무너지지 않는다."
>
> 상담자: 아주 잘했어. 친구가 나를 싫어하는 것을 견딜 수 없다는 감내력 과소평가는 어떤 합리적 신념으로 바꾸어 볼까?
>
> 연　서: "나 자신을 위해 두려움을 견딜 수 있다."
>
> 상담자: 정말 합리적인 생각들이구나. 마음속에 이런 합리적 생각이 가득한 연서의 모습을 상상해 보자. 기분이 어떠니?
>
> 연　서: 편안하면서 의욕이 느껴져요.
>
> 상담자: 아주 좋구나. 연서의 마음이 이런 합리적 생각과 건강한 감정으로 가득하다면 연서의 삶에 어떤 변화가 일어나게 될까?
>
> 연　서: 자신감을 가지고 내 감정을 말할 수 있게 돼요. 감정적으로 힘들었던 것도 없어지고요.

연서는 상담자와의 대화 및 마음 일기를 통해 새로운 합리적 신념을 발견할 때마다 이것을 스마트폰에 저장해 두었다. 그리고 분노, 비참함, 두려움 등의 해로운 감정이 느껴지면, 이것을 신호로 삼아 합리적 신념을 소리 내어 읽었다.

## 상담 성과

상담을 진행하는 중에 몇 차례 자해 충동이 찾아오기는 했지만, 매주 자해 충동과 싸우던 과거와 비교하면 그 빈도가 현저히 줄었으며, 실제로 연서는 상담을 종결할 때까지 한 번도 자해하지 않고 견뎌 냈다. 상담 기간 중 연서의 행동에 나타난 가장 두드러진 변화는, 또래관계에서 불쾌한 사건이 발생했을 때, 상대방의 입장을 배려하면서도 분명하게 자기 감정을 표현하게 된 것이었다. 예를 들면, 친한 친구가 연서와의 약속을 잊어버렸을 때는 속상한 마음을 적은 쪽지를 빼빼로 데이에 전하며 화해할 수 있었다. 그리고 자기주장이 강한 친구가 심한 장난을 쳐서 기분이 상한 일이 있었는데, 이전 같으면 별것 아닌 것 가지고 예민하게 군다는 말을 들을까 봐 두려워서 아무 말도 하지 않았을 테지만, 이번에는 두려움을 견디며 사과를 요구하는 일에 성공했다. 연서의 감정표현에 대해 또래들은 곧바로 사과하며 미안함을 표현했다. 그리고 서로의 관계가 오히려 더 좋아졌다. 이것은 감정을 표현하면 친구들이 자신에게 화를 내고 자기를 싫어할 것이라던 연서의 예상과 정반대의 결과였다. 이러한 경험을 쌓아 가며 연서는 자해로 부정적 감정을 해소할 필요가 없음을 알게 되었다.

## 5. 대안적 접근: 대인관계치료

연서의 주요 문제인 자해는 대인관계 전반에서의 감정표현의 어려움, 특히 타인의 말에 쉽게 상처받지만 표현하지 못하고, 자신을 놀리거나 비하하는 말을 들었을 때 대응하기 어렵고 이때 파생된 감정을 해소하는 방식과 관련되어 보인다. 우울증에 대한 대인관계치료는 우울증이 내담자의 대인관계와 밀접하게 관련된다고 가정하고, 상담의 목적을 우울증의 감소와 중요한 관계에서 의사소통 기술을 높여 대인관계 기능을 향상하는 데 둔다. 심리검사 결과 연서는 불안/우울 정도가 높고 대인관계의 어려움이 자해와 연결되는 패턴을 보이므로, 우울증을 위한 대인관계치료를 적용해 대인관계의 기능 개선을 통해 자해를 줄이고 친구관계를 개선하는 데 도움을 받을 수 있을 것으로 보인다.

### 1) 중요한 대인관계 평가하기

상담 초기에는 현재 및 과거의 중요한 대인관계를 검토하고 반복적인 패턴과 문제가 있는지를 파악한다. 이때 '친밀의 원'을 활용할 수 있다. 친밀의 원은 연서를 가운데 두고 여러 개의 동심원을 그린 상태에서 연서에게 중요한 관계가 누구인지 적어 보는 것이다. 연서의 경우에는 가장 가까운 동심원에 여동생과 친구들(형은이, 수민이), 그다음 동심원에 부모가 들어갈 것으로 가정할 수 있다(물론 부모가 가장 가까운 동심원에 속할 수도 있다). 바깥 동심원에는 교사나 학급의 다른 친구들이 들어갈 수 있다. 친밀의 원에서 연서에게 이미 있는 관계들을 적고 난 후 각각의 관계에서 반복적으로 드러나는 양상과 문제가 있는지 파악한다.

연서는 어린 시절 부모의 사이가 좋지 않을 때 아마도 두렵고 화가 나기도 했을 상황에서 이런 감정을 자신에게 가두고 가족에게 거의 말을 하지 않고 자기 방에서 혼자 지내는 방식으로 회피하였다. 현재도 부모와의 관계에서 연서가 자해를 하고 있음에도 이 문제를 직접 다루면서 해결책을 찾기보다는 부모와 연서 모두 회피하는 방식으로 관계를 유지하고 있다. 친구관계에서 연서는 감정을 드러내지 못하고, 속상할 때는 친구와의 문제를 언어화해서 해결하기보다는 관계에서 철회해서 혼자 자해하면서 감정을 해소하는 방식으로 대응해 왔다. 이러한 방식은 연서가 어떤 부분을 불편해하고 싫어하는지 친구들이 모르게 함으로써, 서로를 이해해 나가면서 관계가 깊어지는 데 장애가 된다. 즉, 관계를 유지하기 위해 연서가 사용하는 감정 표현하지 않기나 자해행동은 오히려 관계에서 연서가 소외되도록 하는 기능을 한다고 가정할 수 있다. 이러한 문제는 대인관계치료에서 다루는 문제 중 대인관계 결손에 해당한다. 대인관계 결손의 대표적인 특징은 사회적 의사소통 기술의 결여, 특히 언어적으로 감정을 표현하지 못하는 것, 친밀한 관계에서 상처받았을 때 사회적 관계에서의 위축, 그리고 문제에 접근해서 해결하기보다는 회피하는 것 등이다.

대인관계 분석을 통해서 자해가 일어나는 사이클을 파악할 수 있는데, 친구가 나를 화나게 하거나 무시하는 말을 할 때, 연서는 분노/비참함 등을 경험하고, 이럴 때 친구 관계에서 철회하면서 자해가 일어나는 방식을 보인다. 자해하고 나면 이를 누구에게도 비밀로 함으로써 관계에서 더욱 소외되고, 더욱 자신의 감정을 친구나 가족에게 말하기 어려운 패턴이 강화되고 있는 것으로 보인다.

## 2) 문제해결로 전환하기

연서의 대인관계 패턴이 파악되면 관계의 어려움과 자해와의 관련성을 상담에서 다루고, 관계를 개선함으로써 자해를 줄이는 것을 목표로 상담을 진행한다. 친밀의 원에서 검토한 관계들 중에서 연서가 어떤 관계를 상담에서 다루고 싶은지 확인하고, 그 관계에서의 기대, 기대가 충족되었는지의 여부, 주어진 관계의 상호작용에서 감정표현 정도 등을 파악한다. 이때 감정은 무조건 인식하고 표현해야 하는 것이 아니라, 연서가 원하는 바람직한 관계에 도움이 되는 기능적인 측면에 초점을 두어 감정표현을 격려한다.

　문제해결로 전환하기 위해서는 연서가 경험하는 분노, 비참함의 감정을 경험하게 되는 순간의 언어적 상호작용을 구체적으로 분석하는 것이 필요하다. 언어적 상호작용을 분석함으로써 어느 순간에 다르게 표현할 수 있을지, 언제 어떻게 감정표현을 할 수 있을지 등을 파악하고, 다르게 표현하면 관계에서 경험하는 연서의 분노나 비참함, 자해 등의 결과가 달라질 수 있을지를 검토하는 과정을 거친다. 연서가 친구인 형은, 수민이와 경험한 다음의 상호작용을 적용해 보자.

　　형은: 다이어트 시작할 거야.
　　연서: 네가 뺄 데가 어디 있다고 그래?
　　수민: 연서! 너 그거 다 가식이야!

　이 상호작용에 대해서 연서는 "뺄 데가 어디 있다고 그래?"라는 자신의 말에 대해서 솔직하게 말하면 형은이가 속상할 것 같아서 한 말이라고 하였다. 연서는 계속 이렇게 가식적으로 살아왔고 가식이 아니면 친구관계에서 어떻게 해야 할지 모르겠다고 하는데, 이때 대안적 반응을 생각해 보는 것이 상담에서 문제해결로 전환해 가는 과정이 될 수 있다. 상담자는 "형은이가 다이어트 한다고 했을 때 네 솔직한 마음은 무엇이었는데?" "그럼 그때 '뺄 데가 어디 있다고 그래?'라는 말 대신에 어떤 말을 할 수 있을 것 같아?" "다르게 대응했을 때 수민이는 뭐라고 했을 것 같아?"와 같이 탐색하면서 연서가 좀 더 자신의 마음을 표현하면서 친구관계에서 직접 소통할 수 있도록 돕는다.

연서가 "솔직하게 말하면 형은이가 속상할 거잖아요."라고 한 말에서 마음속으로는 형은이에게 다이어트가 필요하다고 생각한 것으로 보인다. 그런 경우에 연서가 자신의 생각을 표현하면서 친구를 속상하게 하지 않을 수 있는 방법이 있는지를 함께 찾아볼 수 있다. 예를 들어, 연서는 "다이어트할 거야? 어떤 다이어트할 건데?" 등 자신의 마음을 속이지 않으면서도 친구의 현재 관심사에 관심을 보여 줄 수 있는 방식으로 대화하는 법을 배울 수 있다. 이렇게 다이어트를 주제로 얘기하면 수민이가 어떤 반응을 할 것 같은지 예측해 보면서, 수민이의 다른 반응에 대해서는 화가 나거나 비참하지 않을 수 있음을 인식하도록 돕는다.

### 3) 대인관계 기술 개발하기

연서는 전반적으로 자신의 감정을 표현하지 못하고, 특히 놀림받거나 비난받을 때 자신을 주장하거나 대처하는 법을 알지 못한다. 따라서 대인관계에서 감정을 인식하고 표현하는 법, 실망이나 화와 같은 감정을 표현하는 의사소통 기술을 배우는 것이 도움이 될 수 있다. 이때 일반적인 기술교육보다는 구체적으로 변화가 필요한 관계를 정하고, 그 관계에서 연서의 기대를 설정하고 그 기대를 충족하기 위한 방법으로 감정표현, 비난에 대한 대처 등을 다룬다.

앞의 예에서 연서는 수민이가 "너 그거 다 가식이야."라고 했을 때 화가 났고, 바로 학교 화장실에서 자해행동을 하였다. 상담자는 "수민이와의 관계에서 원하는 건 어떤 거지?" "수민이의 말에 대해서 아무 말도 하지 않고 혼자서 화장실에서 자해했을 때, 수민이는 네가 화가 났다는 걸 알까?" "화나는 걸 표현하지 않고 혼자 화장실에서 자해하는 것이 수민이에게서 원하는 걸 얻는 데 도움이 되었을까?"와 같은 질문을 통해 연서가 감정을 표현하지 않고 혼자서 분노를 다루는 것이 실제로는 친구관계를 개선하는 데 도움이 되지 않음을 인식하도록 한다. 연서는 문장완성검사에서 "친구가 나를 이해해 주었으면 좋겠다."라고 했는데, 수민이와의 관계에서 수민이가 연서를 이해 하도록 하기 위해서는 화나는 순간에 어떻게 표현하는 것이 좋을지를 함께 의논하고 반응을 찾아 나간다. 이때 필요하면 상담시간에 상담자와 역할연 습을 통해 연서의 감정표현에 대한 다양한 수민이의 반응을 예측해 보고, 각 각의 반응에 대한 대응방법을 연습한 후 연서가 실제로 적용해 볼 수 있도록 돕는다.

### 4) 연서의 장점 활용하기

연서의 대인관계 중 동생과의 관계에서 연서의 행동은 예외적인데, 힘들 때 감정을 표현하기도 하고 같이 재미있는 활동을 하면서 기분을 풀 수 있는 관계이기도 하다. 또 연서는 기분이 나쁠 때 친구와 수다떨면서 기분전환을 한 경험을 얘기하기도 했다. 따라서 동생과의 관계에서 자신의 기분을 표현 했던 경험, 친구관계에서 수다떨 때 어떻게 감정표현을 하는지 등을 확인하 고 현재 중요한 관계에서 적용해 볼 수 있도록 한다.

### 5) 부모상담을 통해 부모와의 관계에서 연서의 감정표현 격려하기

우울증을 위한 대인관계치료에서는 상담 초기에 부모상담을 통해 상담에 서 진행하는 관계 개선의 목표에 대해 설명하고, 부모-자녀 관계에서 부모 의 도움이나 변화가 필요한 부분에 대해 협조를 구한다. 연서는 부모아이 관 계에서도 자신의 감정을 잘 표현하지 않고, 또 친구관계의 어려움에 대해서 도 부모에게 의논하면서 지지를 구하기보다는 회피하는 방식으로 행동한다. 어머니가 "연서가 사소한 일에 예민하게 반응하는 문제가 해결되었으면 좋겠다."라고 한 것으로 보아, 연서가 감정을 표현했을 때 사소한 것으로 치부하고 공감적으로 반응하지 않았을 가능성이 있다. 연서가 경험하는 어려움을 털어놓고 지지를 받을 수 있는 대상이 필요한 점과, 연서의 감정에 대해 공감적으로 반응하면서 이해해 줄 때 연서가 친구관계에서도 감정표현과 자기주장을 하는 데 도움이 될 수 있음을 알리고 협조를 구한다.

## 6) 대인관계 및 자해행동의 변화와 상담의 종결

상담이 잘 진행될 때 기대할 수 있는 변화는 연서가 상담에서 초점을 둔 관계(예: 형은, 수민과의 관계)에서 좀 더 솔직하게 자신의 생각을 표현하는 것, 화가 났을 때 감정을 언어로 표현하고 그 효과가 긍정적이라고 경험하는 것, 이러한 변화를 통해서 관계에서 좀 더 이해받는다고 느끼는 것, 화났을 때 자해하지 않고 감정을 가라앉힐 수 있는 것 등이다. 이러한 변화가 나타났을 때 상담의 종결을 다룬다. 이 과정에서 연서가 노력하는 행동 변화를 부모에게도 알리고, 상담 종결 이후에도 부모가 계속해서 연서의 감정에 관심을 갖고 지지적인 역할을 할 수 있도록 격려한다.

# 제 9 장

# 스마트폰을 과다사용하는 아동

초등학교 1학년 남학생인 지호는 처음에 지각을 자주 해서(일주일에 3~4번) 상담을 시작했지만, 상담 과정에서 스마트폰 과다사용으로 잠이 부족한 것이 지각과 관련되어 있다는 것을 알게 되었다. 지호는 방과 후 스마트폰으로 게임을 하거나 유튜브를 보면서 시간을 보낼 때가 많고, 특히 밤에 잠자려고 침대에 누워서 스마트폰을 오래 사용하다가 자정이 훨씬 지나서 잠드는 경우도 있다고 하였다. 집에서 혼자 놀아서 심심한데다가 스마트폰 사용 외에는 다른 재미있는 일이 없어 스마트폰을 사용하게 된다고 하였다.

이 장에서는 지호에게 행동수정을 적용하여 상담을 진행하는 과정을 소개하고, 대안적 접근으로 부모상담을 제시한다.

지호는 초등학교에 입학한 후 3월에는 제시간에 등교했으나, 4월부터 일주일에 3~4회 지각을 하면서 담임교사가 관심을 가지고 보게 되었다. 지호는 대체로 수업 시간에 진행하는 다양한 활동에도 잘 참여하고 교사의 지시도 잘 따르는 편이었지만, 어떤 날은 멍하게 있는 것도 관찰되었다. 쉬는 시간에는 또래들과 잘 어울리며 활발하게 지내는 편이었다. 지각하는 이유를 확인한 결과, 지호는 방과 후 오랜 시간 동안 스마트폰으로 게임을 하거나 유튜브를 보면서 시간을 보낸다고 하였으며, 특히 밤에 자기 전에 스마트폰을 하다가 자정이 넘어 잠드는 경우도 있다고 하였다. 담임교사는 지호의 스마트폰 사용이 과도하다고 생각했으며, 이 문제가 지각과 연결되어 있는 것을 알게 되어 상담을 시작하였다. 이 문제를 지호의 어머니와 의논하였을 때 어머니도 지호가 요즈음 스마트폰을 그만 사용하라고 하면 짜증을 낼 때가 있다고 하면서, 스마트폰 사용 시간과 지각 문제의 변화를 위해 상담을 시작하는 데 동의하였다.

## 1. 내담자 정보

### 1) 호소문제

상담 시간에 지호에게 요즈음 관심사에 대해서 물어봤을 때, 방과 후에 혼자 보내는 시간이 많아서 심심하다고 하면서 재미있는 일이 많았으면 좋겠다고 하였다. 유치원에 다닐 때는 유치원 종일반에서 하루 종일 친구들과 놀기도 하고 함께 있어서 재미있었는데, 초등학교는 일찍 끝나서 혼자 있을 때가 많다고 하였다. 방과 후에 집에 가면 집안일을 도와주는 가사도우미 이모가 있기는 하지만, 지호는 보통 방에서 혼자 시간을 보낸다고 하였다. 상담자가 지각에 대해서 물어봤을 때, 지호는 아침에 부모님이 출근한 이후에 조금 기다렸다 집에서 출발해야 하는데 그 사이에 잠이 들 때도 있고 시간 확인을 안 해서 늦게 나오게 된다고 하였다. 지호는 자신도 아침에 지각하지 않고 제시간에 학교에 오고 싶다고 하였다.

스마트폰 사용과 관련해서 지호는 집에 혼자 있으면 학습지를 하거나 책을 보기도 하지만, 자꾸 스마트폰을 사용하게 된다고 하였다. 스마트폰으로는 주로 게임을 하거나 유튜브를 보는데, 유튜브를 보면 재미있어서 계속 보게 된다는 것이다. 하루에 얼마나 스마트폰을 보는지 확인했을 때 지호는 정확하게 시간을 말하지는 못하였지만, 오후에 상당히 많이 사용하는 것으로 확인되었다. 또 밤에 혼자 자려고 할 때 침대에서 스마트폰을 사용하다 늦게 자는 경우도 있었는데, 상담을 시작할 즈음에는 부모님이 밤에 자러 갈 때는 스마트폰을 거실에 두고 가도록 해서 잘 때 스마트폰 사용은 하지 않고 있었다. 상담자가 스마트폰을 오래 사용하는 것에 대해서 염려하면서 사용 시간을 줄이는 것이 좋겠다고 했을 때, 지호는 엄마가 자세도 안 좋아지고 스마트폰을 오래 사용하면 안 된다고 해서 줄이려고는 하는데 할 수 있을지 모르겠다고 하였다. 상담 시간에 같이 방법을 찾아보고 노력해 보고 싶냐는 질문에는 그렇다고 대답하였다.

## 2) 내담자의 인상 및 행동 특성

지호는 또래 1학년과 비교해서 보통 정도의 몸집을 갖고 있고, 옷차림도 깔끔한 편이었다. 첫 상담을 시작할 때에는 손을 꼼지락거리고 시선을 아래로 두고 상담자를 잘 쳐다보지 못했지만, 상담자가 요즘 지호의 관심사와 학교생활에 대해 물어보면서 점차 상담자를 쳐다보면서 편안하게 말을 하기 시작하였다. 특히 요즘 자신이 빠져 있는 게임에 대해서 말할 때는 목소리 톤이 활기차게 바뀌기도 하였다. 상담이 진행됨에 따라 상담 시간에 선생님과 많은 얘기를 해서 기분이 좋고 선생님과 특별한 시간을 갖는 것으로 생각해서 상담에 오는 것이 좋다고 하였다.

## 3) 가족관계 및 성장 배경

지호의 가족은 아버지, 어머니, 지호이다. 지호가 초등학교에 입학한 이후에 방과 후부터 어머니가 퇴근할 때까지 집안일을 도와주는 가사도우미가 같이 있지만, 지호에게 간식을 챙겨 주는 경우 등을 제외한 지호와의 상호작용은 제한적이었다.

- 아버지(38세, 의사): 일이 많고 늘 시간에 쫓기면서 바쁘게 생활한다. 지호와 시간을 보내고 싶어 하지만 아침에 일찍 출근하고 밤늦게 퇴근해서 평일에 지호와 함께 시간을 보내는 경우가 거의 없다. 가끔 주말에 가족과 함께 체험활동을 하러 교외로 나가기도 하는 등 지호와 함께 보내는 시간을 만들려고 노력하는 편이다.
- 어머니(38세, IT 계열 회사원): 지호가 등교하기 전에 먼저 출근하고, 퇴근후에 7시가 넘어서 집에 돌아온다. 지호가 입학한 후 3월 한 달 동안에는 회사의 출근 시간을 조정해서 지호의 등교를 도와주기도 하였다. 4월부터 혼자 등교를 시작한 이후에 지호가 가끔 지각한다는 것을 알고 있었지만 그 문제에 대해 심각하게 생각하지는 않았다. 지호가 초등학교에 입학하면서 혼자 있는 시간에 스마트폰을 많이 사용하면서 걱정은 하고 있었지만, 부모와 함께 있을 때는 지호가 스마트폰을 거의 사용하지 않기 때문에 지금까지는 크게 문제라고 생각하지는 않았다. 늘 혼자 있는 지호를 안타깝게 생각하고 지호가 원하는 거 뭐든 해 주려고 하였다. 지호는 부모의 사랑과 관심을 한 몸에 받는 아이라고 하였다.
- 지호(8세): 어렸을 때는 외할머니가 집에 와서 함께 생활하면서 지호를 키웠다. 지호가 다섯 살이 되어 어린이집을 다니기 시작하면서 외할머

니와는 따로 살기 시작했고, 지호는 하루 종일 어린이집이나 유치원 종일반에 있다 집으로 돌아왔으며, 엄마가 퇴근하기 전까지 2시간 정도를 돌봐 주는 사람이 집에 와서 지호를 돌봐 주었다. 초등학교 입학 후에는 방과 후에 가사도우미가 집에 와서 엄마가 퇴근할 때까지 함께 집에 있지만, 지호는 주로 혼자 방에서 시간을 보낸다. 부모님에 대해서 두 분 다 착하고 좋고, 아빠는 너무 바빠서 같이 시간을 못 보내는 것이 안타깝다고 하였다.

## 4) 심리평가

### (1) 심리검사 결과: 스마트폰 과의존 척도

지호 어머니가 학부모상담 시간에 지호의 스마트폰 의존 정도에 대한 검사에 응답한 결과는 다음과 같다. 지호의 전체 점수는 24점으로 잠재적 위험군에 해당하였으며, 특히 스스로 스마트폰의 사용을 조절하기 어려워하는 조절실패 영역에서 점수가 높게 나타났다. 지호의 어머니는 지호가 스마트폰을 많이 사용하는 것은 알고 있었지만, 잠재적 위험군에 해당하는 점수가 나오자 놀라며 변화가 필요함을 인식하게 되었다고 하였다.

표 9-1 ● 지호의 스마트폰 과의존 척도 결과

| 요인 | 문항 | | 전혀 그렇지 않다 | 그렇지 않다 | 그렇다 | 매우 그렇다 |
|---|---|---|---|---|---|---|
| 조절실패 (역문항) | 1. 나의 자녀는 스마트폰 이용에 대한 부모의 지도를 잘 따른다. | | ④ | ③✓ | ② | ① |
| | 2. 나의 자녀는 정해진 이용 시간에 맞춰 스마트폰 이용을 잘 마무리한다. | | ④✓ | ③ | ② | ① |
| | 3. 나의 자녀는 이용 중인 스마트폰을 뺏지 않아도 스스로 그만둔다. | | ④ | ③✓ | ② | ① |
| 현저성 | 4. 나의 자녀는 항상 스마트폰을 가지고 놀고 싶어 한다. | | ①✓ | ② | ③ | ④ |
| | 5. 나의 자녀는 다른 어떤 것보다 스마트폰을 갖고 노는 것을 좋아한다. | | ① | ②✓ | ③ | ④ |
| | 6. 나의 자녀는 하루에도 수시로 스마트폰을 이용하려 한다. | | ① | ② | ③ | ④✓ |
| 문제적 결과 | 7. 스마트폰 이용 때문에 아이와 자주 싸운다. | | ① | ②✓ | ③ | ④ |
| | 8. 나의 자녀는 스마트폰을 하느라 다른 놀이나 학습에 지장이 있다. | | ① | ②✓ | ③ | ④ |
| | 9. 나의 자녀는 스마트폰 이용으로 인해 시력이나 자세가 안 좋아진다. | | ① | ② | ③✓ | ④ |

출처: 스마트폰 과의존 척도(한국정보화진흥원, 2011).
주: 고위험군 28점 이상; 잠재적 위험군 24~27점.

## (2) 심리평가

교실에서의 관찰, 지호와의 상담과 심리검사 결과를 통해 파악한 지호의 정서적 · 인지적 · 행동적 특성, 언어 및 학업 능력, 강점 및 자원을 구체적으로 살펴보면 다음과 같다.

• 정서: 방과 후 집에 있을 때 심심하다는 말을 자주 하며, 스마트폰 사용 시간을 줄일 수 있을지에 대해 걱정하였다. 게임을 하는 중에 엄마가 자

꾸 그만하라고 하면 짜증이 나기도 한다고 하였다. 평소 학교에서는 쾌활하고 밝은 편이다.

- 인지: 상담 시간에 질문에 대답할 때나 자신을 표현할 때 길게 말을 하지는 않지만 생각을 분명하게 표현하였고, 수업시간에도 또래들과 비교해 주어진 활동과 과제를 잘 이해하고 빨리 수행해 나가는 편이었다.
- 행동: 쉬는 시간에 또래들과의 놀이에서는 주도적으로 게임을 하자고 하기도 하면서 잘 어울려 지내는 편이었다. 집에 있을 때에는 혼자 게임이나 유튜브 방송을 많이 보고, 사용 시간을 조절하기를 어려워하였다.
- 언어 및 학업: 언어 표현이나 수업 중 수행 정도가 또래들과 비교해서 우수한 편이다.
- 강점 및 자원: 지호는 언어, 학업, 전반적인 인지 능력 등에서 또래 평균보다 높은 것으로 파악하였다. 스마트폰 사용 시간을 줄여 보려는 동기를 가지고 있다는 점도 강점으로 볼 수 있다. 지호에 대해 정서적으로 지지적이며 물리적으로도 주말에 함께 시간을 보내려고 노력하는 부모도 지호의 중요한 자원으로 평가할 수 있다.

## 2. 사례개념화

지호는 정서나 인지 발달, 학업 등의 면에서 또래보다 수행 수준이 높으며, 학교에서도 지각하는 것을 제외하면 비교적 학교생활에 잘 적응하여 지내는 편이다. 수업시간에 가끔 멍하게 있을 때가 있지만 교사가 주의를 환기시키면 곧잘 수업에 집중할 수 있으며, 수업시간에 발표에도 잘 참여하고 주어지는 다른 과제들도 잘 수행하였다. 지호 어머니는 지호가 유치원 시기까지 심리적인 면이나 적응의 면에서 특별히 관찰되는 어려움을 보인 적이 없다고 하였다.

초등학교에 입학하면서 지호가 보이는 문제행동은 지각과 스마트폰 과다사용이다. 이는 지호의 생활의 변화와 관련되는 것으로 보이는데, 어린이집과 유치원을 다닐 때에는 종일반에 있으면서 하루 종일 교사 및 다른 또래들과 함께 정해진 활동을 하면서 시간을 보낸 반면, 초등학교에 입학하면서 방과 후 혼자 시간을 보내게 된 변화가 있었다. 지호의 부모님은 맞벌이 부부의 자녀가 방과 후 오후 시간 동안 여러 학원을 전전하며 시간을 보내는 것에 반대한다고 하면서, 그것보다는 지호가 혼자서 생활하는 데에 점차 적응해 나가기를 원하였다. 지호의 어머니가 틈틈이 전화로 지호의 생활을 모니터링하기는 했지만, 지호는 혼자 있을 때 책을 읽거나 장난감을 가지고 놀기도 하고 이런 활동이 지루해지면 주로 스마트폰을 사용하면서 시간을 보내고 있었다. 지호의 부모님은 최근 들어 지호가 스마트폰을 사용하는 시간이 점차 늘어나는 것 같아 걱정하고 있었지만, 부모님이 퇴근하고 온 이후에는 주로 학습지를 하는 등 다른 활동으로 시간을 보냈기 때문에 스마트폰 사용 시간에 대해 정확히는 인지하지 못하는 상태였다.

지호는 초등학교 1학년으로 제시간에 등교하기를 비롯한 기초생활습관을 배워 나가는 단계에 있다. 스마트폰 과다사용은 시간관리를 포함한 자기관리 능력이 발달하는 초기단계에 있는 지호에게 갑자기 너무 많은 시간이 주어져 혼자 집에서 할 수 있는 활동이 제한적인 환경 요인이 영향을 미친 것으로 가정하였다. 심심해서 스마트폰을 사용하게 된다고 한 만큼 혼자서 할 수 있는 일들 중 온라인 게임이나 유튜브 시청 등이 가장 재미있는 일이기에 이 부분이 스마트폰을 사용하는 강화 요인이 되었을 것이다. 주말에 부모와 체험활동을 가거나 집에서 함께 시간을 보낼 때는 스마트폰을 자주 사용하지 않아 지호가 혼자 있는 시간에 자신이 좋아하는 다른 활동을 할 수 있으면 스마트폰의 사용은 자연스럽게 줄어들 수 있을 것으로 가정하였다.

지호가 스마트폰 사용을 줄이고 싶지만 자신도 모르게 사용하게 된다고 한 점에서, 스마트폰 사용이 왜곡된 인지나 정서와 관련되는 것으로 보기는 어렵다. 지호가 이미 스마트폰을 장시간 사용하는 만큼 스스로 스마트폰을 사용하는 시간을 조절하기는 쉽지 않으므로, 행동계약을 활용한 외적 강화와 환경의 변화를 통해 행동변화를 돕는 행동수정을 적용하여 스마트폰 사용 시간을 조절하도록 하였다. 지호는 부모와의 관계가 좋으므로 부모와 함께 지호의 스마트폰 사용 시간에 대한 규칙을 만들고, 규칙을 정하고 지켰을 때의 강화 계획과 강화 과정에 부모가 적극적으로 참여할 수 있도록 하였다.

## 3. 상담의 목표 및 전략: 행동수정

### 1) 상담목표

지호와의 상담에서 설정한 상담목표는 다음과 같다.

- 등교 시간에 맞춰 등교한다.
- 평일 스마트폰 사용 시간을 하루 2시간 이내로 줄인다.

### 2) 상담전략

상담목표 달성을 위해 행동수정 전략을 적용하였다. 지호의 행동변화에 대한 동기를 확인하고 스마트폰 사용의 기초선을 확인한 후, 행동목표를 정하고 강화 계획을 수립하였다. 스마트폰의 사용이 지각으로 이어져 학교에서의 문제로 이어지지만, 스마트폰 사용 자체는 집에서 이루어지므로 집에서의 행동수정이 원활하게 이루어질 수 있도록 상담의 전 과정에서 부모와 협력하여 행동수정을 진행하였다.

## 4. 상담과정

## 1) 상담 초기

상담 초기의 과제는 행동변화에 대한 내담자 동기의 확인, 상담목표 설정, 행동변화를 위한 부모와의 협조체계 구축, 행동의 기초선을 확인하고 행동계약서를 작성해 변화를 시작하는 일련의 과정을 포함하였다.

### (1) 행동변화에 대한 동기의 확인 및 상담목표 설정

교사가 관찰한 문제인 학교에 지각하는 문제와 스마트폰 과다사용에 대한 내담자의 생각을 확인하고 변화에 대한 동기를 확인하여 상담목표를 설정하였다. 지난 몇 주 동안 한 주에 3~4번 지각한 것에 대해서 물어봤을 때 지호는 자신도 지각하고 싶지 않은데, 부모님이 출근한 후 혼자 있다 보면 자신도 모르게 다시 잠들었다 일어나는 바람에 늦기도 하고, 또 혼자 TV를 보다 학교에 오는 시간을 놓치게 된다고 하였다. 교사가 지각에 대해서 물어봤을 때 지호는 지각하면 혼자 교실에 들어오기가 어렵고 자신도 등교 시간을 잘 지키고 싶다고 하였다. 따라서 상담에서는 등교 시간에 맞춰 등교하는 것을 첫 번째 목표로 하기로 하였다.

스마트폰 사용과 관련해서는 방과 후 혼자 있는 시간 동안 자주 사용한다고 했기 때문에 이에 대한 지호의 생각을 확인하였다. 지호는 엄마가 퇴근한 다음이나 주말에 부모님과 함께 있을 때는 게임을 자주 하지 않지만, 잠자리에서 사용해서 엄마가 눈이 나빠진다고 걱정하였다며 잠자리에서는 앞으로도 사용하지 않겠다고 하였다. 지호는 심심해서 게임을 하기 때문에 심심하지 않았으면 좋겠다는 바람을 말하였다. 지호가 스마트폰 사용 시간을 줄이고, 혼자 심심할 때 스마트폰을 사용하는 대신 할 수 있는 다른 재미있는 일을 찾아보는 것을 상담의 목표로 하기로 하였다.

### (2) 부모상담을 통해 행동수정을 위한 협조체계 구축

어머니와의 상담에서 지호의 지각 문제와 스마트폰 사용에 대해 다루었다. 부모님의 출근 시간이 지호의 등교 시간보다 이르기 때문에 어머니가 출근하면서 지호도 이미 등교 준비를 마친 상태에서, 좀 더 집에서 기다리다 출발하라고 하는데 제시간에 맞춰 출발하지 못했던 것 같다고 하면서 제시간에 출발할 수 있도록 방법을 찾아보기로 하였다.

방과 후 시간 사용과 관련해서 지호 어머니는 지호가 혼자서 시간을 보내야 하는 것은 안타까워했지만, 지호가 방과 후 여러 학원을 전전하는 것은 원치 않는다며 혼자서 집에서 할 수 있는 일을 찾기를 원한다고 하였다. 지호의 스마트폰 사용 정도를 확인하기 위해 실시한 스마트폰 과의존 척도에 응답한 이후에는 생각보다 점수가 높다며 걱정하였다. 교사는 현재 지호가 얼마나 스마트폰을 사용하는지 먼저 개략적인 시간을 확인한 후, 시간을 조절함에 따라 강화를 주는 행동계약에 대해 설명하였고 어머니도 이에 대해 동의하였다. 행동수정의 첫 번째 단계인 기초선 확인을 위해 일주일 동안 매일 스마트폰 사용 시간의 확인을 요청하였다. 지호가 항상 심심하다고 하는 것을 알고 있었기 때문에 스마트폰 사용 이외에 지호가 혼자 있을 때 할 수 있는 다른 활동들도 찾아보겠다고 하였다.

어머니와의 2회기 상담은 지호의 스마트폰 사용에 대한 기초선 조사 이후에 전화상담으로 진행되었다. 지호 어머니는 일주일간 지호의 스마트폰 사용을 모니터링하였고, 평일 방과 후에 하루에 스마트폰을 4시간 정도 사용하는 날도 있는 것을 확인하고 생각보다 사용 시간이 많은 것 같다며 걱정하였다. 지호와는 스마트폰 사용을 줄이면 지호가 좋아하는 가족 외식을 가기로 했다고 하였다. 상담자는 막연하게 '스마트폰 사용을 줄이면'이라고 하는 것보다 좀 더 구체적인 행동계약을 하는 것이 도움이 됨을 설명하였고, 스마트폰을 이용한 게임이나 유튜브 사용 등을 아예 금지하는 것이 아니기 때문에 어느 정도의 시간을 사용하면 좋을지를 지호와 얘기해서 정하는 것이 도움이 된다고 설명하였다. 어머니는 지호와 얘기해서 적절한 하루 사용 시간을 정해 보기로 하였다. 상담자는 어머니와 지호가 스마트폰의 하루 사용 시간을 정하면 그에 따라 행동계약서를 작성하고 이를 공유하여 지호의 변화를 돕기로 하였다.

### (3) 스마트폰 사용의 기초선 확인과 행동계약서 작성

지호와의 2회기 상담은 어머니가 지호의 스마트폰 사용을 1주간 모니터링한 이후에 그 자료를 가지고 진행하였다. 상담자가 어머니와 상담을 진행한 이후 지호는 일주일간 한 번도 지각을 하지 않았는데, 상담 시간에 확인해 보니 등교 시간에 맞춰서 외할머니가 전화해서 집에서 제시간에 출발할 수 있도록 도와준다고 하였다. 따라서 행동계약서 작성은 스마트폰의 사용에 대해서만 진행되었다.

스마트폰 사용에 대한 기초선 확인 결과, 지호는 평일 하교 후에 많을 때는 4시간 동안 스마트폰을 사용하고 때때로 밤에도 30분 정도 스마트폰을 사용하고 있었다. 일주일간 스마트폰 사용 정도를 확인한 결과는 다음과 같다.

표 9-2 ● 지호의 스마트폰 사용 시간

| 요일 | 월 | 화 | 수 | 목 | 금 | 토 | 일 |
|---|---|---|---|---|---|---|---|
| 사용 시간 | 3시간 | 3시간 | 4시간 | 2시간 | 1시간 (할머니와 외출) | 0시간 | 1시간 |

지호의 스마트폰 사용 시간은 부모님이나 할머니 등 다른 사람이 함께 있는지의 여부에 따라 달라졌는데, 부모와 함께 있는 주말에는 아예 스마트폰을 사용하지 않거나 1시간 이내로 제한적으로 사용한 반면 혼자 있을 때는 2~4시간으로 많이 사용하였다. 지호는 어머니와 하루에 2시간 이내로 스마트폰을 사용하기로 약속했는데 잘 지킬 수 있을지 모르겠다고 하였다.

　　상담자는 지호에게 행동계약의 의미를 설명하고 이걸 잘 지켰을 때 각각 선물을 받을 수 있다고 설명하면서 지호가 받고 싶은 선물을 확인해 행동계약서를 완성하였다. 행동계약은 지호가 혼자 시간을 보내면서 스마트폰을 많이 사용하는 평일에만 적용하는 것으로 하였다. 행동계약에서 강화물을 정해 나가는 과정과 완성한 행동계약서는 다음과 같다.

> 상담자: 지호가 스마트폰을 하루에 두 시간만 사용하기로 엄마랑도 약속했고 선생님과도 약속했잖아? 그걸 지호가 꾸준히 성공하면 선생님이 상을 주려고 하는데, 지호는 어떤 상을 받고 싶은지 같이 정해 보자.
>
> 지 　호: 네. 좋아요.
>
> 상담자: 지호가 매일 성공했는지 여기에(월요일부터 금요일까지 요일별로 표시할 수 있는 표를 보여 주며) 표시해 두었다가 선생님이랑 만날 때 이 표를 가지고 오면 일주일 동안 성공한 개수를 확인해서 상을 주려고 해.
>
> 지 　호: 아.
>
> 상담자: 지난주에 지호가 스마트폰 사용한 걸 보면 월요일부터 금요일까지 이틀은 벌써 2시간 이내로 쓰고 있잖아. 그래서 지금부터 노력해서 일주일에 3번 성공했을 때부터 상을 줄 거야. 지호는 성공하면 어떤 상을 받고 싶어?
>
> 지 　호: 제가 잘하면 엄마가 스테이크 사 준다고 했어요.

상담자: 그랬구나! 스테이크 외식은 엄청 큰 상인 것 같은데, 지호 생각
        에는 몇 번 성공하고 나서 스테이크 먹으러 가는 게 좋을까?

지  호: 음, 매일 성공하면?

상담자: 매일 성공하면 스테이크 외식하고 싶어? 선생님도 좋은 생각
        인 것 같아. 그럼 여기 약속에 월요일부터 금요일까지 매일
        성공하면 상으로 가족 외식이라고 써 두자.

지  호: 네.

상담자: 매일 성공하면 가족 외식, 그럼 일주일 동안 노력해서 3일을
        성공하면 어떤 선물을 받고 싶어?

지  호: …….

상담자: 세 번 성공하면 선생님이 막대사탕이나 미니 초코바를 선물
        로 줄까 하는데, 지호는 뭐가 더 좋아?

지  호: 막대사탕이요.

상담자: 좋아. 그럼 세 번 성공하면 막대사탕을 받는 걸로 하자. 그것
        도 여기 약속에 적어 둘게.

지  호: 네.

상담자: 그럼 세 번과 매일(다섯 번) 중간인 네 번 성공하면 뭘 선물받
        는 게 좋을까?

지  호: 축구공이요.

상담자: 지호가 축구를 좋아하나 보구나. 그런데 선생님 생각에는 축
        구공은 스테이크 외식이랑 비슷하게 좋은 선물인 것 같은데?
        네 번 성공은 매일 성공보다는 조금 성공하는 거잖아. 그러
        니까 선물도 더 작은 게 어울릴 것 같은데.

지  호: …….

상담자: 지호 생각에는 막대사탕보다 조금 더 좋은 선물은 뭐가 있
        을까?

326 제9장 스마트폰을 과다사용하는 아동

---

〈선생님과의 약속〉

저(김지호)는 일주일 동안 하루에 2시간만 스마트폰을 사용할 것을 약속합니다.
(성공한 날은 동그라미로 표시하기)

| 월 | 화 | 수 | 목 | 금 |
|---|---|---|---|---|
|  |  |  |  |  |

1. 일주일동안 3번 성공할 때  막대사탕 1개(선생님)
2. 일주일동안 4번 성공할 때  캐릭터 스티커 1장(선생님)
3. 일주일동안 5번 성공할 때  가족 외식(부모님)

202*년  *월  *일

학생  김지호    (인)
부모  ○○○    (인)
상담자  ○○○    (인)

---

그림 9-1  지호의 행동계약서

지  호: 스티커요.

상담자: 선생님 생각에도 스티커 좋을 것 같은데. 선생님이 가진 스티커 중에서 지호가 좋아하는 캐릭터 스티커를 선물로 정하면 어떨까?

지  호: 네!

상담자: 그럼 이제 우리 약속이 다 정해진 것 같은데. 여기 선생님과의 약속에 지금 얘기한 걸 이렇게 적어 두었어. 이 종이를 지호 방문에 붙여 두고 매일 여기에 표시해서 다음에 선생님 만날 때 가지고 오는 거야. 그렇게 할 수 있겠어?

지  호: 네. 해 볼게요.

## (4) 행동계약에서 자기조절 다루기

상담에서 아동과 행동계약을 할 때 목표행동을 하면 강화를 하는 행동계약을 맺는 것과 함께 문제가 되는 행동을 하고 싶을 때 어떻게 조절할 수 있는 지를 함께 다루는 것이 도움이 된다. 지호는 심심해서 스마트폰을 사용한다고 했으므로 지호의 방과 후 시간 사용을 확인해서 지호가 스마트폰을 사용하고 싶을 때 할 수 있는 대체 활동을 찾아보고 적용하도록 하였다.

상담자: 지호는 심심해서 스마트폰을 하게 된다고 했지? 스마트폰 사용을 줄이려면 심심할 때 할 수 있는 다른 일들을 찾아보고 그걸 해 보면 도움이 될 것 같아. 지호는 스마트폰 말고 재미있는 게 뭐가 있을까?

지 호: 친구들이랑 노는 거요.

상담자: 친구들이랑 놀고 싶은데, 방과 후에는 혼자 있어서 심심한 거구나.

지 호: 네. 친구집에 갈 때도 있는데 거의 집에서 혼자 놀아요.

상담자: 그렇구나. 지호가 혼자 있을 때는 심심할 때 뭘 할 수 있을까?

지 호: 혼자 하면 다 심심해요.

상담자: 지호가 혼자 있는 시간이 많이 심심한가 보구나. 그래도 혼자서 하는 것들이 있을 것 같은데, 지호가 집에 혼자 있을 때 뭘 하는지 먼저 한번 얘기해 볼까?

지 호: 음, 학습지 해야 되고, 게임, 유튜브 보고…….

상담자: 또 뭘 하는지 얘기해 볼까?

지 호: 동화책도 보고, 레고, 스티커 색칠하기…….

상담자: 그렇구나. 또 생각나는 게 있어?

지 호: 간식 먹어요.

상담자: 지호가 혼자 있을 때 심심해서 자꾸 스마트폰을 한다고 했는

데, 스마트폰을 안 해도 다른 것들도 많이 하고 있는 것 같은
데? 혼자 하는 걸 말해 보니까 지호 생각은 어때?

지    호: 네. 맞아요. 다른 것도 해요.

상담자: 혼자서 여러 가지를 하고 있었네! 지금 얘기해 본 것 중에서
스마트폰을 안 해도 재미있는 건 뭐가 있을까?

지    호: 레고랑 스티커 색칠하기도 재밌어요.

상담자: 지호가 레고랑 스티커 색칠하기를 좋아하는구나. 레고로 뭐
만들어 봤어?

지    호: 지난번에 바이크도 만든 적 있어요.

상담자: 그래? 멋지겠는데? 선생님도 지호가 만든 레고 한번 보고 싶
은데. 다음에 만들면 사진 찍어 뒀다가 선생님도 보여 줄 수
있을까?

지    호: 네. 좋아요. 스티커 색칠하기도 완성하면 사진 찍어서 보여
드릴게요.

상담자: 좋아. 그럼 집에서 심심해서 스마트폰하고 싶은 생각이 들 때
레고나 스티커 색칠하기를 해 보고 완성한 걸 사진 찍어서 선
생님한테도 보여 주는 걸로 하자.

지    호: 네. 좋아요.

## 2) 상담 중기

상담 중기에는 행동계약에 따른 행동변화의 확인과 강화, 행동변화에 따른
상담목표와 행동계약의 조정, 변화를 촉진하기 위한 환경 개입 등이 다루어
졌다.

## (1) 행동변화의 확인과 강화

일주일 후 스마트폰 사용 정도를 확인했을 때, 지호는 3일만 2시간 이하로 사용해서 이에 따라 막대사탕 한 개를 선물로 받았다. 약속을 못 지킨 날도 확인 결과 3시간 넘게 스마트폰을 사용한 날은 없었기 때문에, 상담자는 그 부분을 함께 칭찬하였다. 평일에 2시간을 사용한 경우에 어떻게 할 수 있었는지 확인한 결과, 지호는 요즈음은 엄마가 전화해서 확인하기 때문에 2시간만 할 수 있었고, 또 상담 시간에 약속한 것처럼 심심하면 레고와 스티커 색칠하기를 하기도 했다고 하였다. 지호가 완성한 레고와 스티커 색칠하기 사진을 보고 상담자는 멋지게 완성한 부분에 대해서 칭찬하였다.

스마트폰을 2시간만 사용하기 약속을 계속 지키면 좋은 점이 무엇인지 물어봤을 때, 성공한 날은 저녁에 엄마와 아빠가 칭찬을 많이 해 줘서 기분이 좋았다고 하였다. 또 심심할 때 스티커 색칠하기를 많이 해서 색칠하기를 많이 완성한 것도 좋다고 하였다. 다만 지호는 매일 성공해서 외식을 하고 싶었는데 못했다며 서운해하였다. 상담자가 계속해서 스마트폰 2시간 사용하기를 노력해 보고 싶은지 확인했을 때, 지호는 계속해 보고 싶은데 심심하면 유튜브를 보고 싶은 생각이 많이 난다고 하였다. 상담자는 심심할 때 할 수 있는 활동들(종이접기)을 추가로 확인하였고, 다섯 번을 성공해서 가족 외식을 할 수 있도록 계속 노력해 보기로 약속하였다.

## (2) 행동변화를 위해 환경 개입하기

지호는 방과 후 혼자 시간을 보내는 것이 심심하다는 말을 여러 번 하면서, 친구들과 같이 지내고 싶다고 하였다. 상담자는 어머니와 의논해서 지호가 방과 후에 혼자 스마트폰 사용 시간을 조절하려고 노력하는 데에는 어려움이 있음을 설명하였다. 지호가 시간을 좀 더 활동적으로 보낼 수 있는 방법을 찾아보면 어떨지 제안하였고, 어머니는 지호와 의논 후에 일주일에 두 번씩 축구클럽에 보내기로 결정하였다. 어머니는 초등학교 1학년인 지호가 방과 후

에 또 다른 학원에서 시간을 보내는 것은 원하지 않는다고 하였지만, 축구는
외동인 지호가 또래들과 어울리면서 활동적으로 오후 시간을 보낼 수 있다
는 점에서 도움이 될 것이라고 생각하고 결정했다고 하였다. 축구클럽에 다
니기 시작하면서 지호는 좋아하는 축구를 하는 것이 재미있고 혼자 집에 있
는 것보다 거기에서 친구들과 시간을 보내면 시간이 금방 간다고 하였다. 지
호가 축구클럽에 가는 날은 스마트폰을 거의 사용하지 않게 되었다. 지호의
어머니는 지호가 축구클럽에 다니기 시작하면서 밤에 일찍 잠자리에 드는 등
생활이 더 규칙적이고 건강해진 것 같다고 좋아하였다.

### (3) 행동변화를 위한 지속적인 노력과 강화

지호가 축구클럽에 다니기 시작한 이후에도 스마트폰 사용 시간을 매일 2시
간 미만으로 사용하는 행동계약을 지속하면서 사용 시간을 확인하였다. 축
구클럽에 다니기 시작한 이후에는 지호가 혼자서 보내는 시간이 줄었으므
로 이에 따라 스마트폰 사용 시간도 자연스럽게 줄어들었다. 지호가 축구클
럽에 가지 않고 집에 있는 3일 중 하루 정도는 여전히 2시간 이상 스마트폰을
사용하였지만, 스마트폰 사용에 대한 약속을 지키면 부모님께도 계속 칭찬을
받으면서 지호도 계속 노력하고 싶다고 하였다. 지호가 매일 스마트폰 사용
을 2시간 이내로 하기로 한 약속을 지키고 보상으로 원하던 부모님과의 스테
이크 외식을 하게 되었을 때 지호는 매우 기뻐하며 앞으로도 스마트폰은 약
속한 대로 2시간만 사용하겠다고 하였다.

## 3) 상담 종결

지호와 처음 상담을 시작하게 된 계기인 지각 문제는 상담 시작 후 외할머
니가 등교 시간에 전화로 등교 지도를 해 주기 시작한 이후로는 발생하지 않
았다. 지호가 잠잘 때 더 이상 스마트폰을 방에 가지고 가지 않음에 따라 잠

자리에서 늦게까지 스마트폰을 하다 잠드는 일은 없어졌고, 이에 따라 학교에서 수업시간에 멍하게 있는 행동도 나타나지 않았다.

지호가 일주일간 매일 2시간만 스마트폰을 사용하는 약속을 지키고 이에 대한 보상으로 부모님과 외식을 한 이후에 상담 종결에 대한 논의가 이루어졌다. 이 즈음에 지호는 2시간 이상 스마트폰을 사용하는 날은 없었고, 스마트폰을 사용하는 시간도 축구클럽에 가는 날은 1시간 미만, 혼자 집에 있는 날은 1~2시간 정도였다. 지호는 이제 하루에 2시간만 스마트폰을 사용하는 것이 그렇게 어렵지 않고 계속 지킬 수 있을 것 같다고 하였다. 집에 있으면서 스마트폰을 안 할 때도 책 읽기나 레고뿐만 아니라 할 수 있는 다른 일들이 많아졌다고 하였다. 상담자는 지호의 어머니와 의논하여 상담 종결 후 행동계약을 지속할 생각이 있는지 확인하였다. 지호의 어머니는 행동계약을 좀 더 유지하고 싶다고 했으며, 지호가 한 달 동안 스마트폰 사용을 지금처럼 유지하면 지호와 함께 놀이동산에 가기로 약속한 후 상담을 종결하였다. 지호의 스마트폰 사용은 어머니가 지속적으로 모니터링하기로 하였다.

지호와의 상담에서는 스마트폰 사용 시간을 줄이기 위해 행동수정과 환경개입을 함께 적용하였다. 행동계약뿐만 아니라 축구클럽 참가 및 스마트폰 사용 시간 조절에 대한 부모의 관심과 지원과 같은 환경 개입이 함께 작용해서 변화에 기여한 것으로 평가할 수 있다.


## 5. 대안적 접근: 행동수정 이후의 부모상담

부모상담은 아동 내담자의 상담 동기가 낮은 경우에 좋은 대안적 접근이다. 지호의 경우에는 지호도 자신의 스마트폰 사용을 자제하고자 하는 동기를 보였고 부모도 적극 협조하고자 노력하였으므로, 행동계약을 통해서 스마트폰 사용을 줄인다는 상담목표가 성공적으로 달성되었다. 여기서 한 걸음

더 나아가서 부모상담을 활용하여 지호의 발달을 촉진하고 부모-자녀 관계
도 향상될 수 있도록 도울 수 있을 것이다.

## 1) 지호에 대한 언어적 칭찬과 인정 반응의 확장

현재 초등학교 1학년인 지호는 자신의 스마트폰 사용이 과다하다는 점을
인정할 줄 알고, 또 이를 수정하기 위한 계획에 스스로 참여하는 적극성을 보
였다. 지호의 행동변화를 촉진하기 위하여 부모가 보상을 약속하였고 어머
니가 전화로 스마트폰 사용 시간을 확인하는 도움을 주었지만, 스스로도 자
신의 스마트폰 사용 시간을 감소시키는 노력을 성공적으로 기울이는 자기통
제력을 보이고 있다. 긍정적 변화를 이루기 위하여 스스로를 통제하고자 노
력한 점, 또 그러한 노력이 성공적으로 이루어지고 있는 점은 부모가 약속한
강화물(가족 외식, 놀이동산)을 제공함과 더불어서 부모의 적극적 인정과 칭찬
을 받을 만하다. 강화물을 약속하여 행동을 수정하고자 하는 행동계약은 결
국 지호 자신이 스스로를 조절·통제할 수 있는 능력이 있고 발전시킬 수 있
음을 확인하게 해 주고 자부심을 느끼도록 유도하는 징검다리다. 스스로의
능력을 확인하고 자부심을 느끼게 되는 것은, 장차 외적 강화물이 주어지지
않더라도 자신을 유지·발전시키고자 하는 원동력이 된다. 따라서 부모상담
을 통하여 부모가 지호에게 칭찬하고 인정하는 방법을 다양하게 실행하도록
상담자가 도울 수 있다.

> 상담자: 지호가 스마트폰 사용 시간을 줄이려고 스스로 많이 노력하
> 고 있고, 그 노력이 실제 성과로 나타나서 참 기쁩니다.
> 어머니: 축구클럽도 시작했고, 또 지호도 엄마 아빠와 같이 스테이크
> 외식하려고 열심히 노력한 거 같아요.
> 상담자: 지호가 스마트폰 사용 시간도 줄이고, 원하던 대로 부모님과

함께 외식도 해서 지호도 좋아하더군요. 지호가 똑똑하고 유
능한 아이인 것은 알고 있었지만, 이번에 스마트폰 사용 시간
을 자기가 줄여 가는 것을 보면서 지호에게 감탄했어요.

어머니: 그러세요?

상담자: 네, 그럼요. 사실 지호가 아무리 똑똑하고 유능해도 아직 초
등학교 1학년이잖아요? 원하는 것을 얻기 위해서라고 해도
사실 1학년 아이가 스마트폰 시간을 그렇게 줄이기는 쉽지
않은 일이지요. 부모님 도움이 있었지만, 이렇게 빠른 시간
안에 지호가 사용 시간을 줄여 온 건 참 대단한 일입니다. 자
랑스럽지요.

어머니: 선생님이 그렇게 말씀하시니, 저도 우리 지호에 대해서 다시
생각해 보게 되네요. 저는 그냥 당연히 그렇게 할 수 있어야
한다고 생각했거든요.

상담자: 지호에게 행동계약에서 약속한 대로 부모님과 외식을 하게
되는 보상을 줄 때 부모님께서 어떻게 말씀하셨는지 궁금합
니다.

어머니: 칭찬을 많이 했지요. 스마트폰을 1시간 내로 한 날에도 매일
칭찬을 듬뿍 해 줬어요.

상담자: 그러시군요. 지호도 엄마 아빠에게 칭찬받았다고 기분 좋아
했어요. 어떤 말로 주로 칭찬을 하시나요?

어머니: "우와, 우리 지호 최고다, 잘했다." 뭐, 이런 말로 칭찬하지요.

상담자: 그렇게 부모님이 기뻐하시고 자랑스럽게 여기신다는 것을 표
현하는 것 아주 좋은 칭찬방법입니다.

어머니: 그 정도는 다 하는 거 아닌가요?

상담자: 혹시 어머니 자신에게나 지호에게나 그 정도는 당연하다고
생각하시는 건가 하는 생각이 드는데, 어떻습니까?

어머니: 사실 그런 점도 없지는 않아요. 선생님은 지호에게 감탄했다고 하시는데, 저는 그 정도는 아니라고 생각하거든요.

상담자: 아마 지호가 똑똑하고 유능한 아이라 어머니 기대가 높아서 그럴 수도 있겠네요.

어머니: 그렇기도 하겠지요.

상담자: 지호는 기대를 높이 할 만한 아이지요. 그런데 똑똑하고 유능해서 부모님의 높은 기대를 받는 아이들의 경우에, 자기가 노력하고 성취하는 것이 충분히 인정받지 못한다는 느낌을 갖게 되는 일이 역설적으로 가끔 발생하는 것 같습니다. '너는 능력 있는 아이니까 그 정도는 당연히 할 수 있어야 돼. 그 정도는 네 수준에서는 그리 칭찬할 만한 게 아니야.' 이런 식으로요.

어머니: 아, 그럴 수도 있겠네요.

상담자: 부모님이 자기에게 높은 기대를 갖고 있다는 것이 아이에게 자부심을 주는 것도 사실입니다. 그만큼 자기가 유능하다고 부모님이 생각하신다는 거니까요. 그런 한편, 아직도 어린 아이이기 때문에 부모님이 당연하게 여기시는 것 같으면 자기는 칭찬이 부족하다고 여기고 서운해하거나 자기를 의심하게 되는 경우가 생기기도 하지요.

어머니: 평소에 칭찬을 충분히 한다고 생각해 왔는데, 그런 점도 생각해 봐야겠네요.

상담자: 아이들이 점점 커 갈수록 자기가 노력하는 것을 부모님이 알아주기를 바라는 마음도 커지는 거 같습니다. 유능한 아이들도 어떨 때는 자기가 노력했는데도 원하는 결과가 안 나올 수도 있는데, 그럴 때도 자기가 나름 노력했다는 것, 노력했는데도 결과가 마음에 들지 않아서 서운하다는 것, 그래도 노력한 게 참 귀하다는 것, 이런 걸 부모님이 알아주시는 말씀을

해 주시면 기운이 많이 나지요. 물론 '잘했다' '훌륭하다' 이런 칭찬도 여전히 좋아하지요.

어머니: 네, 사실 이번에도 지호가 나름 노력을 많이 했지요.

상담자: 그렇지요. 지호가 이번에 노력을 많이 했다는 걸 인정하시는 말씀을 지호에게 따로 해 주신다면 어떻게 말씀해 주실 수 있을까요?

어머니: "이번에 지호가 스마트폰 시간 줄이려고 많이 애썼지." 이런 식으로 칭찬하면 될까요?

상담자: 네, 좋은 거 같습니다. 지호가 스마트폰 시간 줄이려고 애 많이 쓰는 거 보고 엄마가 어떤 마음이 드셨는지 같이 이야기해 주시는 것도 좋을 거 같아요.

어머니: 기특하다는 말도 같이 해 주라는 말씀이시지요. 선생님이 감탄했다는 말씀을 하셨는데, 저도 그런 말을 지호에게 해 줘야겠다는 생각도 들었어요. 사실 지호가 아직 1학년인데, 하교 후에 집에서 혼자서 잘 있는 것도 기특하고 대견해요.

상담자: 지호가 기특하고 대견한 점이 참 많지요. 그렇게 생각하신다는 걸 지호에게 앞으로 더 자주 말씀해 주실 거라 생각됩니다. 구체적으로 말씀해 주시면 더욱 좋겠지요.

## 2) 부모의 자녀양육 능력 확인과 증진을 위한 부모상담

지호의 부모는 초등학교 1학년인 지호에게 좋은 부모가 되고자 하는 동기가 높고 현재 원만한 부모-자녀 관계를 가지고 있지만, 지호의 발달단계에 적합한 양육을 제공하고 적절한 부모-자녀 관계를 설정할 수 있는 능력의 정도는 불분명하다. 따라서 부모상담을 통해 이런 점들을 확인하고 부모의 자녀양육 능력이 증진될 수 있도록 돕는다면, 당면한 문제해결을 넘어서 지호의 발달이 더욱 촉진될 수 있을 것이다.

자녀가 성장해 감에 따라서 자녀의 독립성을 적절히 강화하면서 부모의 역할을 조정하는 것은 매우 중요한데, 맞벌이 부모 대신 어릴 때 외할머니가 함께 살면서 지호를 양육하다가 어린이집과 유치원의 종일반 이후 어머니 퇴근 전까지 시간제로 돌보는 성인을 활용한 점은 단계적으로 지호가 독립성을 키울 수 있도록 조절하려 했음을 보여 준다. 그러나 지호의 스마트폰 사용 시간이 많았고 심심함을 호소했다는 점 등은 초등학교 입학 후에 하교 후 거의 혼자서 긴 시간을 보내도록 한 것이 그 연령에는 무리였다는 것을 반증한다. 심지어 잠자기 전에 심야 시간까지 스마트폰을 사용하다가 늦게 잠드는 적도 많았다는 것도 지호의 연령에 필요한 부모 관여가 제대로 이루어지지 않았다는 것을 보여 준다.

하교 후 학원 여러 곳을 전전하는 것이 부적절하다고 여겨서 집에서 시간을 보내는 것을 대안으로 선택한 점은 부모가 지호에게 적절한 양육을 제공하자고 하는 의지를 반영하지만, 부모가 택한 대안인 '하교 후 집에서 혼자 시간 보내기' 외의 다른 대안을 좀 더 탐색해 볼 필요가 있다. 상담 후 축구클럽에 참여할 수 있게 된 것이 긍정적인 효과를 가져온 것처럼, 다른 아동들과 함께 놀이와 활동을 할 수 있는 다양한 대안을 좀 더 제공하여 지호의 하교 후 생활의 단조로움과 심심함을 덜어 줄 수 있게 한다면 지호의 스마트폰 사용 시간 조절뿐만 아니라 사회성 발달에도 도움이 될 수 있다.

아동 · 청소년의 발달단계별 특징과 발달과업, 자녀의 성장에 따라서 부모-자녀관계가 변화할 필요성, 자녀의 마음에 귀 기울여 경청하고 공감하는 태도와 구체적 방법 등에 대해 부모가 배울 수 있도록 부모교육 자료를 제공하고, 필요하다면 상담자가 시범과 피드백을 제공하며 부모의 자녀양육 능력이 확장되도록 돕는 것도 부모상담에 포함할 수 있다. 물론 이러한 주제들을 다루는 부모상담에서 상담자는 부모가 평가받거나 비난받는 느낌을 가지지 않도록 주의하면서, 부모가 가진 강점을 확인하고 인정하면서 부모역량이 더욱 키워지도록 돕는 지지적 태도를 견지해야 한다.

# 제10장

# 외모와 동생 때문에 고민이 많은 아동

초등학교 6학년 여학생인 미우는 2녀 중 장녀다. 동생과의 다툼과 외모 고민에 대해 상담을 하고 싶다고 하면서 상담실을 찾았다. 미우는 줄곧 부모와 함께 살고 있고 연년생 여동생이 있는데, 미우와 여동생은 여러 면에서 달라 다툼이 잦다. 동생과의 다툼은 주로 동생이 먼저 때리거나 뭔가 잘 안 되면 언니 탓으로 돌리는 말을 하면서 시작된다. 그러나 언제나 더 크게 꾸중을 듣는 것은 자신이라 억울하지만 동생을 먼저 공격한 적은 없다. 또한 5학년 때부터 여드름이 나고 살이 찌기 시작하면서 외모에 대한 고민이 시작되었다. 아버지가 비만이고 아버지 가족들 대부분이 비만으로, 어머니는 "살을 빼지 않으면 아버지 쪽 사람들처럼 된다."고 비난을 서슴치 않는다. 아버지도 "살찌면 중학교에 가서 놀림을 받는다."고 하면서 압박을 준다. 뿐만 아니라 부모는 갖고 싶은 것이나 하고 싶은 것이 있다고 하면 매번 살을 빼면 해 주겠다고 한다. 그래서인지 미우는 "동생이 말라서 엄마가 동생 말을 더 들어준다."고 얘기하면서 눈물을 글썽일 정도로 스트레스가 크다.

이 장에서는 해결중심상담 접근을 통해 미우가 겪고 있는 동생과의 갈등과 외모 문제를 다루는 과정을 소개하고, 대안적 접근으로 게슈탈트상담을 제시한다.

상담자가 자신의 상담실습 수업에서 과제를 하기 위해 상담을 받고 싶은 사람을 모집했는데, 미우는 학급에서 유일하게 상담을 신청한 아동이다. 또한 학부모상담주간에 찾아온 어머니로부터 미우와의 상담에 대한 동의를 구하는 과정에서, 5학년 때 친구들로부터 잠깐 왕따를 당한 적이 있다는 이야기도 듣게 되었다. 당시 미우의 물건을 말없이 가져가 쓴 아이가 있었는데, 미우가 훔쳐 갔다고 하는 바람에 싸움이 벌어졌고 그날 이후 미우가 그 아이 무리로부터 왕따를 당했다. 다행히 5학년 때 담임교사가 빨리 알아차리고 개입에 나서 왕따 문제가 오래 지속되지는 않았다. 그러나 미우는 여전히 그 아이를 비롯해 학교의 모든 여자아이가 싫고, 집에 가서도 동생과의 사이가 좋지 않아 너무 괴롭다고 하며 상담을 받고 싶다고 했다.

## 1. 내담자 정보

### 1) 호소문제

모든 여자아이가 싫고, 집에 가서도 동생과의 사이가 좋지 않아 너무 괴롭다고 하며 상담을 신청했던 미우는 상담신청서에 동생과의 다툼과 외모 문제를 다루고 싶다고 했다. 어머니와 이전 담임교사는 모두 5학년 때 문제를 더 중요하게 생각하고 있지만, 미우는 현재 당면한 문제를 더 다루고 싶어 했다.

#### (1) 미우가 호소한 문제

- 미우는 상담신청서에 동생과의 싸움, 외모에 대한 고민 등을 상담하고 싶은 내용으로 체크했다. 상담 지원자를 받을 때 미우가 얘기했던 5학년 때 왕따 문제에 대해서도 이야기할 수 있다고 제안했는데, 지금은 같은

반도 아니고 크게 불편하지 않다고 했다.

• 가장 해결하고 싶은 문제를 물어봤을 때 동생과의 관계를 이야기했다. 동생과 자주 다투어 짜증이 나고 동생과의 다툼이 있을 때 내담자가 언니라는 이유로 더 많이 혼나서 억울하다.

• 외모에 대한 고민이 시작된 시기는 5학년 때부터로, 그때부터 여드름이 나서였고 그 이전에는 고민이 전혀 없었다. 여드름에 대한 고민과 함께 요즘 고민은 살이 쪄서 뚱뚱한 것이다.

• 부모와의 관계가 좋은 편이지만 자신은 아버지와 더 가깝고 동생은 어머니와 더 가까운 편인데, 어머니와 아버지 모두 자신이 뚱뚱한 것에 대해 걱정하고 잔소리를 해서 괴롭다.

## (2) 어머니가 호소한 문제

• 상담 동의를 구하기 위해 부모상담을 요청했을 때 어머니는 "학습이 안 돼서 걱정이다."라고 먼저 이야기를 꺼냈다. 실제 미우는 진단평가에서 기초학력미달 기준을 겨우 넘는 수준이고, 수업시간 활동과 과제에서 성실한 태도를 보이지 않는다.

• 작년에 위클래스에서 상담을 받고 미우가 좀 편안해졌다. 그런데 친구가 미우의 책상 위에 있던 물건을 가져가서 그것에 대한 불만을 이야기했을 때 미우만 위클래스 상담을 받게 되어 미우도, 어머니도 많이 억울했다.

• 미우가 상담을 받고 싶다고 해서 상담을 진행해 보려고 한다고 했을 때 미우가 원한다면 좋다고 동의했고, 아마 작년 일이 해결이 안 되어 미우가 상담을 받고 싶어 할 것이라 생각되니 미우 얘기를 잘 들어 주면 좋겠다고 요청했다.

## (3) 이전 담임교사가 파악한 문제

(위클래스 상담자는 다른 기관으로 이동하여 따로 정보를 들을 수 없었음)

- 또래관계에서 "너랑 절교야."라는 말을 자주 해서 친구와 다툼이 있었고, 한번은 싸움이 커지면서 그 일로 위클래스 상담을 받게 되었다.
- 미우의 어머니가 미우에게 불리하게 일을 처리했다고 하면서 학교에 대한 불만을 토로해 어머니를 달래느라 애먹었다.
- 미우는 대체로 조용한 편이라 그 외에 다른 문제는 없었지만, 담임에게 뭔가를 자꾸 말하고 싶어 했던 것 같았다. 미우가 직접 상담을 요청한 적은 없어 이야기를 깊게 나눠 보진 않았다.

## 2) 내담자의 인상 및 행동 특성

- 미우는 둥근 얼굴에 체형이 뚱뚱한 편이다. 마스크[1]를 쓰고 있어서 내담자의 고민인 여드름의 정도를 파악하기 어려웠다.
- 목소리가 크지 않고 발음이 정확하지 않은 편이고, 일상생활이나 상담에서 줄곧 무표정하다.
- 1회기에서는 계속해서 책상만 응시하는 모습을 보였고, 2회기에서는 조금 편안해진 모습을 보였지만 여전히 손가락을 만지작거리거나 다리를 떠는 등의 긴장한 모습을 보였다. 3회기부터 편안해진 모습을 보였고, 상담자와 눈도 잘 마주치고 좀 더 적극적으로 자신의 고민을 털어놓았다.

---

1) 2020년 1학기에 진행된 사례로 코로나바이러스 감염증-19 사태로 인해 학생들은 학교에 머무는 동안 계속 마스크를 착용하고 있었다.

## 3) 가족관계 및 성장 배경

미우는 2녀 중 장녀로 부모, 여동생으로 구성된 가족이 모두 함께 살고 있다. 미우의 가정은 화목하지만, 연년생인 동생에게 항상 양보해야 하는 미우는 언니 역할에 대한 부담이 크다.

### (1) 가족 구성원 및 특성

- **아버지**(44세, 중소기업 운영): 선대부터 이어온 공장을 운영하고 있고, 최근 손가락 수술을 받아 쉬고 있는 중이었다. 동생과 다툴 경우 훈육을 담당하고, 화가 나면 무섭지만 미우 편에서 생각해 줄 때가 많다.
- **어머니**(44세, 주부): 아버지가 없을 경우 동생과의 다툼을 훈육하는데, 미우는 어머니가 동생을 더 좋아하는 것 같다고 느끼고 있다. 미우의 표현에 따르면, 어머니는 착할 때도 있고 무서울 때도 있다.
- **동생**(5학년): 미우와는 연년생으로 언니에게 놀아 달라고 조르고 결국 놀아 주면 억지를 부려 미우를 화나게 한다. 미우는 문장완성검사에서 가장 싫은 사람을 동생이라고 쓸 만큼 동생과의 갈등이 심각하다.

### (2) 내담자의 발달사

미우는 2녀 중 장녀로 연년생 여동생이 있다. 부모의 관계도 좋고 경제적으로 안정된 가정에서 별다른 어려움 없이 자랐다. 다만 연년생인 동생과의 관계에서 언니라는 이유로 더 많이 꾸중을 듣고 참으라는 말을 많이 들어 억울하다. 언젠가부터 동생이 자기가 언니보다 더 세다고 놀려 동생을 이기고 싶다는 생각이 든다. 부모와 큰 갈등이 있었던 적은 없었고, 미우는 아버지와 더 가깝고 동생은 어머니와 더 가깝다고 느끼고 있다. 최근 아버지가 수술을 받고 입원한 것이 미우 가정에 찾아온 가장 큰 위기인데, 어머니가 중심을 잡고 잘 이겨 내고 있다.

　미우는 어릴 때부터 조용하고 손이 많이 가지 않은 아이인 데 비해 동생은 까탈스럽고 밥도 잘 먹지 않아 어머니가 동생에게 더 신경을 많이 쓴 것이 사실이다. 또한 연년생을 키우면서 다른 사람의 지원을 거의 받지 못하는 상황이라 육아에 대한 스트레스가 컸고, 장녀인 미우에게 조금 더 엄격하게 대하게 되었다. 미우가 잘못을 하는 경우는 많지 않았는데, 주로 동생과의 다툼 때문에 꾸중을 하는 적이 많았다. 동생과 다툼이 있을 때마다 언니니까 참으라는 말을 자주 했는데, 미우가 말을 잘 듣는 편이라 그렇게 하면 상황이 빨리 종료되기 때문이기도 했다.

## 3) 심리평가

　상담 초기에 미우의 적응 상태를 확인하기 위해 문장완성검사와 동물가족화를 실시했다. 이를 통해 미우가 동생과의 갈등으로 힘들어한다는 점, 외모에 대한 고민이 많다는 점, 부모의 엄격한 훈육으로 두려움이 있다는 점을 확인할 수 있다. 외모 고민과 부모의 훈육에 대한 두려움은 모두 동생과의 갈등과 연결되어 있는 문제로 파악되었다.

　먼저, 동생과의 갈등은 문장완성검사와 동물가족화에서 모두 나타났다. 문장완성검사에서는 "12. 내가 가장 싫어하는 사람은 동생."이라고 응답해 동생과의 갈등을 그대로 드러냈다. 동물가족화에서 동생을 돼지로 표현했는데, 동생이 통통하냐는 질문에 오히려 말랐는데 밥을 많이 빨리 먹어서 돼지 같다고 답했다. 자신은 느린 거북이로 그렸는데, 마르고 빠르게 행동하는 동생과 살이 찌고 행동이 느린 자신을 대비해 지각하고 있음을 알 수 있다.

　외모에 대한 고민은 문장완성검사에서 반복적으로 드러나는데 외모에 대한 불만을 일관되게 표현하고 있다. "8. 내가 제일 걱정하는 것은 외모가 못생겼다는 것." "19. 나의 좋은 점은 외모 빼고 다 좋다." "22. 나의 나쁜 점은 외모가 못생겨서 나쁘다." 전반적인 외모에 대한 불만을 나타내고 있어 어떤

점이 불만인지 탐색해 본 결과, 여드름과 비만 그리고 앞으로 더 살이 찔 것
에 대한 불안도 가지고 있다.

　부모와의 관계 측면에서 미우는 부모와의 친밀함보다는 두려움을 더 많이
표현했다. 문장완성검사에서 "29. 우리 엄마 아빠는 화나면 무섭다."라고 썼
고, 동물가족화에서 아빠는 무서워서 사자로 그렸다. 어릴 때부터 장녀라는
이유로 엄하게 대하는 부모의 양육태도로 인해 부모를 친밀하기보다 잘못하
면 화를 내는 무서운 사람으로 지각하고 있음을 확인할 수 있다. 조금 더 탐
색해 보았을 때 부모가 항상 무서운 것이 아니라 화를 낼 때만 무섭다는 것이
었고, 평소 어머니는 착한 사람, 아버지는 자기 편이 되어 주는 사람으로 표
현하기도 했다.


## 2. 사례개념화


### 1) 내담자의 주요 문제

- 미우는 동생과의 갈등을 가장 힘들어하고 있고 전반적인 가족관계에서
  도 어려움을 호소했다. 연년생인 동생은 언니와 놀고 싶어 하면서도 게
  임이 잘되지 않으면 모두 언니 탓으로 돌려 화나게 하는데, 부모로부터
  꾸중을 들을까 봐 참아야 한다. 자신은 아무 잘못도 없는데 동생과 다투
  게 되니 기분이 상하고, 언니라는 이유로 꾸중을 더 많이 들어야 하니 억
  울하고 동생이 밉다.
- 미우는 사춘기가 시작되면서 얼굴에 여드름이 나고 살이 조금씩 찌기
  시작했는데, 이런 외모의 변화가 당혹스럽고 싫다. 어머니는 마르고 날
  씬한 동생을 더 좋아하는 것 같고, 아버지가 "살찌면 중학교 가서 놀림
  받는다."라는 말까지 해 앞으로 중학교에 가서 적응을 잘하지 못할 것에

대한 불안도 높다.

- 미우는 학교에서 친구가 많고 잘 지낸다고 보고했지만, 5학년 때 친구들과 갈등이 있었고 그 부분이 잘 해결되지 않은 상태다. 주로 친구들에게 과도하게 짜증을 내고 화를 내는 것이 문제가 된다.

## 2) 문제 발생에 영향을 미친 요인

미우는 동생과의 갈등과 외모에 대한 불만을 호소하고 있는데, 학교생활에서 보이는 또래관계에서도 도움이 필요해 보인다. 이러한 미우의 부적응 상태는 가족관계에서 출발하고 있다고 볼 수 있다. 비교적 온순한 기질인 미우와 까다로운 기질의 한 살 어린 동생을 양육하면서 미우의 부모는 까다로운 동생의 요구에 부응하기에 바빴다. 또한 미우의 부모는 항상 미우에게 언니니까 양보하고 동생을 돌볼 것을 요구했고, 동생은 언니를 괴롭히며 자꾸 갈등을 야기했다. 이런 상황이 힘들고 싫었지만 순응적인 미우는 부모가 화내는 것이 두려워 참기만 했다. 또한 온순한 기질이라는 이유로 어릴 때부터 부모의 손길을 많이 받지 못해 부모가 동생을 더 좋아한다고 지각하고 있었는데, 최근 부모로부터 외모에 대한 지적을 받으면서 외모 때문에 동생이 더 많은 사랑을 받는다고 생각하게 되었다. 또한 이런 불만이 쌓이면서 비록 온순한 성격이지만 부적절하게 분노가 표출되어 또래관계에서 문제를 일으키기도 한다. 미우의 동생과의 갈등과 또래관계 문제가 사춘기라는 발달단계에서 나타나는 외모의 변화와 맞물려 표출되고 있는데, 그 기저에는 부모와 더 친밀하게 지내고 싶은 마음이 자리 잡고 있다.

## 3) 내담자의 자원 및 강점

- 미우의 가정은 잘 기능하고 있는 건강한 가족이라는 점이 긍정적 자원이다. 미우는 한 살 아래 동생으로 인해 부모로부터 돌봄을 충분히 받지 못했고, 동생과 직접적인 갈등을 겪으며 힘들어하고 있다. 한편, 부모가 화가 나면 무서울 뿐 평소 '엄마는 착한 사람'으로 '아빠는 나랑 더 친한 사람'으로 여기는 등 가족관계에서 좋은 경험을 많이 가지고 있다는 것은 자원이 될 수 있다. 또한 동생과 갈등을 하면서도 동생을 좋아하고 재미있게 지내는 적도 있고 그런 경험을 늘리고 싶어 한다.
- 미우는 부모에게 꾸중을 듣지 않기 위해 노력하고 부모를 두렵게 지각하고 있는 부분이 있지만, 실제 미우의 부모는 '말 잘 듣는 장녀'로 고마워하고 있어 관계 개선이 가능한 토대가 마련되어 있다고 볼 수 있다.
- 미우가 경험하고 있는 외모에 대한 불만은 발달적으로 자연스럽게 경험하는 문제로 사춘기 외모 문제에 대한 일반적인 접근으로 조력이 가능하다.
- 문제를 해결하기 위해 상담자와 한 약속을 성실히 지키고 과제를 해 보려는 의지를 갖고 열심히 수행한다.

## 3. 상담의 목표 및 전략: 해결중심상담

## 1) 상담목표

- 미우와의 상담은 미우가 호소한 동생과의 갈등을 줄이고 외모에 대한 불만을 감소시키는 것을 목표로 진행하기로 합의했다. 이후 상담을 진행하면서 부모와의 관계 개선이 새로운 목표로 포함되었다.

- 동생과의 관계 개선에서 미우는 동생과 다툴 때가 가장 힘들다고 해, 동생과 다투는 행동을 변화시켜 볼 것을 목표로 하였다.
- 외모와 관련된 불만에 대해서는 자신의 외모 만족도를 높이기 위해 노력하는 것을 목표로 하였다. 이를 위해 여드름과 비만의 객관적 심각도 파악, 여드름 치료 및 비만 예방을 위한 현재의 노력 점검, 여드름 및 비만 관리를 위한 생활습관 바꾸기에 합의했다.
- 비만에 대한 불만이 일상생활 적응에 미치는 영향을 파악한 결과, 어머니와의 관계에 부정적 영향을 미친다는 것을 확인할 수 있었다. 어머니의 관계 개선을 위해 자신이 어떻게 해야 할지 알아보고 실천해 보기로 했다.

## 2) 상담전략

미우는 사춘기에 찾아오는 신체적인 변화에 당혹해하면서 변화된 외모에 불만이 높다. 아직은 이차성징이 나타나지 않은 마른 동생과 비교해 더 불만이 높아졌는데, 동생과의 갈등관계가 이전부터 지속되었기 때문이다. 언니라는 이유로 동생에게 당하고도 참는 일이 많았고, 동생과의 관계만이 아니라 여러 대인관계에서도 주로 참는 역할을 하면서 억울함을 호소하고 있다. 미우의 이러한 적응상의 문제를 조력하기 위해 해결중심상담으로 접근하였다. 해결중심상담은 전통적인 상담접근과는 조금 다른 패러다임을 제시하는데, 그 가운데 미우 사례에 적용해 볼 수 있는 내용을 살펴보면 다음과 같다.

첫째, 현재 내담자가 경험하는 문제의 인과 관점은 논리적으로 타당하지만, 많은 원인이 복합적으로 관련되어 원인을 파악하기 어렵거나, 원인을 파악했다고 하더라도 그 원인을 제거하기 어려운 심리상담의 특성상 원인을 찾아 그 원인을 없애거나 고친다는 것이 현실적으로 어려울 수 있다. 그래서 해결중심상담은 원인에 초점을 두기보다는 현재 내담자가 겪고 있는 문제를 해결할 수 있는 방안에 초점을 둔다. 해결된 상태를 명료화하고 이러한 해결된 상태로 이끌 수 있는 자원과 강점을 최대한 활용해 변화를 돕는 접근이다. 미우의 경우, 동생과의 갈등 역시 부모의 양육태도와 동생의 충동적 행동이 원인으로 파악되지만, 미우와의 상담에서 부모의 양육태도나 동생의 행동을 직접 변화시키기는 어렵다. 동생이나 부모가 아닌 내담자인 미우의 변화를 통해 미우가 겪고 있는 문제를 해결할 방안을 찾을 수 있다. 또한 외모 불만족의 원인은 사춘기로 인한 신체적 변화이므로 그 자체를 변화시키기는 어렵지만, 외모 불만족 상태와 그로 인한 부적응을 개선해 심리적으로 편안해질 수 있는 방안을 찾을 수 있을 것이다. 이를 위해 해결된 상태에서의 미우의 행동을 명료화하고 이것을 상담목표로 설정하였다.

둘째, 해결중심상담은 해결책을 찾기 위해 문제가 일어나지 않는 예외적 상황에 주목한다. 내담자가 문제를 겪고 있다고 해도 언제나 문제 속에 있는 것이 아니라 '문제를 겪지 않는 적응적 상태'도 함께 있다는 것이다. 그리고 문제 상황에 집중하기보다 이러한 적응적 상태에 초점을 두고 그 확대를 통한 해결책을 찾아볼 것을 제안하고 있다. 미우의 경우, 동생과 갈등하고, 또는 부모가 충분히 자신을 돌봐주지 않는다고 느끼지만, 동생과 사이좋게 지내고 부모가 자신의 편이 되어 주는 경험을 가지고 있다. 즉, 이러한 적응적 상태가 문제 상황보다 많아지면 미우가 원하는 좋은 관계로 나아갈 수 있을 것이다.

셋째, 해결중심상담에서는 문제를 해결할 방안을 찾는 또 다른 과정으로 작지만 가능한 '변화'에 초점을 둔다. 내담자가 문제를 겪고 있는 맥락에서 무엇이든 변화가 일어나면 그 변화가 또 다른 변화를 일으킬 수 있다고 가정하고, 내담자와 함께 그 변화를 시작할 것을 제안한다. 반드시 문제의 원인이 달라지지 않더라도 어느 지점에서든 변화가 생기면 그 변화가 전체 맥락의 구성 요소들 사이의 관계에 변화를 일으켜 결국 문제 상황이 달라지게 된다는 것이다. 따라서 미우의 행동변화를 그 출발점으로 삼았다.

이렇게 조력에 대한 새로운 관점을 지향하는 해결중심상담은 해결책 찾기와 적응 상태 찾기에 집중하는데, 이를 촉진할 개입전략으로 질문기법을 제시하고 있다. 해결중심상담에서는 상담 이전 변화질문, 기적질문, 예외질문, 대처질문, 척도질문 등 다양한 질문을 활용하는데, 각 질문의 의도와 활용 방안은 해결중심상담을 소개하는 전문 서적(예: 유재성, 장은진 역, 2009; 조성희 역, 2015; 한국단기가족치료연구소, 2017)의 내용을 참고하였다. 미우와의 상담에서도 목표 설정과 개입을 위해 해결중심상담의 질문기법을 적용하였다.

## 4. 상담과정

미우와의 상담은 미우가 가장 시급하게 다루고 싶어하는 동생과의 갈등과 외모 불만족 문제에 초점을 두고 시작되었다. 동생과의 갈등과 외모 불만족을 다루면서 부모와의 관계 개선에 대한 목표가 추가로 설정되었고, 이후 전반적 대인관계 문제를 다루어 나갔다. 해결중심상담 접근을 통해 미우와 함께 각 문제의 해결책을 찾아 나간 상담 과정을 살펴보면 다음과 같다.

## 1) 동생과의 갈등 다루기

### (1) 미우가 변화의 출발점 되기

미우는 상담신청서에 동생과의 싸움을 적었고, 문장완성검사에서 가장 싫어하는 사람이 동생이라고 답할 만큼 동생과의 관계에서 어려움을 가지고 있었다. 그리고 상담을 통해 가장 해결하고 싶은 문제에 대해 물었을 때 동생과 잘 지내고 싶다고 했다. 동생과의 갈등에 대해 "지우(동생 가명)는 가만히 있는 저를 이유없이 때리고 그것 때문에 매일 싸워요." "지우를 떠올리면 기분이 나쁘고 이기고 싶다."라고 했다. 미우의 말에 따르면, 가만히 있는데 시

비를 걸거나 게임에서 지면 모두 언니 탓을 하는 등 동생과의 갈등의 출발과
원인은 동생이다. 그래서 미우는 동생이 달라졌으면 좋겠다고 한다. 미우와
의 상담에서는 갈등의 원인을 제공하는 동생에 접근하기보다 동생과 앞으로
잘 지낼 수 있는 방법을 찾는 것에 초점을 두어 미우의 문제를 해결하는 해결
중심상담 접근을 선택했다. 해결중심상담에서는 미우와 같이 다른 사람에게
문제의 원인이 있다고 호소하는 경우를 불평형 내담자라고 한다. 불평형 내
담자의 호소를 들으면서 그 불편감을 공감하면서도 내담자의 노력을 통해 현
재의 문제를 해결할 수 있는 방안을 찾는다. 미우의 동생이 상담에 온 것이
아니라 미우가 상담에 왔기 때문에 미우를 통해 미우와 동생의 관계를 변화
시킬 방안을 찾아야 한다. 이를 위해 상담자는 동생이 문제를 일으키고 있지
만 미우가 이 문제를 해결해 나갈 수 있다는 동기화를 하기 위해 다음과 같이
이야기를 나눴다.

> 상담자: 지우 때문에 우리 미우가 많이 힘드네.
>
> 미  우: 네, 정말 싫어요.
>
> 상담자: 그래. 그럼 선생님이 어떻게 도와줄 수 있을까?
>
> 미  우: 모르겠어요.
>
> 상담자: 선생님이 지우를 만나야 할까?
>
> 미  우: (망설이며) 그건 싫어요. 지우는 우리 반이 아니니까.
>
> 상담자: 그럼 어떻게 하지?
>
> 미  우: 제가 잘해야죠, 언니니까.
>
> 상담자: 미우가 이런 생각을 하는구나.
>
> 미  우: 어쩔 수 없죠.
>
> 상담자: 그럼 그런 이야기를 선생님이랑 얘기해 볼까?
>
> 미  우: 제가 잘하는 거요?
>
> 상담자: 응. 어떻게 하면 미우가 지우랑 잘 지낼 수 있는지 방법을 찾

아보는 거.

미  우: 그런 게 있을까요? 갠 정말 이상해요.

상담자: 한번 이야기해 보자.

미  우: 네. 해 볼래요.

## (2) 해결에 초점 두기

해결중심상담에서는 현재의 문제를 어떻게 해결할 것인가에 초점을 두기 위해 현재 겪고 있는 상태와 해결된 상태에 대해 이야기를 나눈다. 미우는 동생과의 갈등이 심각한데, 척도 질문을 활용해 그 상태를 점검하고 어떤 상태가 되기를 원하는지 구체화하였다. 동생 때문에 힘든 정도에 대해 척도질문을 했을 때(10점: 스트레스가 심함, 0점: 스트레스가 없음), 9점 정도로 심하다고 답했다. 그리고 3점 정도로만 낮아지면 좋겠다고 답했다. 더 나아진 상태에 대한 구체화를 위해 기적질문을 활용했는데, 미우의 답에 대한 후속 탐색을 통해 미우는 동생에게 잘하고 싶은 마음이 생기는 상태를 이야기했다. 다음과 같이 질문을 확장해 나가면서 해결된 상태가 동생에게 언니 역할을 잘 해내고 싶은 것이라는 점과 대처질문을 통해 동생에 대한 긍정적 태도를 가지려는 노력을 하고 있음을 명료화할 수 있었다. 즉, 지우는 동생을 미워하면서도 자신이 언니로서 동생을 포용하고 서로 사이좋게 지내는 상태를 원한다는 것과 현재도 노력을 기울이고 있음을 확인할 수 있었다.

미  우: 만약에 기적이 일어난다면 제가 지우랑 잘 지내고 있겠죠.

상담자: 지우랑 잘 지내고 있다는 걸 어떻게 알 수 있을까?

미  우: 제가 지우를 미워하지 않겠죠.

상담자: 지금과는 어떻게 다른 거야?

미  우: 지금은 지우가 저한테 말만 걸면 짜증이 나요.

상담자: 어떤 말이라도.

미  우: 무조건 절 괴롭힐 거라는 생각이 들거든요.

상담자: 그렇구나.

미  우: 그런 생각이 안 들었으면 좋겠어요.

상담자: 그럼 너무 힘들지. 그런 생각이 들면 어떻게 하니, 우리 미우는?

미  우: 그냥 짜증이 올라와요.

상담자: 그럼 더 속상해지고.

미  우: 그렇죠.

상담자: 그래도 견디고 있네, 우리 미우가.

미  우: 그런가요?

상담자: 짜증이 나도 참으니까.

미  우: 제가 많이 노력하긴 해요. 사실 지우는 제 하나밖에 없는 동생이잖아요. 그래서 좋게 생각하려고 노력해요. 그래야 제 맘도 편해지고.

상담자: 지우 때문에 괴로우면서도 어떻게 그렇게 할 수 있니?

미  우: '걔도 나랑 놀고 싶겠지.' 하고 이해하려고 하죠.

상담자: 미우는 지우를 미워하면서도 지우 입장도 이해해 주려고 애쓰고 있구나.

미  우: 제가 언니니까 언니답게 하고 싶어요.

상담자: 미우는 좋은 언니가 되고 싶구나.

미  우: 그런데 생각만 그렇고 잘 안 돼요. 막상 지우를 보면 그렇게 안 되거든요.

## (3) 동생과 사이좋게 지내기

미우는 동생이 짜증나게 할 때 잘 대처해 다툼을 줄이는 것에서 나아가 평소 동생과 사이좋게 지내는 언니 역할을 잘하는 언니가 되고 싶어 했다. 이 목표를 성취하기 위해 동생과 사이좋게 지낸 예외 상황을 찾고 그와 유사한 상호작용을 늘려 가는 방법을 찾아보기로 했다. 즉, 예외질문을 통해 동생과 다투기도 하지만 사이좋게 지내기도 한 점에 주의를 기울이고, 동생과의 긍정적 상호작용을 확대할 수 있는 방안을 찾아 실천해 보기로 했다. 다음과 같이 예외질문을 활용해 아이돌 영상을 보거나 아이돌에 대해 이야기할 때와 집안일을 도울 때는 서로 협력도 잘되고 싸우지 않는다는 것을 발견할 수 있었다. 아이돌 영상을 보는 여가 시간을 동생이랑 같이 보내고, 빨래 개기와 재활용 버리기를 도우면서 서로 사이좋게 지내 보기로 했다.

상담자: 미우가 동생을 싫어하지만 그래도 자매니까 재미있게 지낼 때도 있을 것 같아.

미  우: 싸우기만 하지는 않지만.

상담자: 코드가 서로 맞는다고 느낄 때?

미  우: 지우랑 제가 모두 '○○○'를 좋아해요. ○○○ 영상을 볼 때는 안 싸우죠. 친구들한테 들은 정보 알려 주면 지우가 좋아해요. 작년에 공연도 같이 보러 갔었어요. 그때는 진짜 좋았는데.

상담자: 그럼 그런 시간을 좀 더 늘려 보면 어떨까?

미  우: 사실 어떨 때는 지우가 더 정보를 잘 찾을 때도 있어요.

상담자: 그래? 그럼 지우에게 그런 거 부탁하고 같이 보는 것도 좋겠다.

미  우: 제가 탭 빌려 주면서 한번 부탁해 볼게요. 지우도 좋아할 것 같아요. 잘난 척을 하는 게 좀 싫긴 하지만, 저도 ○○○ 영상 따로 안 찾아도 되니까 편하고 좋죠.

상담자: 오호, 언니의 품이 느껴지는데.

미  우: 그래도 언니니까

상담자: 그리고 혹시 또 지우랑 잘 지낸 적이 있을까?

미  우: 아빠 입원하시고 지우랑 저랑 엄마 일을 돕는데, 생각보다 지우가 잘해서 그때는 지우가 밉지 않아요. 그럴 때 보면 개도

철이 드는 것 같아요.

상담자: 그래? 어떤 걸 하는데?

미  우: 별거는 아닌데 빨래 개거나 재활용 버리는 거 정도.

상담자: 그걸 미우랑 지우랑 둘이서 하는 거야?

미  우: 그때는 지우가 말을 좀 잘 들어요.

상담자: 미우가 좀 다르게 하는 건 없고?

미  우: 둘 다 처음 하는 거라 잘 못하니까 의논하면서 해요.

상담자: 그렇구나.

미  우: 생각해 보니까 제가 지우한테 잘했다고 말했던 거 같아요. 사실 생각보다 착하게 잘하더라고요.

상담자: 너무 좋네. 그럼 미우야, 엄마 일 도와드리는 거 열심히 하면서 지우한테 칭찬을 더 많이 해 볼까?

미  우: 지우가 엄청 좋아할 것 같아요. 저도 기분이 좋을 것 같고. 그렇게 해 볼게요.

## 2) 외모 불만족 다루기

미우는 처음 만났을 때부터 외모에 대한 불만을 얘기했고, 문장완성검사에서도 여러 번 외모 불만족을 표현하고 있었다. 미우의 외모 불만족의 구체적 내용을 탐색한 결과, 여드름과 비만으로 걱정이 많았다. 초등학교 5학년 말부터 이차성징이 나타나며 여드름도 생기고 살도 찌기 시작했다. 그 이전까지는 외모에 대해 아무 생각이 없었는데, 얼굴에 생긴 여드름이 너무 징그러웠고, 살이 찌기 시작하자 어머니는 "살을 빼지 않으면 아버지 쪽 사람들처럼 된다."고 비난을 서슴치 않았고, 아버지도 "살찌면 중학교에 가서 놀림을 받는다."고 경고를 주었다. 마스크를 하고 있어 실제 여드름 상태가 어느 정도인지 파악하기 어려웠고, 마른 것은 아니지만 비만으로 고민할 정도도 아닌

통통한 정도로 보였다. 여드름 문제에 대해서는 그동안 관리한 방법을 점검
하고 정확한 진료를 받아 보는 쪽으로 개입했다. 그리고 비만과 관련해서는
정확한 비만 상태의 점검과 함께 체중 관리를 위해 미우가 실행해 볼 수 있는
것을 찾아 꾸준히 실천해 보도록 도왔다.

### (1) 여드름 문제

여드름에 대해 미우는 "젖은 종이가 얼굴에 붙어 있는 느낌"이라고 이질감
이 느껴져 괴롭다고 호소했다. 그래서 여드름 문제를 해결하기 위해 어떤 노
력을 해 보았는지 질문했는데, 밴드를 붙여 본 적은 있는데 잠깐 효과가 있었
을 뿐이라고 했다. 여드름 고민에 대해 어머니에게 얘기해 본 적도 없고 피부
과에 가서 정확한 진단이나 치료를 받아 본 적도 없다고 했다. 상담자는 여드
름이라는 신체적 변화에 대해 직접 병원을 찾아가 보는 것이 필요하겠다고
판단되어, 미우에게 어머니께 직접 말씀드리고 피부과를 방문해 상담해 볼
것을 제안했다. 미우는 그렇게 할 수 있다는 걸 생각하지 못했다고 하면서 집
에 가면 당장 얘기해 보겠다고 했고, 이후 병원 진료를 통해 여드름도 개선되
고 여드름에 대한 불만도 줄었다.

### (2) 비만 문제

5학년 말부터 살이 쪄서 걱정이라고 했지만 실제 상담자가 관찰했을 때 비
만 상태로 보이지 않아, 학교 체육실에 가서 직접 비만 상태를 점검해 보았
다. 그 결과 정상임을 확인할 수 있었는데, 과체중 경계에 있어 주의를 요한
다는 점도 확인했다. 미우는 정상 범위에 있다는 것만으로도 안도했고, 아직
과체중은 아니지만 앞으로 과체중이 될 수도 있으니 살을 빼고 싶다고 했다
또한 미우는 부모로부터도 체중 감량의 압박을 받고 있었다. 비만 문제와 관
련해 미우는 아버지처럼 비만한 상태가 되는 것에 대한 부모님의 걱정을 그
대로 내사하고 있었는데, 현재보다 중학교에 가서 놀림을 받을 것에 대한 불

안이 높았다. 실제 미우의 아버지를 비롯해 친가의 많은 가족이 비만으로 유
전적 소인이 있을 수 있다고 미우의 부모는 생각하고 있었다. 그래서 미우가
살을 빼면 미우가 원하는 강아지를 집에서 키울 수 있게 허락하겠다고 했고,
미우는 여기에 상당히 동기화되면서도 살을 빼는 게 불가능하다고 생각해 스
트레스를 받고 있었다.

　미우를 비롯해 미우 가족 전체가 걱정하고 있는 만큼 체중 관리를 위한 노
력이 필요한 상태로 파악되어, 체중 관리를 위해 미우가 할 수 있는 것에 대
해 알아보는 단계로 넘어갔다. 체중 관리를 위해 구체적으로 노력을 기울이
는 것을 통해 살이 찐 것에 대한 미우의 고민을 해결해 보고자 한 것이다. 먼
저, 살을 빼기 위해 미우가 노력해 본 것을 파악해 보았는데, 미우는 줄넘기
를 조금씩 하면서 나름대로 체중 관리를 해 보려는 것을 확인할 수 있었다.
다음과 같이 예외질문을 통해 줄넘기를 좀 더 꾸준히 실천해 볼 방안을 찾을
수 있었다. "아빠와 함께 줄넘기를 하는 날은 줄넘기를 하러 나가기 쉬웠다."
는 점을 발견하고, '동생과 같이 줄넘기 하기'로 정했다.

> 상담자: 아빠가 강아지를 사 주신다고 해서 신이 났었구나.
>
> 미　　우: 맞아요.
>
> 상담자: 그래서 어떻게 했어?
>
> 미　　우: 과자도 안 먹어 보고 줄넘기도 해 봤는데 살이 안 빠졌어요.
>
> 상담자: 이런 속상했겠다.
>
> 미　　우: 희망이 없어졌어요.
>
> 상담자: 그래도 미우가 과자도 안 먹고 줄넘기도 해 봤었네.
>
> 미　　우: 줄넘기는 건강에도 좋으니까 하려고는 해요. 그런데 잘 안 돼
> 　　　　요. 매일 해야 하는데 매일 못하니까 살이 안 빠져요.
>
> 상담자: 그래도 줄넘기를 하기는 하네.
>
> 미　　우: 매일 해야 되는데 일주일에 몇 번 못해요.

상담자: 그래도 한다는 게 중요하지. 하는 날은 하기 싫어도 하게 되는 비결이 있을까?

미  우: 나를 위한 거라고 생각하고, 그리고 주말에는 아빠랑 같이 하니까 가게 되었어요.

상담자: 아빠도 같이 하시는구나.

미  우: 아빠랑 같이 하면 잘되거든요. 그런데 지금은 아빠가 손을 다쳐서 못해요.

상담자: 이런. 그럼 미우야, 미우는 줄넘기를 혼자 하면 잘 안 되고 누구랑 같이 하면 더 잘할 수 있다는 거니?

미  우: 맞아요. 그런 거 같아요.

상담자: 그럼 아빠 말고 미우랑 같이 줄넘기를 해 줄 수 있는 사람이 있을까?

미  우: 음, (한참 생각하다가) 지우?

상담자: 미우 동생 지우말이지?

미  우: 네. 아빠랑 줄넘기할 때 자기도 하고 싶어 했으니까 같이 할 수 있을 것 같아요.

상담자: 좋네.

미  우: 제가 가르쳐 준다고 하면 좋아할 거예요.

상담자: 그럼 한번 해 볼까?

미  우: 오늘 집에 가서 바로 한번 해 볼게요.

이 회기 이후 매일 하루도 빠짐없이 줄넘기를 했는데, 체중이 주는 것과 상관없이 꾸준히 자신이 하고 있다는 것에 만족감이 크다는 보고를 했다. 뿐만 아니라 동생과 함께 줄넘기를 하면서 더 사이도 좋아지고 있다고 했다. 그러나 상담자는 줄넘기를 하는 목적이 체중 관리에 있다는 점을 언급하면서, 정말 줄넘기가 효과가 있는지 확인할 것을 제안했다. 매일 줄넘기를 하는 것이

익숙해진 이후 '매일 아침 체중 점검하기'의 새로운 목표를 세웠다. 일주일간 체중 점검을 한 후, 생각보다 체중에 큰 변화가 없으니 저녁 9시 이후 간식 안 먹기를 스스로 해 보겠다고 했다. 미우는 '줄넘기' '체중 점검' '간식 안 먹기'를 꾸준히 실천했고, 부모는 이런 미우의 노력에 감탄하며 겨울방학에 강아지를 사 주기로 했다.

### (3) 외모 불만족으로 인한 부적응

다음으로 외모 불만족 자체를 다루는 것에서 나아가 외모 불만족 스트레스가 어떤 지장을 초래하는지 파악하고 이를 해결하는 방향으로 나아갔다. 상담자는 기적질문을 통해 다음과 같이 미우의 외모 불만족은 어머니와의 관계의 문제도 내포하고 있음을 파악할 수 있었다. 기적질문은 문제가 해결된 이후 상황을 상상해 보면서 상담의 목표를 설정하거나 문제를 해결할 구체적 방안을 찾는 데 활용하는데, 여기에서는 새로운 상담목표를 찾아 주는 역할을 했다. 상담자는 미우 자신에게 일어날 변화를 찾고 이를 통해 문제해결의 실마리를 찾고자 했지만, 미우는 자신의 변화가 아닌 어머니와의 관계 개선을 먼저 떠올렸고, 이 부분을 상담목표로 재설정하게 되었다.

> 상담자: 미우가 원하는 대로 외모가 달라지면 어떤 점이 좋을까?
>
> 미  우: 그냥 좋을 것 같아요.
>
> 상담자: 만약에 오늘 밤에 미우가 자는 동안 기적이 일어나서 미우의 여드름도 없어지고 체중도 줄어드는 기적이 일어났어. 일어나서 거울을 보기 전에 이런 기적이 일어났다는 걸 어떻게 알 수 있을까? 미우가 어떻게 하는 걸 보면 '와! 기적이 일어났구나.'라고 알게 될 거 같은지 생각해 보자.
>
> 미  우: 그러면 정말 좋을 것 같은데요. (한참 동안 생각하다가) 엄마가 칭찬하는 걸 보고 알 것 같아요.

상담자: 어떤 점을?

미  우: 뭐든지 엄마가 칭찬할 것 같아요. (약간 울먹이면서) 엄마는 마른 사람을 좋아해서 지우만 더 칭찬하고 더 좋아한단 말이에요. 저는 뚱뚱해서 엄마가 싫어해요. 그래서 칭찬도 해 준 적이 없어요. (울음을 터뜨림)

상담자: 미우는 엄마한테 칭찬을 받고 싶은데 그게 잘 안 되는구나.

미  우: 뚱뚱해서 싫어하세요.

상담자: 엄마한테 칭찬받는 부분에 대해 앞으로 상담에서 더 얘기해 볼까?

미  우: 그렇게 하고 싶어요. 지우처럼 엄마가 저도 좋아해 주면 좋겠어요.

## 3) 어머니와의 관계 다루기

### (1) 상담 회기 사이 변화

미우가 외모에 대한 고민을 얘기하던 중 "저는 뚱뚱해서 엄마가 싫어해요."라는 말을 했고, 어머니와의 관계 개선이 새로운 상담 주제로 선정되었다. 새로운 주제로 회기를 시작하면서 상담자는 지난 회기 이후 어머니와의 상호작용에서 어떤 변화가 있었는지에 대한 '상담 이전 변화질문'을 사용했다. 지난 회기 미우는 "칭찬도 해 준 적이 없어요."라고 하면서 울음을 터뜨렸지만, 최근 어머니로부터 칭찬받은 기억을 떠올리면서 기뻐하는 모습을 보였다. 그 과정은 다음과 같이 진행되었다.

상담자: 미우야, 우리가 지난 시간에 오늘부터 엄마한테 칭찬받는 것에 대해서 이야기해 보자고 했는데 기억하니?

미  우: 네, 오늘부터는 엄마 이야기한다고 했어요.

상담자: 지난주 동안 엄마한테 칭찬받은 거나 꾸중 들은 거 있는지부터 얘기해 볼까?

미  우: 음……. 특별히 꾸중을 듣지 않았고요. 어제 밥 먹으면서 요즘은 지우랑 싸우지 않아서 좋다고 하셨어요.

상담자: 그럼 엄마한테 벌써 칭찬을 받은 거네.

미  우: 요즘은 이상하게 엄마가 착해졌어요.

상담자: 어떤 이야기일까?

미  우: 아무래도 지우랑 안 싸우니까 저만 미워한다는 느낌이 덜 들어요.

상담자: 그리고?

미  우: 제가 줄넘기를 매일 하니까 그것도 좋아해 주세요. 생각났어요. 월요일은 지우가 학원 가서 저 혼자 줄넘기하러 간단 말이에요. 사실 혼자는 가기가 싫은데 그래도 다녀왔는데, 엄마가 저한테만 샌드위치 만들어 주셨어요. 진짜 기분이 좋았어요.

상담자: 그래 미우가 엄마한테 칭찬받는 일이 점점 늘고 있네.

### (2) 긍정적 상호작용 확대하기

상담자는 어머니에 대한 미우의 보고 내용이 상당히 달라진 것에 주목하면서, 어머니와의 긍정적 상호작용을 지속시키기 위한 개입에 들어갔다. 먼저, 어머니의 칭찬을 이끌어 낸 미우의 행동을 명료화하고 앞으로 계속 하기 위해 어떤 노력이 필요한지에 대해 이야기를 나눴다. 상담을 하면서 변화된 자신의 모습에 만족하고, 그러한 자신의 변화가 어머니와의 관계에서도 긍정적 영향을 미치고 있어 크게 걱정이 되지 않는다고 했다.

다음으로, 상담자는 동생과의 관계 개선이나 줄넘기와 같은 체중 조절 노력 이외에 어머니와 직접적으로 상호작용하는 과정을 탐색하고 그 부분에 대한 변화도 필요하다는 점을 확인했다. 미우는 어머니와의 관계에서 소극적이고 먼저 다가가기보다 칭찬해 줄 때까지 기다리는 모습이었고, 미우가 먼저 어머니와의 상호작용의 출발점이 될 수 있는 방안을 찾을 필요가 있다는 점에 합의했다. 그러나 미우는 어떻게 해야할지 잘 모르겠다고 해, 다음과 같이 기적질문을 활용해 미우가 어떤 시도를 해 볼 수 있을지 탐색하고, 그 행동을 촉진했다.

상담자: 지난번에 했던 질문을 선생님이 한번 더 해 볼게. 오늘 집에 가서 미우가 잠이 들었는데 그동안에 기적이 일어났거든. 그래서 미우가 엄마한테 상냥하게 다가갈 줄 아는 사람으로 달라진거야. 이런 기적이 일어났다는 걸 어떻게 알 수 있을까?

미  우: 아침에 일어났을 때 말이죠?

상담자: 그렇지.

미  우: (한참 생각하다가) 엄마가 깨워 줄 때 짜증 안 내고 엄마한테 대답할 거 같아요.

상담자: 엄마가 뭐라고 물어보시는데?

미  우: 엄마가 깨우면서 잘 잤냐고 하는데 그냥 대답 안 해요. 일어나기 싫으니까.

상담자: 미우가 달라졌다면 어떻게 대답할 것 같아?

미  우: "네."라고 하거나 "잘 잤어요."라고 하겠죠. 지우처럼 엄마한테 안기기도 할 것 같아요.

상담자: 그럼 미우야, 우리가 기적을 일어난 척 연기를 한번 해 보면 어떨까?

미  우: (머뭇거리며) 연극을 하는 거예요?

상담자: 한번 해 보면 어떨까?

미  우: 잘될까요?

> 상담자: 어떤 게 걱정되니?
>
> 미  우: 그냥 좀 어색할 것 같아요. 그래도 한번 해 볼게요.

새로운 행동을 하기 어려워하는 미우를 위해 역할연기를 통해 연습을 하면서 불안을 낮출 수 있었다. 그리고 다음 날부터 당장 하기 힘들다면 다음 상담에 올 때까지 한 번만 해 볼 것을 목표로 했는데, 상담을 마치고 이틀 후 시도를 했다. 어머니가 매우 기뻐하면서 미우를 꼭 안아 주어 좋았다고 했다. 그리고 그 이후 계속 어머니가 아침에 깨울 때마다 짜증내지 않고 포옹을 하고 하루를 시작했고, 어머니가 동생을 깨우는 일도 부탁하게 되었다. 지우는 "엄마를 독차지하는 것 같아 아침이 즐겁다."라고 하며 좋아했다.

## 4) 평가와 추수점검

미우와의 상담은 미우가 가장 시급하게 다루고 싶어 하는 동생과의 갈등과 외모 불만족 문제에서 출발해 어머니와의 관계 개선까지 다루었다. 동생, 외모, 어머니 등이 미우를 힘들게 하는 원인으로 여겨졌지만, 이런 맥락에서 미우가 어떻게 살아가고 있는가에서 자원을 찾아 더 적응적으로 살아갈 방안은 무엇일까에 초점을 둔 해결중심상담 접근으로 미우부터 변화를 시작했다. 미우의 변화는 지우의 변화와 어머니의 변화로 이어져 상당히 짧은 기간에 많은 개선이 있었다. 이유 없이 언니를 괴롭히는 동생의 행동은 3회기 이후 한 번도 나타난 적이 없었고, 추수점검에서도 보고되지 않았다. 어머니 역시 미우에게 애정 표현이 많아졌고, 미우에게 동생을 깨우게 하는 것을 비롯해 미우를 통해 동생의 행동을 통제하는 방법도 새롭게 사용하게 되었다. 비록 한 살 차이지만 언니로서의 역할을 분명하게 수행할 수 있게 해주어 미우에게 도움이 되고 있다.

미우는 상담의 성과에 대한 평가에서 동생과의 관계 개선을 위한 노력들을 가장 중요한 것으로 꼽았는데, 'OOO 정보 나누기, 집안일 함께 돕기, 줄넘기 가르쳐 주기' 등이었다. 동생과 사이좋게 지내게 되면서 기분도 좋아지고 부모로부터 꾸중을 듣거나 그로 인해 억울함을 느끼는 것도 사라졌다. 또한 어머니와의 관계에서는 아침 기상 시간부터 어머니와 기분 좋은 스킨십을 하면서 편안해졌다. 이런 미우의 변화가 효과를 보았다는 확인과 함께 앞으로 이런 행동을 하기 힘들어질 가능성에 대해 이야기를 나눴다. 미우는 지금의 노력들이 그렇게 많이 힘들지 않고 오히려 자신이 언니 역할과 딸 역할을 잘하는 것 같아 좋다고 했다.

외모와 관련해서는 피부과에서 여드름 치료를 받으면서 여드름 걱정은 거의 없어졌고, 비만 문제는 '줄넘기, 체중 점검, 간식 안 먹기' 등을 열심히 실천하는 자신의 모습이 좋아서 예전처럼 걱정이 되지 않는다고 했다. 아버지 집안의 비만 유전자 때문에 체중이 더 늘어날 것에 대한 걱정과 비만이 중학교에서의 친구관계 형성에 어려움을 주면 어쩌나 하는 걱정이 사라진 것은 아니지만 부모와 이야기하면서 이겨 나갈 수 있을 것 같다고 했다.

상담 이후 남은 과제로 또래관계에 대한 이야기를 나누었는데, 미우는 동생과의 관계 개선에 도움이 되었던 것들을 또래관계에서도 적용해 보고 있었다. 특히 물건 빌려 주기와 좋아하는 아이돌에 관한 정보 나누기가 효과가 있다고 평가했고, 이렇게 하면서 미우 자신도 친구들을 더 좋아하게 되었다고 했다. 5학년 때 친구들과 다툰 문제와 그로 인해 상담을 받았던 경험에 대해 다루지는 못했는데, 지금은 같은 반이 아니어서 불편하지 않다고 했다. 이후 또래관계에서 어려움이 생길 수 있으니 도움을 요청하라고 권하고 상담을 마무리하였다.

## 5. 대안적 개입: 게슈탈트 상담

해결중심상담을 진행할 때, 상담자가 욕구를 물어보면 내담자는 문제를 호소하고, 예외를 질문하면 기억이 안 난다고 말하는 경우가 적지 않다. 이것은 자주 일어나는 일이지만 해결중심상담자에게 언제나 당황스러운 일이다. 게슈탈트 상담기법을 도입해서 이 문제를 해소하는 방안을 찾을 수 있다.

### 1) 해결중심상담에서 욕구와 예외를 탐색할 때 흔히 발생하는 문제

해결중심상담자가 내담자를 만났을 때 가장 먼저 던지는 질문은 "무엇이 달라지기를 원하십니까?"가 아니면 "무엇이 나아졌습니까?"일 것이다. 내담자를 만나자마자 곧바로 이 두 가지 질문을 사용하는 이유는 욕구와 예외를 바탕으로 해결책을 구축할 수 있기 때문이다. 하지만 해소되지 못한 부정적 감정, 즉 게슈탈트 상담에서 말하는 미해결 과제가 쌓여 있는 경우, 내담자들은 해결중심상담자의 질문에 제대로 답하기 어려워진다. 미해결 과제가 끊임없이 해소를 요구하며 전경으로 떠오르려 해서 욕구와 예외에 대한 알아차림을 방해하기 때문이다.

### 2) 미우의 미해결 과제-동생, 어머니, 아버지에 대한 분노

미우는 문장완성검사에서 가장 싫어하는 사람을 동생이라고 적을 만큼 동생과 갈등하며 분노를 느끼지만, 언니니까 참아야 한다는 어머니의 말 때문에 감정을 억누르며 지내고 있다. "언니니까 동생을 위해 주어야 하고 화가 나도 참아야 한다."는 메시지는 아버지에게도 받아 온 것이다. 어머니와 아버지는 동생과의 관계뿐만 아니라 외모에 관해서도 미우에게 "날씬해져야 한다."고 요구하고 있다. 미우는 부모의 이러한 메시지를 내사하여 순종하려 하지만, 다른 한편으로는 자신에게만 인내와 배려, 날씬한 외모를 요구하는 부모에게 분노한 모습이 보인다. 동생과 부모를 향한 분노는 참는다고 해서 줄어들거나 사라지지 않는다. 이를 해소하지 않고 회피하면, 이것은 미우의 미해결 과제로 남아 욕구 및 이와 관련된 예외를 탐색하는 일에 지장을 초래할 가능성이 높다.

## 3) 부정적 감정 해소하기

해결중심상담을 수행하면서 자주 발생하는 이 문제를 해결할 한 가지 방법으로 게슈탈트 상담의 요소를 도입하는 것을 고려해 볼 수 있다. 예를 들면, 상담 초기의 한두 회기 동안 분노를 다루는 데에 중점을 두거나, 한 회기를 40분이라고 했을 때 처음 10분간을 분노를 해소하는 활동에 할애하는 것이다.

### (1) 감정 알아차리기

미우가 억압된 분노를 선명하게 전경에 떠올리도록 돕기 위해 가족 구성원들에게 화난 정도를 그래프, 찰흙, 바둑돌 등을 사용해 시각적으로 표현하도록 요청해 볼 수 있다. 다음의 대화에서는 찰흙을 사용한 예를 소개한다.

> 상담자: 미우야, 여기 있는 종이에 엄마, 아빠, 지우라고 일렬로 쭉 적힌 게 보이지? 그리고 여기에 찰흙이 한 덩이가 있단다. 이 찰흙을 미우의 화난 마음이라고 상상해 보자. 엄마, 아빠, 지우에게 화난 만큼 찰흙을 떼어서 종이 위에 올려놔 볼래?
>
> 미 우: (엄마와 지우에게는 거의 같은 양의 찰흙을 떼어 놓았지만, 아빠에게는 그것의 3분의 1 정도만 떼어 놓는다)

상담자: 미우가 엄마와 지우에게 화가 많이 난 모양이구나.

### (2) 감정과 연관된 사건 탐색하기

미우가 누가 무엇을 한 것에 대해 분노하고 있는지를 표현하도록 독려한다. 이 과정에서 상담자는 미우의 발언이 바람직한 내용을 담고 있는지를 판단하지 말고 있는 그대로의 감정을 수용해 주어야 내사된 가치관에 구속받지 않고 미우가 자유롭게 감정을 드러낼 수 있다.

상담자: 엄마랑 지우가 무엇을 했길래 미우가 이만큼 화가 났는지 궁금하구나.

미  우: 제가 유튜브 보고 있는데 지우가 이유 없이 와서 때렸어요. 지우가 잘못한 건데도 엄마는 저한테만 뭐라고 해요. 엄마가 저만 미워하는 것 같아요.

상담자: 엄마가 차별하는 것 같아서 미우가 화가 났구나.

미  우: 네. (울먹이는 목소리로) 너무 억울해요.

상담자: 미우 목소리를 들으니, 미우가 얼마나 속상했는지 알 것 같아. 엄마가 어떻게 하시면 미우의 화난 마음이 줄어들까?

미  우: 지우를 혼내 줬으면 좋겠어요.

상담자: 엄마가 지우를 혼내 줬으면 좋겠고, 그리고 지우는 뭘 하면 미우의 화난 마음이 줄어들까?

미  우: 저를 때리지 않았으면 좋겠어요.

상담자: 지우가 미우를 때리지 않고, 그 대신 어떻게 하면 화가 좀 풀릴까?

미  우: 저를 언니로 대접해 주면요.

### (3) 현재화 기법 사용하기

현재화 기법은 과거에 일어난 일을 마치 지금 여기에서 일어나고 있는 일인 것처럼 생생히 체험하며 미완결 상태로 남아 있는 감정을 해소하도록 돕는다.

상담자: 미우야, 지금 엄마랑 지우 중에 한 사람과 네 마음을 이야기 할 기회가 주어진다면 누구와 이야기하고 싶니?

미　우: 엄마요.

상담자: 그래. 미우야. 지금 앞에 있는 빈 의자에 엄마가 앉아 있다는 상상을 해 볼 수 있겠니. 엄마가 앉아 있는 모습이 생생히 떠오르면 선생님한테 알려 줄래?

미　우: 네. 상상이 돼요.

상담자: 엄마가 지금 어떤 표정을 하고 있지?

미　우: 저를 못마땅한 눈으로 보고 있어요.

상담자: 지금 어떤 느낌이 드니?

미　우: 무섭기도 하고 화도 나요.

상담자: 엄마에게 미우의 마음을 마음껏 말해 보자. 먼저, "엄마!"라고 부르며 시작해 볼까?

미　우: (빈 의자를 향해) 엄마, 왜 나한테만 뭐라고 그래. 내가 뭘 그렇게 잘못했는데. 지우만 엄마 딸이야?

상담자: 미우야, 지금 기분이 어때?

미　우: 막 화가 나요. 엄마가 미워요.

상담자: 엄마한테 그 마음을 말해 보자.

미　우: 나 엄마한테 너무 화가 나. (목소리가 커지며) 엄마가 정말 미워!

상담자: 이번에는 의자를 바꾸어 앉아서 엄마의 입장이 되어서 이쪽에 있는 미우한테 대답을 해 볼까?

미　우: 미우야, 너하고 지우 모두 다 엄마의 소중한 딸이란다. 엄마는 그냥 너희 둘이 잘 지내기를 바라는 마음뿐이야.

상담자: 지금 기분은 어떠니?

미  우: 아까보단 엄마가 덜 미워요.

## 참고문헌

강정희(2019). 초등학생을 위한 회복적 생활교육 프로그램이 공감능력과 공동체 의식에 미치는 영향. 대전대학교 석사학위논문.

김은아(2015). 회복적 정의개념을 적용한 활동중심 갈등해결 프로그램이 초등학생의 공동체 의식에 미치는 효과. 단국대학교 석사학위논문.

김혜숙(2013). 한국 이혼가정 아동의 성장: 위험과 자원. 아산재단총서 346집. 서울: 집문당.

이월용(2018). 회복적 생활교육 프로그램이 초등학생의 학교적응력에 미치는 영향. 인하대학교 석사학위논문.

이한종(2017). 배척아동에 대한 또래들의 태도-부정적 감정과 또래압력으로 인한 편향적 정보처리. 초등상담연구, 16(3), 233-260.

조수철, 이영식(1990). 한국형 소아 우울 척도의 개발. 신경정신의학. 29(4), 943-956.

조수철, 최진숙(1989). 한국형 소아의 상태 · 특성불안척도의 개발. 서울의대 정신의학. 14(3), 150-157.

한국단기가족치료연구소(2017). 해결중심상담 슈퍼비전 사례집. 서울: 학지사.

황매향(2016a). 사례에서 배우는 학업상담의 실제. 서울: 사회평론.

황매향(2016b). 초등학교 교사를 위한 행동수정 길잡이. 서울: 학이시습.

EBS(2008). 다큐 프라임 초등생활보고서-제3부 나눔.

Bannink, F. (2015). 1001가지 해결중심 질문들(1001 solution focused questions: Handbook for solution-focused interviewing). (조성희, 신수경, 이인필, 김은경 역). 서울: 학지사. (원전은 2010년에 출판).

Berg, I. K., & Steiner, T. (2009). 아동과 청소년을 위한 해결중심 상담(Children's solution work). (유재성, 장은진 역). 서울: 학지사. (원전은 2003년에 출판).

DiGiuseppe, R. A., Doyle, K. A., Dryden, W., & Backx, W. (2021). 합리적 정서행동치료—상담 전문가를 위한 안내서(A Practitioner's Guide to Rational Emotive Behavior Therapy, 3th ed.). (이한종 역). 서울: 학지사. (원전은 2014년에 출판).

Friedberg, R. D., & McClure, J. M. (2018). 아동과 청소년을 위한 인지치료(2판)(Clinical practice of cognitive therapy with children and adolescents, 2nd ed.). (정현희, 김미리혜 역). 서울: 시그마프레스. (원전은 2015년에 출판)

Martin, G. & Pear, J. (2003). *Behavior modification: What it is and how to do it* (7th ed.). Upper Saddle River, NJ: Prentice Hall.

Mufson, L. Dorta, K. P., Moreau, D., & Weissman, M. M. (2020). 우울한 청소년을 위한 대인관계치료 (Interpersonal psychotherapy for depressed adolescents, 2nd ed.). (신수경 역). 서울: 학지사. (원전은 2004년에 출판)

White, M., & Epston, D. (1990). *Narrative means to therapeutic ends*. NY: Norton.

# 찾아보기

# 저자 소개

**김혜숙**(Kim, Hyesook)
미국 Stanford University 상담심리학 박사
현 경인교육대학교 교육학과 교수

〈주요 저서〉
학교 현장을 중심으로 한 가족상담: 이해와 활용(학지사, 2020)
초보자를 위한 학교상담 가이드: 사례 선정에서 종결까지(공저, 학지사, 2018)
교사를 위한 학부모상담 길잡이(공저, 학지사, 2013)
한국 이혼가정 아동의 성장: 위험과 자원(집문당, 2013)
초등교사를 위한 문제행동 상담 길잡이(공저, 교육과학사, 2008)


**공윤정**(Gong, Younjung)
미국 Purdue University 상담심리학 박사
현 경인교육대학교 교육학과 교수

〈주요 저서〉
생애개발상담(공저, 학지사, 2020)
초보자를 위한 학교상담 가이드: 사례 선정에서 종결까지(공저, 학지사, 2018)
진로상담(2판, 공저, 학지사, 2018)
진로상담이론: 한국 상담자에 대한 적용(공저, 학지사, 2010)
상담자 윤리(학지사, 2008)

**이한종**(Lee, Han-Jong)

일본 Waseda University 상담심리학 박사

현 춘천교육대학교 교육학과 교수

〈주요 저 · 역서〉

합리적 정서행동치료: 상담 전문가를 위한 안내서(역, 학지사, 2021)

현장교원에게 배우는 스트레스 대처전략(공저, 춘천교육대학교 출판부, 2019)

초보자를 위한 학교상담 가이드: 사례 선정에서 종결까지(공저, 학지사, 2018)

한국형 초등학교 생활지도와 상담(개정판, 공저, 학지사, 2014)

학교상담 사례연구(공저, 학지사, 2013)


**황매향**(Hwang, Mae-Hyang)

서울대학교 교육상담학 박사

현 경인교육대학교 교육학과 교수

〈주요 저서〉

학업실패 트라우마 상담(학지사, 2021)

진로탐색과 생애설계(3판, 공저, 학지사, 2020)

초보자를 위한 학교상담 가이드: 사례 선정에서 종결까지(공저, 학지사, 2018)

사례에서 배우는 학업상담의 실제(사회평론, 2016)

초등 학교상담 사례집
개인상담을 중심으로
Case Studies in School Counseling

2021년 10월 25일 1판 1쇄 인쇄
2021년 11월 1일 1판 1쇄 발행

지은이 • 김혜숙 · 공윤정 · 이한종 · 황매향
펴낸이 • 김진환
펴낸곳 • ㈜ **학지사**

04031 서울특별시 마포구 양화로 15길 20 마인드월드빌딩
대표전화 • 02-330-5114    팩스 • 02-324-2345
등록번호 • 제313-2006-000265호

홈페이지 • http://www.hakjisa.co.kr
페이스북 • https://www.facebook.com/hakjisabook

ISBN 978-89-997-2534-0  93180

정가 19,000원

출판 · 교육 · 미디어기업 **학지사**

간호보건의학출판 **학지사메디컬** www.hakjisamd.co.kr
심리검사연구소 **인싸이트** www.inpsyt.co.kr
학술논문서비스 **뉴논문** www.newnonmun.com
교육연수원 **카운피아** www.counpia.com